Roswitha Quadflieg REQUIEM FÜR JAKOB

Die Andere Bibliothek
Herausgegeben
von Hans Magnus Enzensberger

Roswitha Quadflieg

REQUIEM FÜR JAKOB

Eine Spurensuche

Eichborn Verlag
Frankfurt am Main 2005

ISBN 3-8218-4556-2

Das Geheimnis der Erlösung heißt Erinnerung.

Chassidische Weisheit

12. SEPTEMBER 2001

Wie die Zeit vergangen ist, Jakob, kaum zu fassen, die Tage wie Augenblicke – und plötzlich scheint sie stillzustehen. Was soll werden?

»Klingt ein bißchen nach: Armer Poet«, hatte der freundliche Herr der *Carneval-Gesellschaft »Klimperkasten«* halb amüsiert, halb mitleidig festgestellt, als ich ihm gestand, daß ich nun schon mehr als neun Monate mit dir beschäftigt und noch kein Ende abzusehen sei. Wie verabredet war er am 1. September in den Hinterhof der Reifenwerkstatt gekommen, hatte mir den sogenannten *Ratssaal* dieses *Deutschen Spaßvereins von 1872* aufgeschlossen – einen muffigen Raum über der Garage –, mir geduldig alles gezeigt und erklärt, Gong und Orden, Urkunden und Schellenkappe, und anschließend die alten Photoalben aus dem Schrank geholt. Aber nichts, keine Spur von dir! Und dabei war ich so sicher gewesen, dich im lustigen Treiben zu finden. Immerhin hattest du dir die Eintrittskarte *Nummer 00045* für das *Maskenfest, Sonnabend, dem 5. Februar 1977,* aufbewahrt. *Atlantic Hotel, großer Saal, bitte auf Verlangen vorzeigen.* Schade! Und Armer Poet? Wir werden sehen. Ganz unrecht hat er ja leider nicht, der nette Mensch, der für drei Jahre hier freiwillig den *Großonkel* macht. (Auch *Spaßvereine* haben eine Hierarchie.) Reise- und Telefonkosten, Gebühren auf Ämtern und in Archiven, eine durchaus beachtliche Summe, die

Carneval-Gesellschaft „KLIMPERKASTEN" von 1872 r.V. · Hamburg

MASKENFEST

am Sonnabend, dem 5. Februar 1977,
im Atlantic Hotel in allen Räumen

Einlaß 20.33 Uhr, Beginn 21.03 Uhr
Ende ca. 4.00 Uhr

Gäste DM 20,–

Bitte aufbewahren und auf Verlangen vorzeigen

Wichtig! Bitte benutzen Sie den
Festsaal-Eingang,
Garderobe rechts

Nr. 00045

da inzwischen zusammengekommen ist. »Mehr kann ich Ihnen jetzt aber nicht sagen, denn was ich Ihnen eben gesagt habe, kostet eigentlich schon dreizehn Mark.« Zum Glück nehmen es nicht alle Beamten so genau, und wie sonst, wenn nicht wie bisher, hätte ich denn vorgehen sollen? Auch, daß ich noch einige Zeit brauchen werde, steht außer Frage – wer könnte in ein paar Monaten ein ganzes Jahrhundert verstehen?

Dein Jahrhundert, Jakob. Am 30. Juni 1906 in Metz fing es an, in der Nacht vom dritten auf den vierten April 1997 war es zu Ende. In Hamburg. Einundneunzig Jahre. Beginn: Kaiserreich. Große Familie, sieben Kinder, arm. Vater: *Handelsmann,* Mutter: *Althändlerin,* beide *israelitischer Religion,* beide mehrfach vorbestraft. Wie Großeltern und Urgroßeltern auch. In manchen Familien wird gedichtet, in anderen komponiert, und bei euch? *Diebstahl, Hehlerei, Betrug,* die Männer, *Meineid,* die Frauen, wahrscheinlich für ihre Männer. So jedenfalls steht es

[redacted]

Moritz

[illegible]

Zu- und sämmtliche Vornamen, Stand oder Gewerbe	Tag und Jahr der Geburt	Geburtsort (Provinz)	Religion	Bemerkungen
				Actenzeichen: 8088/97
				Staatsangehörigkeit: Preuß.
[redacted] Moritz	26.7.67	Hamm i/W	isr.	
Verh. 26.10.97 in Metz				
Karpe, Esther	27 4.8.68	Metz	"	† le 22.6.32 a Metz
Gustav	11.8.98	Metz	"	1 7 a i M. Extrait
Arthur	12.3.00	"		Extrait
Marianne	18.10.01	"	"	† 18.11.02
Julius	29.10.02	"	"	extrait
Emil	13.1.04	"	"	
Marcel	23.5.05	"	"	Extrait
[redacted]	[redacted]	"	"	par reclamation
				Zugezogen von: Munster i/W

	seit	in der Wohnung gemeldet Straße Nr. bei
	26.10.97	Zeughausstr. 3 bis
	25.8.02	Metzgerstr. 38/40
	11.4.15	Deutsch Str. 4 12/13
Arthur	3.9.21	Rue Taison 40 Metz
"	16.11.21	renant du Ban St Martin de à inconnu
"	20.12.21	Rue de la Glacière 2
"	12.1.22	de à Combas
"	26.4.22	Rue du Pontiffroy 27
"	13.4.22	de pour militaire
Zeughausstr. (Gustav)	6.9.22	de Ban St Martin rue Bonne Ruelle (Metz)
(Emile)	20.3.23	de Ban St Martin rue de la Marne 2 à Ste Blandine

Der Eltern Name und Vorname	Wohnung
M. Jacob [illegible]	Munster i/Westf
Rosenbaum Rosa [illegible]	
Carpe Lazarus	
Triemm Marianne † 16/8 90	

Seit	in Wohnung gemeldet Str. Nr. bei	Seit	in Wohnung gemeldet Str. Nr. bei
26.5.23	(Emile) de St. Blandine à Ban St Martin sortie		
28.7.23	(1) de Rue Bonne Ruelle 11 à Rue St Clorinde 6 entrée		
5.12.23	(Emile) de Ban St Martin à Avenue Serpenoise 1 Morel		
15.12.23	-"- de → à inconnu sortie		
3.1.24	-"- de Ban St Martin à Avenue Serpenoise 19 entrée		
4.2.24	-"- de → à rue du Coetlosquet 24 entrée		
4.3.24	-"- de → à inconnu sortie		
Rapp. de la 4/5 sect. du 8.12.25	la famille habite à Longeville les Metz rue de la Tuilerie 4		
24.12.27	(3) rue des Jardiniers 16 entrée Ferré		
23.4.29	(5) de Longeville à rue Pétain 74		
27.7.29	(5) de → pour inconnu		
27.8.29	(5) Hotel d'Alsace.		
1.11.29	(5) de p. inconnu (sorti)		Bestrafungen:
4.2.30	5 de Thionville à rue du Pontiffroy n°: 43	10 6 93	Schöff Ger Munster … gez. … 10/5 21 mit 3 Mark … 1 Tag …
1.5.30	l'homme et femme rue de la Ronde 8 entrée		
15.	(5) ~~inconnu~~		
1.3.31	5 rue du Pontiffroy 41. chez Ehemann		
22.9.31	(5) de → pour inconnu		
22.9.34	(5) rue de la Ronde 8 entrée		
7.1.35	père et 5 rue Ht. Seille 51 chez parents Ferber		
2.1.37	-"- de → rue Mazelle 3 ~~sortie~~		
2-12-38-	-"- rue Chambière 43- Thomas-Albert- entrée.		
22.4.39	(6) rue Chambière n°: 43.-		
4-5-40	(père) de à rue du Pontiffroy N°1 (Vve Abel) entrée		

geschrieben im Metzer Meldebuch, ordentlich, Zeile für Zeile in deutscher Schrift. Auch sämtliche Strafen sind aufgeführt: *Geld, Gefängnis, Zuchthaus.* Laß Kriege wüten, Feuer und Wasser – Urkunden und Akten überstehen.

»Straffällig ist immer gut, dann findet man was«, hat einer der Archivare zu mir gesagt. So habt ihr euch eingeschrieben in die Ewigkeit, und so habe ich deine Spur aufgenommen. Briefe und Fragen. Warten und Nachfragen. Reisen, Lesen.

Niemals werde ich meine Toten verraten, hast du immer wieder kundgetan. Was bedeutet das? Und was eigentlich ist schlimmer, »schiefe Bahn« oder *Eisernes Kreuz* vom Führer? Was von beidem sich im Angesicht eines – jüdischen oder christlichen – Gottes eingestehen zu müssen wird schwerer sein? Die Frage nach der Schuld überlassen wir ihm – und seiner Barmherzigkeit.

Sieben Söhne, du warst der Jüngste, und als du geboren wurdest, gehörte Metz gerade mal wieder zu Deutschland. Ich weiß jetzt, in welcher Straße ihr gewohnt, wohin die Eltern mit dir und den Geschwistern umgezogen sind, und wann ihr Metz verlassen habt, nach Deutsch-Ott, 1913. Auch, wann ihr zurückgekehrt seid. 1922. Da lag Metz schon wieder in Frankreich. 1932 starb deine Mutter. 1938 ist dein Name zum letzten Mal aufgeführt. Mit der letzten Metzer Adresse deines Vaters endet die Spur – Mai 1940. Kurz bevor die letzten Juden die Stadt verließen, wie mir die drei alten Männer, die ich im Bistro am Metzer Bahnhof traf, erzählten. Dein Vater hat sich nach Nizza durchgeschlagen, 1940 noch *Freie Zone,* und vier Jahre später haben sie ihn dort geschnappt, die Barbies in ihren blanken Stiefeln, mit Hilfe der französischen Polizisten. Kurz vor Landung der Alliierten. Den alten Mann von sechsundsiebzig Jahren. Und via Lyon und Drancy ab nach Auschwitz! Die Kopien der Fernschreiben, die seinen Transport begleiteten, liegen seit

VI. [illegible]

Der Befehlshaber der Sicherheitspolizei und des SD
im Bereich des Militärbefehlshabers in Frankreich
Fernschreibstelle

Aufgenommen				Befördert				Raum für Eingangsstempel
Tag	Monat	Jahr	Zeit	Tag	Monat	Jahr	Zeit	
-6 AVRIL 1944			21 25					-7 April 1944 33405 IV B
von		durch	Lg	an		durch		
FS-Nr				Verzögerungsvermerk				
FS.-Annahme								-7 AVR 1944 /UG [illegible]
an	Uhr. ab:		Uhr.					

+ LYON NR. 5269 6.4.44 2010 UHR == FI =
= AN DEN BDS - ABTL. ROEM. 4 B - PARIS =
= BETR: JUEDISCHES KINDERHEIM IN IZIEU-AIN =
= VORG: OHNE ==

IN DEN HEUTIGEN MORGENSTUNDEN WURDE DAS JUEDISCHE KINDERHEIM '' COLONIE ENFANT '' IN IZIEU-AIN AUSGEHOBEN. INSGESAMT WURDEN 41 KINDER IM ALTER VON 3 BIS 13 JAHREN FESTGENOMMEN. FERNER GELANG DIE FESTNAHME DES GESAMTEN JUEDISCHEN PERSONALS, BESTEHEND AUS 10 KOEPFEN, DAVON 5 FRAUEN. BARGELD ODER SONSTIGE VERMOEGENSWERTE KONNTEN NICHT SICHERGESTELLT WERDEN ==
= DER ABTRANSPORT NACH DRANCY ERFOLGT AM 7.4.44 ==

DER KDR. DER SIPO UND DES SD LYON ROEM. 4 B 61/43
I. A. GEZ. BARBIE SS-OSTUF==

Vermerk

1) Angelegenheit am Vortage m. Dr. v. B. und Hstuf Brunner besprochen. Dr. v. B. erklärte, dass für derartige Fälle besondere Maßnahmen bzgl. der Unterbringung der Kinder von O. Stuf Rö vorgesehen seien. H. Stuf Brunner erwiderte, dass ihm derartige Weisungen oder Pläne nicht bekannt seien und dass er grundsätzlich derartige Sondermaßnahmen nicht billige. Er würde auch in diesem Falle auf dem normalen Wege [illegible] verfahren. Ich habe [illegible] grundsätzlich [illegible].

2) O Stuf Rö zur K. und Stellungnahme

[illegible]

März bei mir. Ordnungsgemäß unterschrieben. Samt einem Auszug der Namenliste. Viele Frauen und Kinder. Deren Männern und Vätern hatten die Helden der *Aktion Brehmer* gleich vor Ort, noch in der Dordogne, den Tod geschenkt. Per Genickschuß.

»...Gott, der Herr hat sie gezählet, daß ihm auch nicht eines fehlet...« Beim Verlassen des Jüdischen Archivs in Paris war mir plötzlich dieses alte Kinderlied durch den Kopf gegangen. Keiner dieser Tausende von Sternen

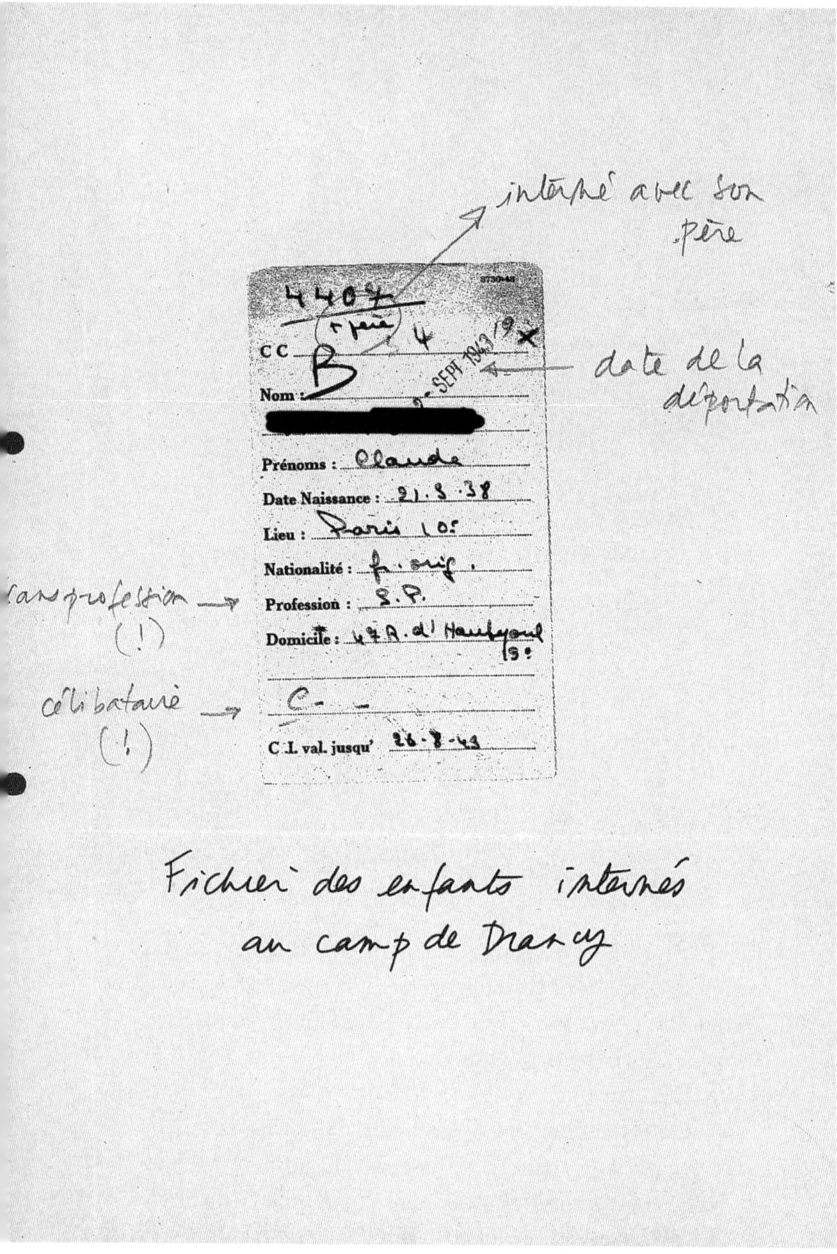

interné avec son père

8730-43

4407
+ père

CC B 4

19 SEPT 1943 x

date de la déportation

Nom : [redacted]

Prénoms : Claude

Date Naissance : 21.8.38

Lieu : Paris 10e

Nationalité : fr. orig.

sans profession (!) → Profession : S.P.

Domicile : 47 R. d'Hautpoul 19e

célibataire (!) → C.

C.I. val. jusqu' 26-8-43

Fichier des enfants internés au camp de Drancy

scheint verloren – jeder wurde registriert. Sein Name, das Datum der Verhaftung und auch, wieviel Geld und welche Wertsachen jeder bei sich trug. Einen deiner Brüder haben sie sich, wie ich jetzt weiß, schon im Herbst 1943 geholt, in Paris. Zusammen mit seinem kleinen Sohn. *Ledig,* steht auf dessen Karte aus dem Zettelkasten des Durchgangslagers Drancy. Er war fünf. Auch davon besitze ich eine Kopie – auch dort ging nichts verloren. Die Bahn hat verdient an den Transporten. Erwachsene, Kinder die Hälfte, alle einfache Fahrt. In manchen Fällen hat man die Fahrscheine sogar an den Ausgangsort zurückgebracht, wie ich las, abgeheftet und ins Regal gestellt. Mit Signatur. Und –

Jetzt fangen wir aber mal ganz von vorne an:

« Les Anglais sont, à travers le monde, les agents politiques de la finance internationale. »

DE QUI EST-CE ?

(Voir page 2)

50 CENTIMES

Bould et Faubg POISSONNIERE PARIS

Le M

LE MIEUX INFORMÉ

57e ANNÉE — N° 20.695

★★★

Le Ghetto parfumé

NICE, nouvelle capitale de la PALESTINE

Entre le Ruhl et le Negresco, la promenade des Anglais est devenue le Mur des lamentations

Par Louis-Charles ROYER.

NICE, novembre 1940.

Comment donc s'appelait-elle ? Je ne me souvenais que de son prénom. Mais elle m'avait indiqué l'hôtel où elle descendait, toujours, à Nice. Il suffirait d'y aller consulter la liste des voyageurs. Le nom me reviendrait

J'y vais. Le quartier est bien L'hôtel en question n'est pas un palace ; mais il a sa façade sur la mer. Toutes ses fenêtres happent le soleil

Un joli nid pour le ravissant petit oiseau qui doit percher à l'intérieur !

La promenade des Anglais à Nice et l'hôtel Ruhl *Photo Archives*

Le portier, très aimable, me confie son registre. Je lis : Goldberg, [illegible]del, Rosenthal, Goldstein, Weil, [illegible]avidovitch, Lévy, [illegible]

Un ghetto !

Ce n'est plus un hôtel c'est un ghetto !

Le mot m'a échappé, en sourdine ; mais le portier a l'oreille fine. Il sourit.

— « Ils » sont très nombreux, à Nice, monsieur.

Une idée me vient, tout d'un coup. Une idée de reporter. J'en oublie le petit oiseau. Puisqu' « ils » sont tous là après avoir abandonné Prague, Varsovie, Czernowitz et Paris, je veux voir ce qu'ils font.

Je l'ai vu. Les uns « s'occupent » ; les autres ne font rien. Tous attendent

Ils attendent quoi ? Le retour du règne d'Israël sur la France ? Ce n'est pas moi qui vous le dirai. Je n'en sais rien. Tout ce que que je sais, c'est que ce sont des gens patients. Ils attendent bien le Messie depuis 2.000 ans ! C'est ce qui s'appelle faire antichambre.

— Monsieur ne veut pas de chambre ?

grand café. Sous les arcades, autour des guéridons de marbre rose, des messieurs en cache-poussière. Cache-poussière n'est pas toujours cache-misère. Sous ces gabardines des fortunes circulent. Ici se ras[illegible] qu'on trouvait jadis, aux mêmes heures, dans une brasserie voisine du métro Cadet.

Oreilles mal moulées, paupières lourdes et ce regard aux aguets : celui des joueurs de bonneteau sur la pelouse de Longchamp.

J'approche — je ne dois pas avoir l'air du milieu — les conciliabules s'arrêtent et les petits paquets — on dirait des cachets de pharmacie — disparaissent sous les gabardines.

Allons déjeuner. Je prends la rue Halévy. Un restaurant « Kasher » où l'on mange la carpe à la juive et du bœuf si pâle qu'on dirait du veau.

Une autre brasserie, décorée de fresques alsaciennes, de menu moins orthodoxe, mais de clientèle résolument israélite. Et un café-tabac, où les nez qui renvoient le pétun sont tous en accent aigu. [illegible] un consommateur.

— Chalom ! répond l'autre.

Je crois bien que cela équivaut à : Bonjour ! en hébreu.

La cuisine fleure l'oignon. Les clients aussi.

Une petite femme, dont le métier est de connaître beaucoup d'hommes, racontait à une copine :

— Les juifs, je n'ai pas besoin de les regarder ; je les renifle.

Le quartier entier appartient à la tribu. Ce n'est plus la rue Halévy, c'est la rue à Lévy.

Nice a perdu ses Anglais ; elle est inondée de juifs.

Le ch confè

Défunt l'office du blé

Ce néfaste organisme c[illegible] par M. Monet ruinait [illegible] paysan, mais d'autre[illegible] gagnaient !

VICHY, 22 novembre. — *La r[illegible] française communique :*

En exprimant sa volonté d'a[illegible] cier étroitement, à l'œuvre de [illegible] tauration de la France, le pe[illegible] des villes et des campagnes, le [illegible] vernement entend procurer [illegible] uns et aux autres de meille[illegible] conditions de vie et aussi les [illegible] téger contre les entreprises des [illegible] ploiteurs et des démagogues.

Les mesures élaborées par [illegible] pouvoirs publics pour défendre [illegible] droit au travail des ouvriers, lu[illegible] contre le chômage, assurer [illegible] vieillesse, aider leurs familles [illegible] connus. Mais les paysans ser[illegible] eux aussi, l'objet de mesures [illegible] moins fécondes.

Parmi les organismes chargés [illegible] réglementer le marché agri[illegible] celui qui a fait naguère l'objet [illegible]

(Suite page 2, col. 4)

Raids de sur Londres

BERLIN, 22 nove[illegible]

Général allemand com[illegible]

L'armée de l'air a contin[illegible] 21 novembre ses attaques d[illegible] gham et d'autres usines d'ar[illegible] ainsi que sur des installations [illegible] nements. De nombreux incendi[illegible]

Dans le cours de la journée [illegible] 21 novembre, des avions de rec[illegible] naissance armés ont bomba[illegible] Londres et d'autres points stra[illegible] giques dans le Sud et le Sud-Est [illegible] l'Angleterre. Des installations [illegible] roviaires et de ports ont reçu [illegible] coups en plein but. Le minage [illegible] ports britanniques se poursuit.

Dans la nuit du 21 au 22 nove[illegible] bre, les avions ennemis n'ont [illegible] aucune incursion sur l'Allema[illegible] Deux avions allemands sont m[illegible] quants.

Pourquoi pédalent-ils si allégrement

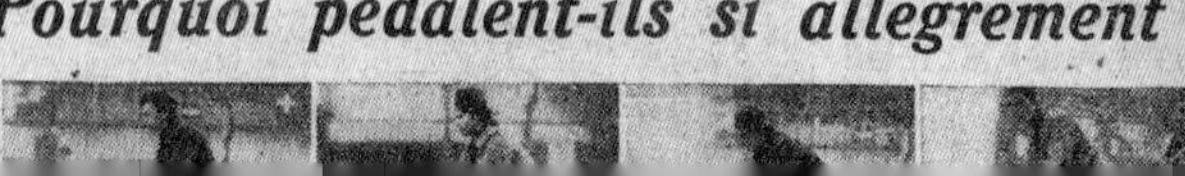

[Le M]atin

JOURNAUX FRANÇAIS

ÉDITION DE 5H

Téléphone : PROVENCE 15-01 (8 lignes)

EN SORTANT CE MATIN, SACHEZ QUE :

- Vous devez souhaiter la Saint Clément.
- Le prix du lait augmente aujourd'hui (2.40 le litre).
- Les banques ferment à midi trente.
- Le soleil se couche à 16 h. (défense passive).

Dernières nouvelles du monde entier

SAMEDI 23 NOVEMBRE 1940

[...]f de l'Etat roumain [...]e avec le Führer

Le général Antonesco s'est entretenu avant avec M. von Ribbentrop

BERLIN, 21 novembre. — Le général Antonesco, [ch]ef d'Etat roumain, et M. Sturdza, ministre des affaires [ét]rangères, répondant à l'invitation du gouvernement [du] Reich, sont arrivés ce matin, à Berlin, pour une visite [de] plusieurs jours.

Les personnalités suivantes font notamment partie [de] la suite du général Antonesco, le ministre de Roumanie à Berlin ; les ministres roumains de l'économie [na]tionale et du travail ; les secrétaires d'Etat à la pro[pa]gande et au ministère des finances ; le recteur de [l'u]niversité de Bucarest.

M. von Ribbentrop a salué le [gé]néral Antonesco sur le quai de [la] gare d'Anhalt. Le maréchal Kei[tel], le Reichsorganisationsleiter [...], le chef de la presse [du] Reich, docteur Dietrich, et d'au[tres] personnalités de l'Etat, du [pa]rti et de l'armée se trouvaient [ég]alement sur le quai pour accueil[lir] les hôtes roumains. On remar[qu]ait aussi le chargé d'affaires ita[lien à] Berlin, le conseiller de léga[tion] Zamboni.

[Le] général Antonesco et M. von [Ribben]trop ont passé la compagnie [d'h]onneur en revue. Puis le minis[tre de]s affaires étrangères du Reich

(Voir page 3, col. 1 et 2)

[Re]présailles [sur] l'Angleterre

— Le Grand Quartier [...]que :

[...] succès dans la nuit du 20 au [...] ailles contre Londres, Birmin[gham] dans le Centre de l'Angleterre, [...]ts et des centres d'approvision[nement] ont déclarés.

POUR ÉQUIPER NOS VÉHICULES A GAZOGÈNE...

...Le Reich va nous aider, nouveau témoignage de la collaboration franco-allemande.

Plusieurs centaines de représentants de l'industrie et de la presse avaient été conviés, hier matin, dans un cinéma des Champs-Elysées, à assister à une causerie bilingue et à la présentation d'un film consacré à l'avenir des transports routiers par véhicules à gazogène.

Un bref historique du procédé de l'ingénieur alsacien, Georges Imbert, montra d'abord la supériorité du bois sur le charbon en qualité de carburation. Il nous [...] avait adopté le gazogène pour notre armée, avant que l'ingénieur allemand H. Linneborn l'eût perfectionné jusqu'à sa simplicité actuelle, qui l'a fait fabriquer déjà en Italie, en Suisse, en Hollande, en Belgique et au Portugal, au point qu'actuellement il se fabrique en Europe plus de cinq mille appareils par mois. On savait déjà quelle libération des trusts pétroliers étrangers représente l'emploi de ce carburant essentiellement national qu'est le gaz des forêts, si abondant chez nous et nos voisins.

En attendant

Nous fûmes informés ensuite qu'afin de concrétiser, sur le plan vital des transports, l'esprit de collaboration né de l'entrevue du maréchal Pétain avec le Führer, le Reich allait nous envoyer, sur 25 camions Vomag que nous verrons circuler dans Paris, cinq cents gazogènes Imbert qui nous aideront à atténuer nos difficultés actuelles, en attendant la mise en route de [...]

VIOLENTS COMBATS EN EPIRE

ROME, 22 novembre.— [L]e Grand Quartier Géné[ra]l italien communique :

[N]os troupes de couverture compo[sé]es de deux divisions qui se trou[vai]ent en position de défense au [déb]out des hostilités sur la fron[tiè]re greco-albanaise, près de Ko[ri]tsa se sont retirées après un com[...]

Unifier partout les taxes

C'est la mesure la plus efficace pour assurer le ravitaillement de Paris.

L'intendant général Thomassin, directeur régional du ravitaillement dans la région parisienne, assume la lourde tâche de ravitailler Paris, sa banlieue et les trois départements : Seine, Seine-et-Oise, Seine-et-Marne.

Pour y parvenir de façon satisfaisante, il faut coordonner l'action des services de ravitaillement des trois départements, faire venir à Paris toutes les quantités nécessaires et assurer une juste répartition.

Il faut aussi supprimer le marché clandestin ; on le traque de jour en jour plus durement.

On s'est rendu compte que l'unification des taxes dans les différents départements était indispensable. En effet, pourquoi le producteur enverrait-il ses œufs à Paris s'ils y sont taxés moins cher que dans son département ?

Les intendants départementaux qui viennent d'être nommés auprès de chaque préfet y mettront bon ordre.

En ce qui concerne le poisson, on espère une augmentation notable des arrivages. Le gouvernement vient de décider la création d'un Bureau national du poisson.

L'approvisionnement en viande est nettement amélioré. Nous avons un mauvais moment à passer d'ici à fin mars, mais si le consommateur veut bien se rendre compte de la nécessité, de la légitimité des mesures de rationnement, nous nous en tirerons sans privations excessives.

DU SAVON A 14 fr. LE PAIN

L'Anguille et Le Procureur en approvisionnaient tout Belleville

— Voulez-vous du savon, sans ticket ni formalité, bien entendu ? Allez donc à Belleville !

Ainsi, depuis plus d'un mois, le marché noir du savon fonctionnait sur une grande échelle, dans le XXe arrondissement. Une enquête fut confiée aux inspecteurs Peyres et Brousse, de la police judiciaire [...]

M. LAVAL A PARIS

Le vice-président du conseil arrive à son bureau de l'Hôtel Matignon

M. Langeron vient lui rendre visite.

M. Laval quitte son cabinet.

Des documents et des journaux partent pour Vichy.

DEZEMBER 2000

Dritter Advent. Ein überheiztes Zimmer, ein kleines Rotklinkerhaus am westlichen Stadtrand Hamburgs. Noch weiß ich nicht, wie man das macht: jemanden kennenlernen, den man nicht gekannt hat und der seit dreieinhalb Jahren tot ist.

Anna sagt: »Mein Vater war Nazi, und Jakob war Jude – damit ist eigentlich schon alles gesagt. Er war meine persönliche Chance für Wiedergutmachung, verstehen Sie?« Anna sitzt neben mir, uns gegenüber Osip, ihr Mann, über Tisch und Fußboden haben sie deine Papiere gebreitet. An den Wänden hängen Photos von dir, gerahmt.

»Hier, ist er nicht toll, wie er dasteht?« Anna reicht mir ein Bild von dir. Ich betrachte dich genau: einen kleinen eleganten Herrn, gebügeltes Hemd, helle Leinenhose, braune Lederschuhe. Mit dem Hut grüßt du in die Kamera. Ein Schnappschuß aus euren Ferien in Antalja. Das war dein Stil! Auftritt, Pose. Also genau das Gegenteil eines typisch deutschen Touristen in Schlabberhemd und kurzer Hose. Dreimal haben sie dich in den Urlaub mitgenommen, deine beiden um fast dreißig Jahre jüngeren Freunde, und ihr habt euren Spaß gehabt. Obwohl die letzte Reise – zu den Zigeunern ans Schwarze Meer, anläßlich deines Neunzigsten – schon ziemlich riskant war. Bereits etliche Krankenhausaufenthalte, sogar ein Pflegeheim lagen hinter dir.

Auch dort hat Anna dich besucht, jeden Tag, dich, zwei Kopf kleiner als sie selbst, vor sich auf ihre Füße gestellt, und los! So hast du wieder laufen gelernt. »Ohne uns wäre er vor die Hunde gegangen«, sagt sie, und Osip setzt noch eins drauf: »Pflegeheime sind eine moderne Form der Euthanasie.«

In was für einem Verhältnis stehen Sie eigentlich zu Herrn Birnbaum? hatten die Schwestern Anna mehrfach gefragt. Kümmern sich nur Erbschleicher um alte Leute?

»Er war verliebt in dich«, sagt Osip, und Anna lacht. »Er war Lebenskünstler. Lebenskünstler und Hochstapler.« Aber das müßten Künstler wohl sein, sie jedenfalls würde sich niemals auf eine Bühne oder irgendwie sonst in die Öffentlichkeit trauen.

Anna ist Physiotherapeutin, Osip arbeitet in der Pathologie. Jeden Morgen steht er um halb sechs in seiner Abteilung und macht die Leichen zurecht. Für die Professoren. »Die sollten uns mal nicht so viele Stellen streichen«, meint er, »dann wäre die Wissenschaft schon viel weiter, und mancher natürliche Tod ...« – »Jetzt hör bitte auf!« sagt Anna.

Osip hat dich angeschleppt, 1988, neun Jahre vor deinem Tod. In der Kantine des Altenheims, in dem er damals arbeitete, habt ihr euch kennengelernt. Du mal wieder auf Brautschau, mit Strauß in der Hand. Auf eine in der Küche hattest du es abgesehen. Ganz die alte Schule, dazu dein leicht französischer Akzent.

»Er hat alle fasziniert«, sagt Anna, »nicht nur Frauen!«

Hatte Osip wirklich »Shalom!« gesagt? Er weiß es nicht mehr genau, jedenfalls habt ihr euch gleich erkannt, und du hast zugegriffen! Du warst einsam, Jakob, einsam und verfolgt, *Die* ließen dir keine Ruhe. Tag und Nacht sprachen sie auf dich ein, bedrohten, verhöhnten, quälten

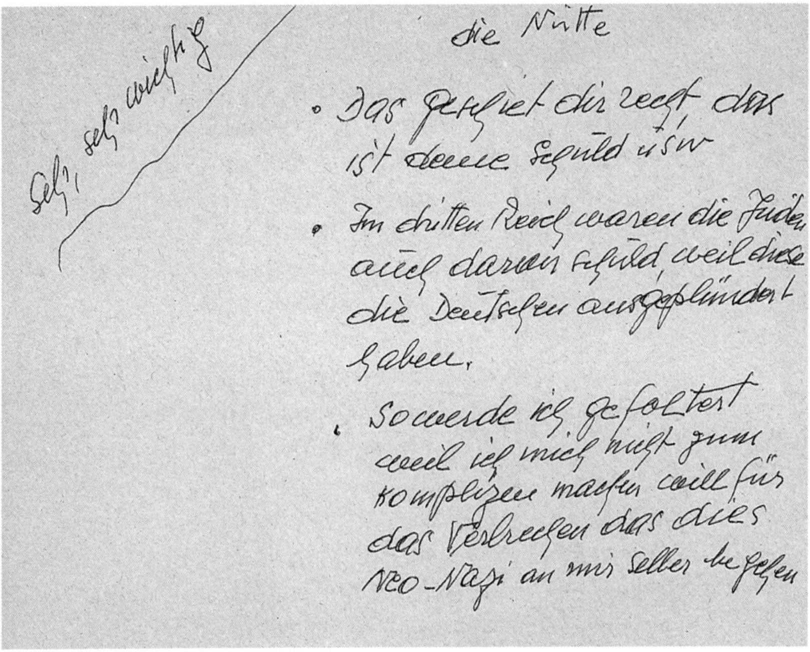
sehr, sehr wichtig

die Nutte

- Das gefällt dir recht, das ist deine Schuld usw
- Im dritten Reich waren die Juden auch daran schuld, weil diese die Deutschen ausgeplündert haben.
- So werde ich gefoltert weil ich mich nicht zum Komplizen machen will für das Verbrechen das dies Neo-Nazi an mir selber begehen

dich. Auf winzigen Zetteln in lachsfarbenen A6-Kuverts hast du sämtliche Mißhandlungen akribisch protokolliert aufbewahrt. *Schlimm!, Enorm wichtig!, Hochgefährlich!* Kurze, sich ständig wiederholende Qual- und Haßlitaneien von deiner Hand. Sieben waren *Die,* du hast sie mit Namen genannt: *Der Lehrling, der Rußlandkämpfer, der Antisemit, der Berliner, die Klagemauer samt Double, die Nutte.* Diese nennst du hin und wieder auch *Ilse Koch,* nach der Frau des Lagerkommandanten von Buchenwald. Die mit den Lampenschirmen aus Menschenhaut. Sieben Dämonen also, klingt ja beinahe biblisch. Manchmal kamen sie auch nur zu zweit, selten allein.

Nun ließ dieser Menschenschinder mich in meinem Innern sterben. Ich sprang verzweifelt aus dem Bett und lief ins Wohnzimmer wo ich auf und ab ging und in der Bewegung versuchte, mich von dieser Umfesselung zu befreien. Es ist mir unmöglich zu beschreiben wie verzweifelt ich war und wie elend ich mich fühlte. Eines ist mir noch bewußt, ich wollte mich töten, doch im selben Moment kämpfte ich gegen sie an und unterdrückte die Verzweiflung. Wer kann schon verstehen, geschweige, wer könnte nachvollziehen, was ich erlebt und durchgestanden habe.

Sogar in den Urlaub sind sie dir gefolgt. Seht ihr *Die* denn nicht, hinten in der letzten Reihe?, hast du im Flugzeug immer wieder gefragt, und Osip hat dich beruhigt: Ich sehe nichts. »Der immer mit seinen *Die!*«, sagt er jetzt.

Ein Jahrzehnte währender Kampf, Energie und Lebensfreude vertan. Petitionen, Eingaben, Demonstrationen, sogar Hungerstreik. In Hamburg, Bonn, Tel Aviv. Denn *Die* waren *im Schutz deutscher Geheimdienste operierende Nazis,* die dich, einen armen Juden verfolgten, weil er *Geheimnisträger* war. Und das seit Kriegsende! An die Glocke der Öffentlichkeit gehörte das. Weltweit! Inklusive gebührender Anerkennung deiner Standhaftigkeit. Denn *Niemals werde ich ihnen zu Kreuze kriechen, niemals meine Toten verraten.* Haftpsychose, Verfolgungswahn? Alles nur Verleumdungen, deiner Meinung nach. *Die* arbeiteten nämlich mit ausländischen Geheimdiensten zusammen.

Mit achtzehn Jahren zum ersten Mal Kokain? *Ich habe von all dem keine Gedanken mehr,* werde ich in deinen Basler Strafakten lesen.

»Kokain kann, wenn man eine Veranlagung dafür hat, die Krankheit zum Ausbruch bringen«, wird der Professor in Tübingen sagen, der einzige von den vielen Koryphäen, der dich nicht pauschal für verrückt erklärt hat. Bei Hypersensiblen genügten schon unstete Lebensführung oder Streß, um alles ins Schlingern zu bringen. Früher, auf den Dörfern, habe man sie als Sonderlinge mitlaufen lassen – oder für heilig erklärt. Heute stecke man sie in eine Anstalt. Aber du – das sei ja das Außergewöhnliche, und vielleicht nur deshalb erinnere er sich an dich –, seiest ziemlich intelligent gewesen, hättest auf den ersten Blick völlig normal gewirkt.

Völlig normal, hörst du? Viele hielten dich für gebildet – Akademiker oder Künstler. Du hast aus *Faust* und *Götz* zitiert. Lange Passagen. Kam gut an, vor allem bei den Frauen. Auf einigen Empfängen sollst du als Professor aufgetreten sein.

Jedenfalls hatte Osip Anna begeistert von dir erzählt, und als sie dich ein paar Tage später zum ersten Mal sah, sei sie nicht enttäuscht gewesen. »Ein kleiner schlanker Mann, mit langem weißem Haar und wachen Augen …« (wie oft werde ich noch von deinen wachen Augen hören und von deiner tollen Haut! Angeblich hast du dich jeden Morgen kalt geduscht, eine spezielle Bürstenmassage vollzogen, anschließend Kopfstand und Yoga. Überhaupt, deine Disziplin!) »… nur ein Arm hing schlaff herunter.« So etwas sieht eine Physiotherapeutin sofort. Und auf ihre besorgte Frage hast du zur Antwort gegeben: »*Die* haben mir in den Kopf geschossen!«

Gleich beim ersten Mal hast du ihnen deine Geschichte aufgetischt. Von A bis Z: Geburt in Metz, Oberrealschule und Abitur in Berlin, Tänzer, Inhaftierung in *Oranienburg,* 1937 Emigration nach Frankreich. 1940 Verhaftung in Paris, Deportation in das Konzentrationslager *Gurs* in den Pyrenäen, Flucht. Von Ende 41 bis zum Abzug der Deutschen, unter dem Namen Jacques Prout, zusammen mit drei Italienern in dem kleinen, am westlichen Stadtrand von Paris gelegenen Ort Boulogne ein Baugeschäft geführt, fünfhundert Angestellte, mehrere Außenstellen. Das Geschäft von den Deutschen für den Bau des *Atlantikwalls* requiriert, heimlich für die *Résistance* gekämpft. *FFI.* Wenn du nicht die geheimen Baupläne abgepaust und sie den Engländern zugeschanzt hättest, hätte Hitler den Krieg gewonnen! Besondere Attraktion: die *Beobachtungsapparate,* von deren Einsatz gegen Spione außer dir

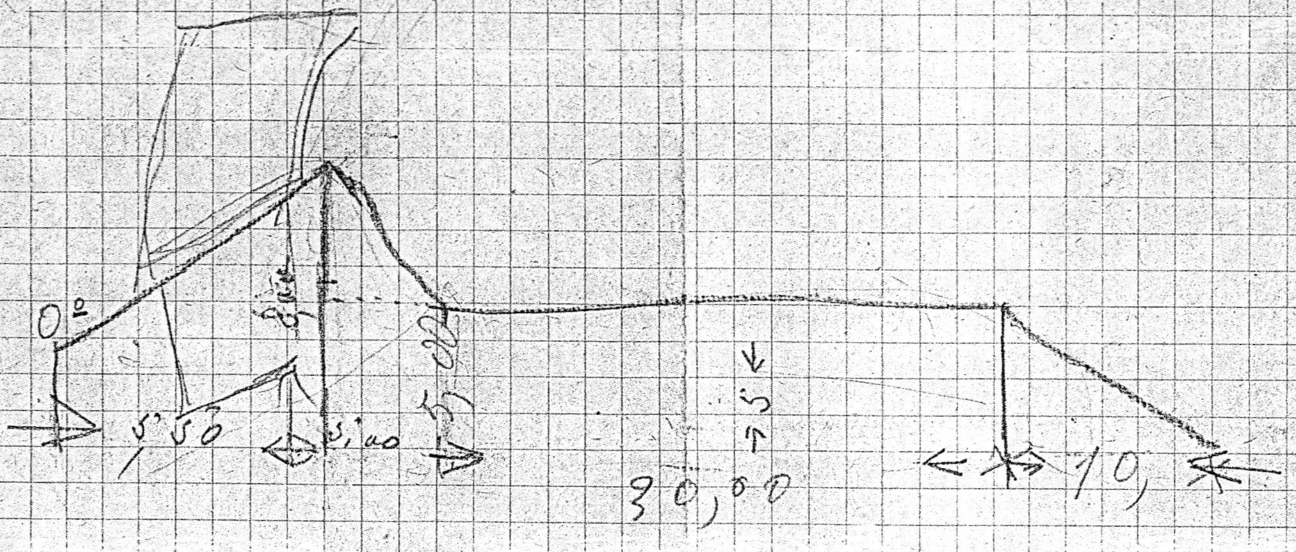

Erdaushub vor dem Stollen

und den Geheimdiensten heute niemand mehr etwas wußte. Einer der ganz Hohen, *gleich unter Hitler,* hatte sie dir – dem Juden Jakob Birnbaum alias Jacques Prout, Christ – eines Tages gezeigt, *weit draußen in den Stellungen,* irgendwann *in der Stunde des Weins.* Er hat dir vertraut, mit dir philosophiert, und du hast ihm Frauen besorgt. *Besondere Frauen,* aus Paris. *Denn der war schließlich kein einfacher Mann.*

Diese *Beobachtungsapparate*, dein Triumph, deine Qual. Sie haben dich zum *Geheimnisträger,* aber auch zum *Gefangenen in einem Gefängnis ohne Mauern* gemacht. Denn allein dir war bekannt, daß sie – ständig weiterentwickelt – nach wie vor ... von sämtlichen Geheimdiensten der Welt ... auch gegen dich ... Tag und Nacht.

Jedem, nicht nur Anna und Osip, hast du diese Geschichte erzählt. Gern und immer wieder. Und so werde auch ich sie noch viele Male hören und lesen, in verschiedenen Fassungen und Sprachen, als *Meine Akte* in Archiven, bei Privatpersonen und Personen des Öffentlichen Lebens von dir selbst hinterlegt. *Dein Kampf.* Leitmotiv: *Niemals werde ich Denen zu Kreuze kriechen, niemals meine Toten verraten!* Eigenartig, das Kreuzmotiv für einen Juden, oder nicht? Und welche Toten? Wie auch immer, du hast nicht nachgegeben, dich nicht kaufen lassen – *auch nicht für eine Million.* Bis zuletzt gekämpft *wie ein Löwe.* Auch gegen die Wahrheit?

Die Nutte, nachdem sie mich wieder bearbeitet hatte, sagte mir abfällig, was meinst du, wie mir das egal ist, ob du nachgibst oder nicht. Wir machen unseren Dienst, wir bekommen unser Geld. Du kannst verrecken, da fragt keiner danach.

»Einer, der im KZ war, Folter und Flucht überlebt und für die *Résistance* gekämpft hat, hier bei uns im Zimmer – bei uns alten Revolutionären – das müssen Sie sich mal vorstellen!« sagt Anna. Selbstverständlich haben sie und Osip dir alles geglaubt. Und sich dennoch irgendwann gefragt, ob es wirklich stimme, was du so erzähltest, und vor allem, warum es für dich in Deutschland keine *Wiedergutmachung* gab. Und »ehrlich gesagt«, haben die gebetsmühlenartig wiederholten Schilderungen sämtlicher, angeblich allnächtlich an dir vollzogenen Torturen sie irgendwann auch genervt. Aber gut. »Er war ein alter Mann und unser Freund, und damit basta!« Außerdem, was ist Wahrheit? Anna und Osip sehen das nicht so eng, sie selbst haben schon so viel durchgemacht. Bei einer Veranstaltung zu Ehren des Vorsitzenden der KPdSU in Hamburg – gerade als die Russen in Afghanistan einmarschiert waren – haben sie sich kennengelernt, gemeinsam Flugblätter von der Galerie in die Versammlung geworfen, »und kräftig Prügel bezogen von den roten Genossinnen und Genossen«. Überall, wo es um Widerstand gegen eine Obrigkeit, um die Rechte Entrechteter geht, sind sie zur Stelle, engagieren sie sich. Nehmen Aussiedler auf, unterstützen Asylanten, organisieren Spenden für Afrika. Zwei aus der DDR versprengte Vögel, umgeben von komischen Vögeln. Solchen wie du. Und du hast Anna als deine Alleinerbin eingesetzt.

»Wollen Sie ihn haben?« fragt sie mich. Papiere, Photos, Kram?

Selbstverständlich hätte man alles auch wegwerfen können nach deinem Tod. All das, was bei Entrümpelung deiner Wohnung zutage gekommen, vor allem nach Öffnung deiner beiden Brüsseler Safes regelrecht hervorgequollen war. Hunderte von Zetteln, x-mal kopiert, manche kaum noch entzifferbar. Das Chaos eines verwirrten Kopfes, gespiegelt auf vergilbtes Papier, hineingezwängt in zwei Blechkästen. »Groß wie Kühlschränke«, sagt Anna. Aber deine beiden Freunde haben, deinem Wunsch entsprechend, alles zu sich nach Hause geschafft, in wochenlanger Arbeit durchgesehen, sortiert und, was ihnen wichtig schien, aufbewahrt.

[redacted]

[redacted] 23, den 21 Oktober 1982
2000 Hamburg 54

78

Herrn
Bundeskanzler Dr. Helmut Kohl,
Bundeskanzleramt
5300 Bonn

Sehr geehrter Herr Bundeskanzler,

Anlässlich Ihres Amtsantritts als Deutscher Bundeskanzler, sehe ich mich veranlasst Ihnen das anbeiliegende Dossier, das über ein Verbrechen berichtet, das vom bundesdeutschen Militärischenabschirmdienst (MAD) an mir begangen wird, zu überreichen.
Zum einen, um Sie mit den subversiven Realitäten dieses " Rechtsstaates zu konfrontieren. Zum andern auch deshalb, weil ich es mir selbst und dem " Image " dieses " Rechtsstaates " (?) schuldig bin. Darüber hinaus haben Sie ein Anrecht darauf hiervon in Kenntnis gesetzt zu werden. Hieraus erfliest, dass Sie später einmal- wenn diese ungeheuerliche Sache in der Weltöffentlichkeit zum platzen kommt - nicht zu sagen haben ; hiervon bin ich niemals unterrichtet worden und habe davon auch nichts gewusst.
Nach meinen Erfahrungen und nach meinem Wissen werden Sie, Herr Bundeskanzler Dr. Kohl, sehr viel Mut und sehr viel Durchsetzungsvermögen aufzubringen haben den MAD. zum " Couchen " zu bringen,damit Sie dieses Verbrechen aufzuklären vermögen. Den Unterlagen im beiliegenden Dossier habe ich vorerst nichtsmehr hinzuzufügen,denn diese sprechen für sich. Ferner sei hervorgehoben: Die Kassen des Bundes sind leer. Es gibt ein Heer von Arbeitslosen. Es breitet sich eine beängstigende Wirtschaftsflaute immermehr aus. Der Geheimdienst (MAD) aber hat "Millionen" von Steuergeldern für die mich betreffende Staatliche Beobachtung, die weder mit der äusseren geschweige denn mit der inneren Sicherheit der Bundesrepublik Deutschland irgend etwas zu tun hat, vergeudet.!!!!!!!!!!!!!!!!!!!!!!!!!!!!
Warum. ??
Bitte, Herr Bundeskanzler, gestatten Sie mir zum Abschluss noch eine Aussage des ersten Bundespresidenten, Professor Heuss, hier anführen zu dürfen. " In Deutschland soll einem Juden niemalsmehr auch nur

- 2 -

79

nur ein Haar gekrümmt werden. "
Dieser integre deutsche Mann, der selber unter dem Naziregime so grausam gelitten hatte, würde sich als Deutscher schämen und entsetzen hätte er heute noch lebend dieses abscheuliche Geschehen zu wissen bekommen.

Es grüsst Sie, Herr Bundeskanzler Dr. Kohl,
mit vorzüglicher Hochachtung !

[redacted]

P S.: Das vorliegende Dossier gab ich an der Pforte des Bundeskanzleramtes für Sie ab.
Mit der Post wäre es vielleicht garnicht angekommen.
Präzedenzfälle dieser Art musste ich leider schon oft hinnehmen und habe auch Belege hierfür.

Briefe *An den Bundeskanzler Dr. Helmut Kohl, Das Bundeskanzleramt, An die Bundestagspräsidentin Annemarie Renger, Mitglieder des Senats der Freien und Hansestadt Hamburg, General Reinhard Gehlen, Dr. Rudolf Augstein, Marion Gräfin Dönhoff, An die Menschenrechtskommission in Straßburg, den Zentralrat der Juden,* etliche *Jüdische Gemeinden, Max-Planck-Institute.* Briefe an Ärzte, Wissenschaftler und Künstler in aller Welt. Ein paar Monate später werde ich feststellen, daß du auch zu Avner Less Kontakt gesucht hast, dem Polizeihauptmann, der Adolf Eichmann in Jerusalem verhörte.

An jeden dieselbe Suada: Empörungen über deine angeblich andauernde Verfolgung, heftige Beschuldigungen, Mutmaßungen, jeweils mit dem Schlußsatz: *Mögen Sie hieranbei finden ...* Zunächst die schlechte Kopie eines Artikels über deine Demonstration vor dem Deutschen Bundestag 1983 aus der israelischen Abendzeitung *Jediot Achronot* mit Photo – du mit beschrifteter Papptafel um den Hals – und dann: *Meine Akte.* Im Original ein graugrüner zerfledderter Pappdeckel, fast einhundert maschinengeschriebene Seiten, unterteilt in: *Vorwort, Klarstellung, Die Frage* und *Nomenklatura.* Erster Absatz:

Bevor die hiernachstehend dargelegten Fakten zur Kenntnis genommen werden, möge man sich vorstellen: Irgend jemand hätte vor einem Jahrhundert behauptet, daß es möglich wäre, Fernsehkameras zu erstellen, die es vermögen ein jedes Geschehen, wie zum Beispiel die Olympiade, in Bild und Ton aufzuzeichnen und drahtlos, mittels eines in die Atmosphäre gebrachten Satelliten, auf die andere Seite des Globus zu übertragen und dort in alle Häuser auf dieser Hemisphäre zu projizieren. Denjenigen hätte man ohne Zweifel für einen gefährlichen »Phantasten« verschrien. Nicht anders aber reagieren viele Menschen von heute auf die, von mir hiernachstehend dargelegten Fakten und Beschreibungen der geheimen Beobachtungsapparate, auch Physio-Psycho-Apparaturen genannt, in Händen der Geheimdienstler.

Meine Akte

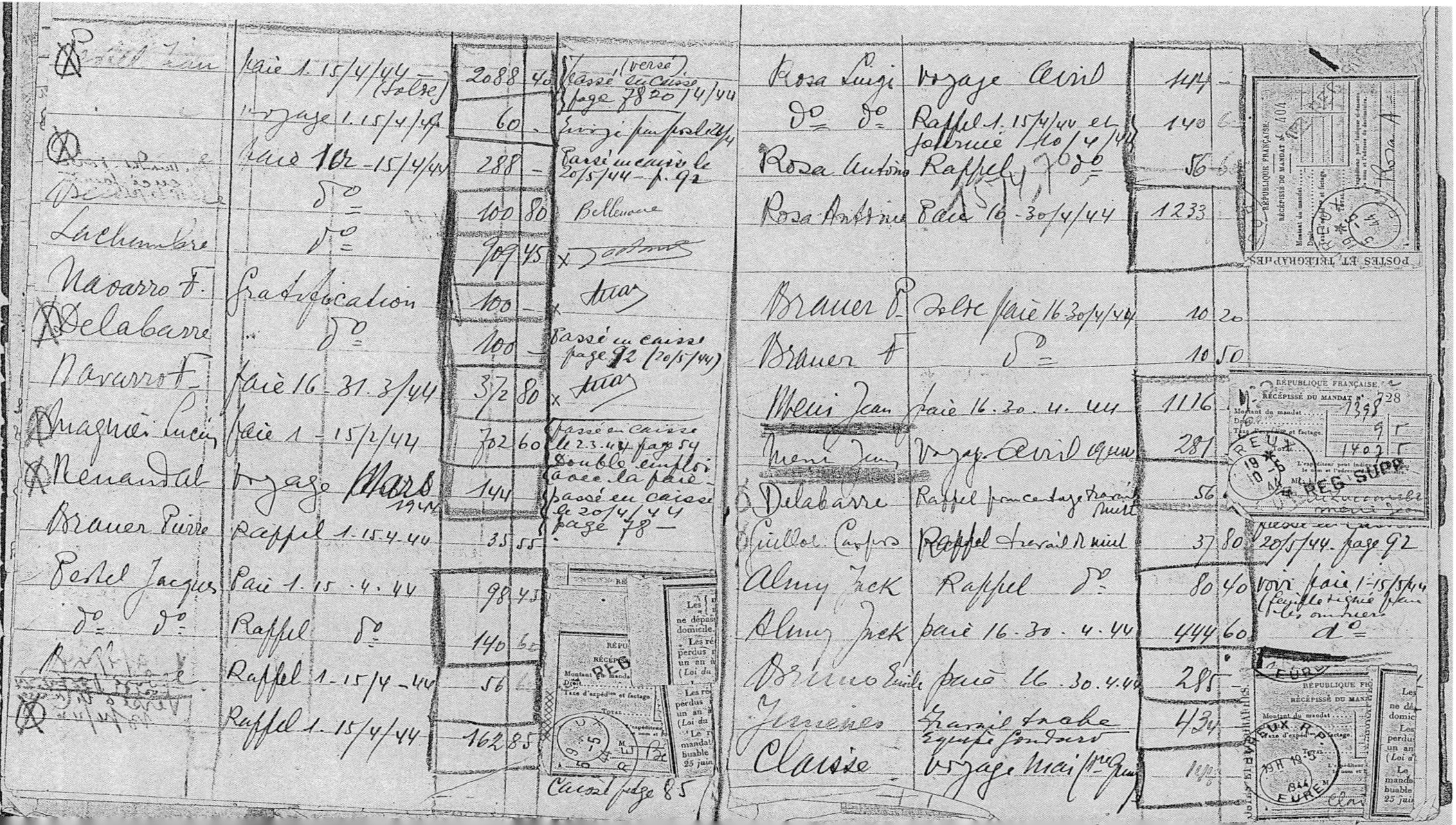

Petit Jean	paie 1-15/4/44 (solde)	2088 40	(versé) passé en caisse page 78 20/4/44
[illegible]	voyage 1-15/4/44	60 –	Envoyé par poste [illegible]
[illegible]	paie 1er-15/4/44	288 –	Passé en caisse le 20/5/44 – p. 92
[illegible]	d°	100 80	Bellemare
Lachambre	d°	109 45	× [illegible]
Navarro F.	Gratification	100 –	× [illegible]
Delabarre	d°	100 –	Passé en caisse page 92 (20/5/44)
Navarrot F.	paie 16-31-3/44	372 80	× [illegible]
Magnier Lucien	paie 1-15/2/44	702 60	Passé en caisse le 2.3.44 page 54 Double emploi avec la paie
Menandal	voyage Mars 1944	144	passé en caisse le 20/4/44 page 78 –
Brauer Pierre	Rappel 1-15.4.44	35 55	
Pestel Jacques	Paie 1-15-4-44	98 45	
d° d°	Rappel d°	140 60	
[illegible]	Rappel 1-15/4-44	56	
[illegible]	Rappel 1-15/4/44	162 85	
			Caisse page 85

Rosa Luigi	Voyage Avril	144 –	
d° d°	Rappel 1-15/4/44 et jonction [illegible] /10/4/44	140	
Rosa Antonio	Rappel d°	56	
Rosa Antoine	Paie 16-30/4/44	1233	
Brauer P.	Solde paie 16-30/4/44	10 20	
Brauer F.	d°	10 50	
Meni Jean	paie 16-30-4-44	1116	
Meni Jean	Voyage Avril [illegible]	281	
Delabarre	Rappel pourcentage travail nuit	56	[illegible]
Guillot Gaspard	Rappel travail de nuit	37 80	[illegible] 20/5/44 page 92
Almy Jack	Rappel d°	80 40	voir paie 1-15/5/44 (feuille signée par les ouvriers)
Almy Jack	paie 16-30-4-44	444 60	d°
Bruno Emile	paie 16-30.4.44	285 –	
Jimenez	Travail tranche équipe soudeurs	434	
Claisse	voyage Mai [illegible]	144	

RÉPUBLIQUE FRANÇAISE
RÉCÉPISSÉ DU MANDAT N° 404
POSTES ET TÉLÉGRAPHES
RÉCÉPISSÉ DU MANDAT N° 728
REG. SUPP.
EURE

CERTIFICAT DE DOMICILE

RESTAURANT
Mme Marius [redacted]
67 Bd Washington SURESNES (Seine)

67 rue Bd Washington PARIS Suresnes. Seine

Je soussigné propriétaire certifie que le nommé PROUT. [redacted]

demeure chez moi depuis le 30 Janvier 1943

jusqu'

En foi de quoi je lui ai délivré le présent certificat pour lui servir et valoir ce que de droit.

Suresnes Paris, le 30 Janvier 1943

Signature du Commissaire de Police,

Signature du Propriétaire,

[redacted]

Imp. Orlandi Frères, 2, Rue Saint-Denis, Paris

Und das in unserem hochtechnisierten Jahrhundert. Der Mensch ist leider all zu oft unbelehrbar!!

Die detaillierte Beschreibung der *Beobachtungsapparate* füllt Seiten. Pseudowissenschaftliche Ergüsse über physikalische Phänomene im allgemeinen, elektromagnetische Felder, Phonowellen und Strahlen, gespickt mit *hochbrisanten Enthüllungen* über den BND und *bis dato geheimen* Namen. Alles irgendwo abgeschriebenes, geklautes Zeug, wie ich feststellen werde.

Im Anhang jeweils Krankenhausberichte, ärztliche Gutachten und Farbphotos. Als Beweise. Eine mächtige Schulternarbe, ein verbrannter Fuß, dein gequältes Gesicht. Dazu etliche *Anzeigen gegen Unbekannt,* wegen offenkundig auf dich verübter Attentate.

Ferner in Annas und Osips Wust: Unterlagen deiner Baufirma *La Construction Nouvelle* in Boulogne, eine *Eidesstattliche Erklärung* deines italienischen Geschäftspartners Pepe – auch Widerständler, außerdem Kommunist, wie du ihnen erzählt hast –, zur Beglaubigung deiner Identität als Jacques Prout, zwei *Certificats de Domicile,* Aufenthaltsbescheinigungen, ebenfalls ausgestellt für Jacques Prout. 1943 Adresse *Boulevard Washington,* Suresnes, kleines Nest, gleich neben Boulogne, Oktober 1944 bis Februar 45 *Avenue du Bel Air,* Paris. Das erste Formular mit, das zweite ohne Polizeistempel.

Stapel von Zeitungsartikeln, ganze Serien, komplett durchkopiert. Über den Eichmann-Prozeß in Jerusalem 1961, über Klaus Barbie, den *Schlächter von Lyon,* anläßlich seiner Auslieferung von Bolivien an Frankreich 1983, über *Spione in aller Welt,* Geheimdienste, Tierversuche, Manipulationen von Affen. *Mit Hirnantennen wie Wesen von einem anderen Stern.* Mir schwindelt.

Extra-Ordner: *Pullach intern.* Die *Spiegel*-Serie von 1977, vorweg ein Statement von dir: *Das Buch* Pullach intern *ist in der ganzen BRD nicht mehr käuflich zu erstehen.*

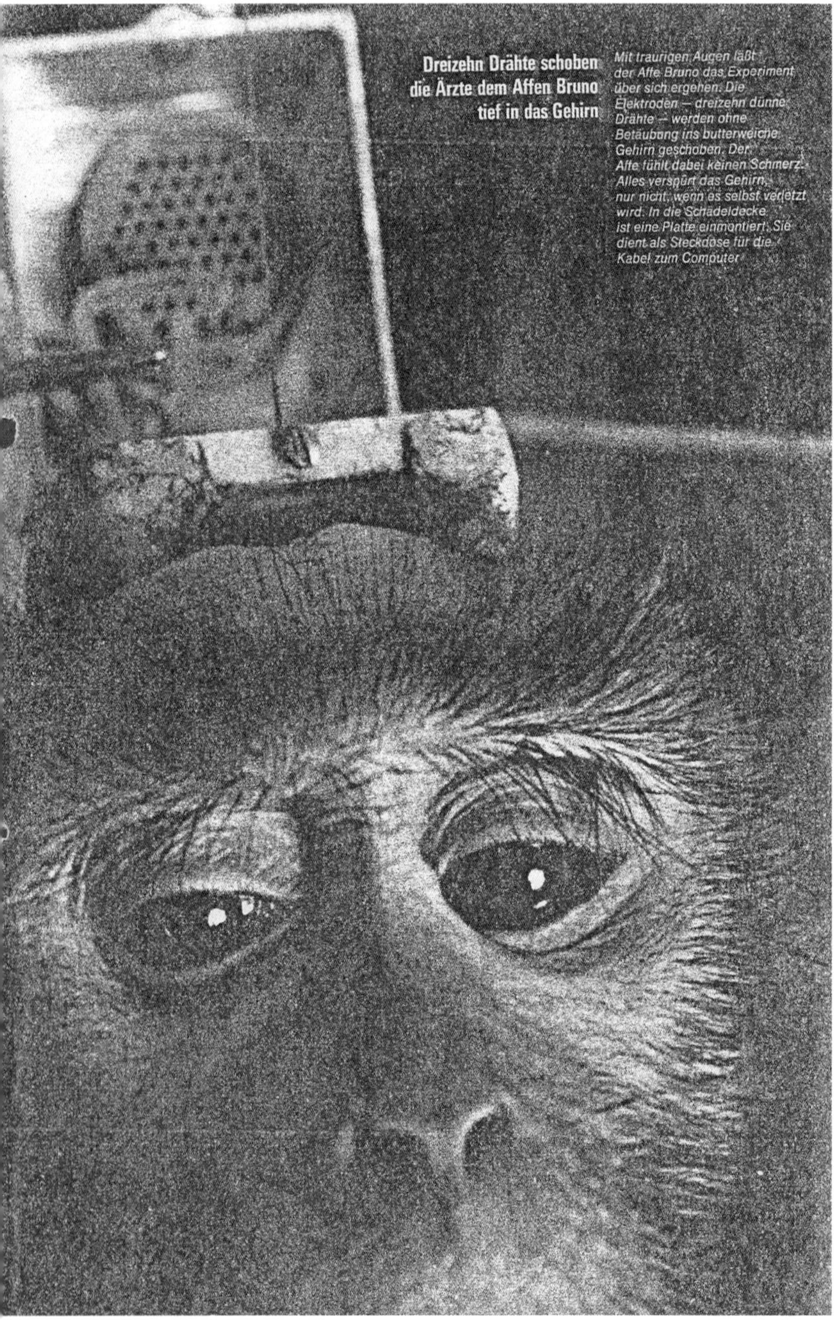

Dreizehn Drähte schoben die Ärzte dem Affen Bruno tief in das Gehirn

Mit traurigen Augen läßt der Affe Bruno das Experiment über sich ergehen. Die Elektroden – dreizehn dünne Drähte – werden ohne Betäubung ins butterweiche Gehirn geschoben. Der Affe fühlt dabei keinen Schmerz. Alles verspürt das Gehirn, nur nicht, wenn es selbst verletzt wird. In die Schädeldecke ist eine Platte einmontiert. Sie dient als Steckdose für die Kabel zum Computer

Warum? Der BND hat alle irgendwie zu habenden Exemplare aufgekauft. Jeder Kommentar erübrigt sich.

Und deine Testamente: ein rechtsgültiges, Anna als Vormund und Alleinerbin einsetzend, datiert 1995, außerdem drei Fassungen eines alten, also längst überholten. *Fünfzehn handgeschriebene Seiten von Jakob Birnbaum, zur Sicherheit an vier Stellen hinterlegt: Beim Amtsgericht Hamburg, der Jüdischen Gemeinde, der Liga für Menschenrechte* und bei deiner ersten Schwiegertochter *Collette Birnbaum, Toulon.* In jeder dieser drei Fassungen neu hast du einen Lottogewinn von DM siebenundsiebzigtausend, *gewonnen 1976 (Beleg anbei),* unter deinen dir damals Lieben verteilt, zunächst auch einen Enkel in Toulon noch großzügig bedacht. Aber dann? *Das Testament vom Dezember 1977 soll heute, 3. Januar 1980, nach Veränderung gewisser persönlicher Verhältnisse dahingehend geändert werden, daß ...* Zuletzt anscheinend also alles futsch – nicht mal mehr für einen Enkel etwas übriggewesen.

In einer gelben Mappe: *Träume,* geträumt und aufgezeichnet Ende 1969 bis Anfang 71 im Basler Untersuchungsgefängnis *Lohnhof,* ein *Veranstaltungsplan* aus dem Gefängnis samt *Speisezettel* für die Woche zwischen Weihnachten/Neujahr 70/71: *Kümmiwurst, Vogelheu, Fleischvogel.* Was soll ich mir darunter vorstellen? Immerhin, kein *Gestampfter Jude,* wird einer meiner Basler Freunde sagen, das Gericht habe es oft beim Schweizer Militär gegeben. Du, ein Vegetarier, hast dich, wie ich in deinen Strafakten dort lesen werde, oft über das *Lohnhof*-Essen beklagt, dir gern etwas von draußen kommen lassen. Ja, das sei möglich gewesen, wird mir der damalige Staatsanwalt bestätigen, wenn einer die Mittel dafür besaß. Die Mittel ... In Basel wegen des Verkaufs von Falschmünzen in Haft, in Deutschland vorstellig wegen Entschädigung.

Und dann das Patent für dein *Tonikum* gegen Rosacea, mit Nummer und Siegel. Anna hat es gehütet wie einen Schatz, und es wird nicht leicht, ihr eines Tages sagen zu müssen, daß auch dies nur Schall und Rauch war. Eine *vorläufige Eintragung,* international nicht anerkannt. Zu gern hättest du dein Tonikum auch über Frankreich und die USA geschüttet – ein Bombengeschäft!

Die Krönung deines Nachlasses: ein deutsches und ein französisches Strafregister, Kopie eines Gerichtsurteils, *gesprochen im Namen des Volkes,* 1953 in Hamburg, ein psychiatrisches Gutachten, erstellt im Auftrag der *Entschädigungskammer* am *Hamburger Landgericht 1978,* sechzig Seiten. Dazu Anwaltskorrespondenz.

Am besten, wir fahren nach Brüssel, öffnen die Safes und verbrennen alles am Stadtrand, hast du manchmal zu Anna gesagt, und sie hat geantwortet: Ach Quatsch!

Insgesamt also nichts von Wert. Weder Geld noch Gold, noch Diamanten hast du deinen beiden Freunden vermacht. Der Glanz deiner besseren Jahre dahin, verstreut, veruntreut, verjubelt – konfisziert. Zwei Safes in Antwerpen wurden – um Beweisstücke sicherzustellen – auf Veranlassung des Baseler Staatsanwalts während deines Verfahrens dort per *länderübergreifendes Rechtshilfeersuchen »gesprengt«,* wie du es ausdrücktest. Zuletzt hast du von deutscher Sozialhilfe gelebt. Der *Saustall* Deutschland läßt eben keinen vor die Hunde gehen.

Anna und Osip sind die Augen übergegangen – ein ganz schöner Brocken, der arme alte Jude, ihr guter Freund. Insgesamt dreiunddreißig Jahre Knast! Aber von dir betrogen gefühlt haben sie sich nicht, im Gegenteil. Du hast ihr Leben reich gemacht, sagen sie, was wären die letzten Jahre gewesen ohne dich? Anna backt Hamantaschen und Challah, kocht Eier mit Zwiebeln – deine Rezepte.

BUNDESREPUBLIK DEUTSCHLAND

Bescheinigung

Herr [redacted] [redacted] in 2000 Hamburg hat eine Patentanmeldung unter der Bezeichnung

"Neues kosmetisches Tonikum zur Behandlung der Rosacea"

am 17. Juli 1991 beim Deutschen Patentamt eingereicht.

Die angehefteten Stücke sind eine richtige und genaue Wiedergabe der ursprünglichen Unterlagen dieser Patentanmeldung.

Die angeheftete Zusammenfassung, die der Anmeldung beizufügen, aber kein Bestandteil der Anmeldung ist, stimmt mit dem am 17. Juli 1991 eingereichten Original überein.

Die Anmeldung hat im Deutschen Patentamt vorläufig das Symbol A 61 K 7/48 der Internationalen Patentklassifikation erhalten.

DEUTSCHES PATENTAMT

München, den 28. Januar 1992

Der Präsident des Deutschen Patentamts

Im Auftrag

Schäfer

Aktenzeichen: P 41 23 615.7

A 9161
6.90

Die Frage danach, wer der andere eigentlich ist, stellt sich ja nicht nur bei einem, der einen Wust von Papier in zwei Safes vor Gott und der Welt verbirgt, der sieben Stimmen hört –

Immer von oben rechts sprechen sie, berichten die, die Stimmen hören, wie Nachrichtensprecher im Radio, im Befehlston, dulden keinen Widerspruch!

Aber du hast es geschafft, hast dich ihnen widersetzt, dich nicht umgebracht, wie sie es Nacht für Nacht wieder von dir forderten, sogar Rache geschworen hast du, ihnen gedroht, sie hochgehen zu lassen. Welcher Taten hättest du sie bezichtigen können? Warst du nun bei der *Résistance* oder nicht? 1947 verurteilten dich die Franzosen wegen *Kollaboration.* Zwei Jahre Haft, lese ich. Gleich

GRAFF
MOULIN ROUGE
CINEMA
MOULIN ROUGE
14-22
La Piste d'Argent

anschließend, 1949, achtzehn Monate wegen *unerlaubten Besitzes von Kriegswaffen.* Wobei dir dein *liebes Maschinengewehr gute Dienste geleistet* hat, wie du es in einem deiner Baseler Verhöre formulierst, weiß ich heute noch nicht. Hast du jemanden umgebracht? Oder bist du bei dem Handwerk deiner Eltern und Großeltern geblieben, ein kleiner Hehler, ein Dieb?

Ich blättere, stutze, bitte mir Bedenkzeit aus. Auch mit allem anderen, wovon hier die Rede ist, weiß ich wenig anzufangen. *Gurs,* Deportationen aus Paris, *Vichy-Zeit.* Was genau bedeutet eigentlich *Kollaboration?* Das wissen, wie ich feststellen werde, nur wenige, nicht einmal die Franzosen – oder sie wollen es nicht wissen. Jedenfalls nicht so genau. *FFI?* Keine Ahnung. Militär, Juwelenhandel, Falschmünzerei? Auch hier muß ich passen. Dein Leben, ein verwirrendes Spiegelbild verwirrter Zeit. Die Ordnungen in meinem Kopf lösen sich auf – Deutsche schlecht, Juden ... Ich muß nachdenken, Jakob.

Übrigens: Nicht jedem deiner letzten Willen haben deine beiden guten Freunde entsprochen. Das Tamtam mit Brüssel habe ihnen gereicht. Zwei Urlaubstage sind dafür draufgegangen. So bist du – sei froh – nicht von einem internationalen Ärzteteam – zusammengestellt aus Juden und Christen – obduziert worden. Wozu auch? Keine Reste *metallischer Substanzen* hätten sie in deiner Leiche gefunden, mittels deren, deiner Theorie nach, die Anwendung der *Beobachtungsapparate* überhaupt möglich war. In den Sechzigern hatte einer der widerlichen Gefängnisärzte in *Santa Fu,* Strafanstalt Hamburg-Fuhlsbüttel, sie dir angeblich injiziert. Gegen deinen Willen. In einem deiner handgeschriebenen Testamente behauptest du, er sei einer von *Denen* gewesen, ein *Nazischwein.* Zu gern wüßte ich, ob er dir *Neuroleptika* verabreicht hat. Die nämlich, wird der Professor in Tübingen sagen, machten Leute wie dich kaputt.

Auch eine Überführung in deine Heimatstadt Metz, in der du, Annas und Osips Schilderungen nach, noch bis zuletzt das Grab deiner Mutter besucht hast, haben dir deine beiden Freunde erspart. Samt Grabinschrift: *Torturé jusqu' a la mort par les Nazis du service secret de la République Fédéral Allemagne.* In großen Lettern, wie du verfügt hast. Und während der Zeremonie wurde weder *Tosellis Serenade* noch das neapolitanische Lied *Catari, Catari* geblasen, denn das hätte der Rabbi nicht erlaubt, und den meinten Anna und Osip dir schuldig zu sein. Daß der, wie mir nach Durchsicht diverser Akten klarwerden wird, viel mehr über dich gewußt hat als deine beiden Hamburger Freunde jemals, hat er jedoch höflich verschwiegen und an deinem Grab der sechsköpfigen Trauergemeinde nur das gesagt, worum Anna ihn gebeten hatte. So bist du als Verfolgter und Held in die Ewigkeit eingegangen und nicht als *Einschleichdieb,* zu Schweizerdeutsch *Einsteigdieb,* als gefährlicher Gewohnheitsverbrecher – oder wer weiß was.

Ob er dich auch bestattet hätte, wenn ihm dein Schlußwort vor dem Basler Gericht zu Ohren gekommen wäre? Schließlich könne, hast du dort vollmundig verlautet, *aus einem Saulus ja auch mal ein Paulus werden.* Nicht nur dem eifrigen Gerichtsschreiber wird der Atem gestockt haben ob der so plötzlichen Bekehrung eines Juden. Aber auch diese hat dir nichts mehr genützt. Fünfzehn Monate haben sie dir verpaßt, die gnadenlosen Schweizer.

Im Sommer werde ich dein Grab besuchen, in Hamburg-Ohlsdorf. Der jüdische Friedhof, ein Areal für sich neben dem christlichen. Zwischen den Pflastersteinen der kleinen Straße, die zum Eingang führt, wächst Gras. Hier wird nicht so oft gestorben, und vielleicht bekommt ihr auch nicht soviel Besuch. Dein Grab, im neu angelegten Teil, ein stoppeliger Hügel, Brombeerbewuchs, Brennesseln, hohes Gras. Am Kopfende die genormte

Plastiktafel, von der Gemeinde bezahlt. Rechts und links neben dir, Marmor, goldene Buchstaben: *Zum Gedenken an unsere lieben, in der NS-Zeit Umgekommenen ...*

Wer sollte deiner gedenken, Jakob? Du hast die NS-Zeit überlebt. Eine deiner *Club*-Freundinnen wohnt ganz in der Nähe, aber sie weiß nicht mal, daß du hier liegst. Friedhöfe seien nichts für sie, wird sie sagen. Sie backe lieber Kuchen.

»Wollen Sie ihn haben?« fragt Anna zum zweiten Mal. Ich verlasse das kleine Rotklinkerhaus und denke nach.

Nirgendwo wird die Zweideutigkeit menschlichen Verhaltens besser sichtbar als auf dem Prüfstand der Geschichte, werde ich irgendwo lesen.

Drei Tage später sage ich zu. Anderes kann warten. In einer kleinen Holzkiste schleppt Anna alles herbei. Dazu noch eine Tüte voll Münzen aus aller Herren Länder und Restbände deiner Bibliothek dazu. Dicke Wälzer: *Was gestern noch als Wunder galt, Das Wissen in unserer Zeit, Einsteins Universum, Modern World Coins,* und *Kosmetologie.* Ein Taschenbuch *Operation EVA. Die Affäre Langemann.* Nach und nach werde ich sie lesen.

Der richtige Zeitpunkt für einen Neuanfang! Alle sind jetzt mit Einkaufen und Einpacken beschäftigt – in diesem Jahr sind Handys der Renner, höre ich –, mit Kochen und Backen. Mandelkarpfen an Reisrand, Perlhuhn im Tontopf, was man nicht alles zu hören bekommt, wenn das Wort Weihnachten fällt. Und worum, bitte, geht es eigentlich? Ach, hör doch auf, du immer mit deinen Fragen! Ein gutes Essen, Gardinen zu und Kerzen an, dann wird die Stimmung schon kommen, beruhigt man mich. Die Stimmung!

Niemand wird uns also stören.

Aber wie anfangen?

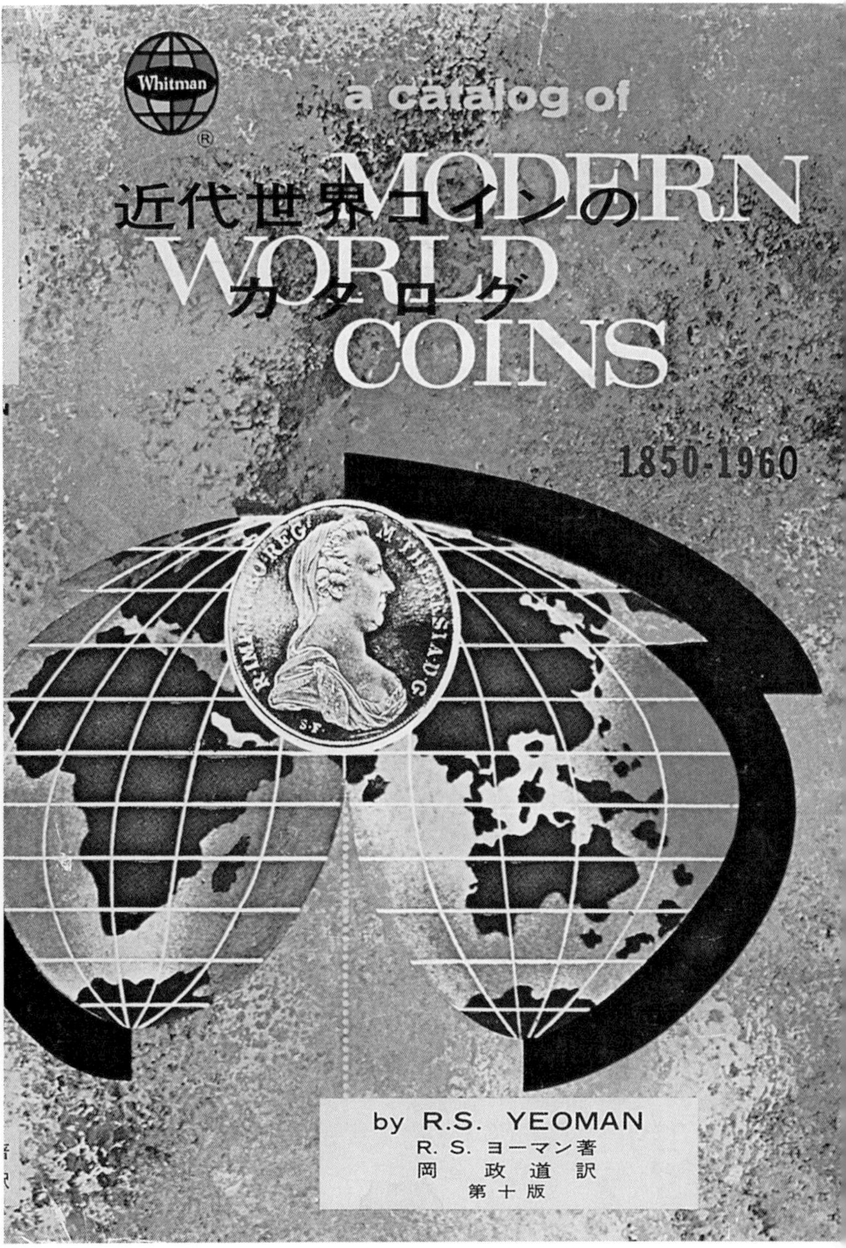
Whitman
a catalog of
MODERN
WORLD
COINS
近代世界コインの
カタログ
1850-1960
by R.S. YEOMAN
R. S. ヨーマン著
岡　政道訳
第十版

Frank P. Heigl
Jürgen Saupe

Operation EVA

Die Affäre Langemann

k

Reihe konkret

Chanukka. Auch ihr, lese ich, zündet im Dezember Lichter an, acht Tage lang, beschenkt euch, kocht etwas Besonderes. Ich weiß, du warst nicht gläubig, hast jüdische Gemeinden wohl eher als Zahlstellen benutzt – oder Klagemauern. Jedenfalls hast du auch dorthin deine Unterlagen geschleppt. Ständig seiest du mit einem kleinen Rollkoffer unterwegs gewesen, wird man mir in der Verwaltung der Jüdischen Gemeinde in Hamburg sagen. Und die Synagogen? Jakob hatte seine eigenen Philosophien, hat Anna gesagt.

Jacques Prout war katholisch. Hat er die Messe besucht? An der Erstkommunion der Tochter seiner italienischen Wirtsleute in Suresnes hat er jedenfalls teilgenommen, wie ich erfahren werde. Aber heute weiß ich noch nichts davon. Das Goldrandphoto einer niedlichen Kindbraut – mit Kruzifix in der Hand und gütigem Jesus im Hintergrund –, ein Rätsel wie alles andere. *Claire*

Marini, Eglise Notre-Dame de la Paix, Suresnes, 14. Mai 1942, steht auf der Rückseite. Gedruckt. Die Kirche hat sich den Eintritt ihrer neuen Schäfchen ganz offensichtlich etwas kosten lassen. Mit der Lupe entziffere ich einen verwischten Stempelabdruck auf Jacques Prouts Aufenthaltsbescheinigung in Suresnes 1943: *Hotel Marini,* ebenfalls *Boulevard Washington.* Ein Brief von Claire, den sie dir Anfang 1970 in das Untersuchungsgefängnis *Lohnhof* geschickt hat, und den ich im Sommer in deiner Strafakte im Basler *Staatsarchiv* finden werde, wird das Rätsel lösen, mich zu einer heute alten Frau in einen anderen der vielen kleinen, westlich von Paris gelegenen Vororte führen. *Bedenken Sie, was meine Aussage wert wäre. Ich war damals zwölf Jahre alt…,* hatte sie dir geschrieben. Offenkundig hast du sie, wie deinen ehemaligen Geschäftspartner und Freund Pepe auch, von Basel aus bedrängt, für dich auszusagen. Denn nur wenn Jakob Birnbaum hieb- und stichfest den Beweis erbringen konnte, während des Krieges tatsächlich der Bauunternehmer Jacques Prout in Boulogne gewesen zu sein, hätte ihm in Deutschland Entschädigung für die Summe zugestanden, die seinem Baugeschäft in Frankreich durch Abzug der Wehrmacht angeblich verlorengegangen war: sechs Millionen! Ja, der *Atlantikwall,* ein gutes Geschäft damals. In Frankreich nicht gerade rühmlich, in Deutschland um so mehr. Glanzleistung der *Organisation Todt,* im Auftrag des Führers. Sechzehntausend Befestigungsanlagen entlang der europäischen Westküste zum Schutz gegen die Alliierten. Aber als sie dann weg waren, die *Fritz,* da haben etliche der guten Franzosen im Regen gestanden. Sämtliche Rechnungen offen.

Und wie charmant du gewesen seiest! wird die alte Claire am Telefon sagen. Immer unangekündigt seiest du im Hotel ihres Vaters aufgetaucht, hättest Feste im Saal organisiert und die Frauen verführt – sogar noch ihre

Großmutter. Und es habe Alkohol gegeben, was eigentlich streng verboten gewesen sei. *Monsieur Je suis seul ce soir* hätten sie dich genannt, nach einem geflügelten Wort von dir. Der Herr *Ich bin allein heut' nacht.* Raffiniert! Die Frauen haben verstanden.

Sämtliche Telefongespräche und Korrespondenzen mit Frankreich wird – weil ich kein Französisch kann – Julia für mich führen, Lehrerin. Sie spricht die Sprache perfekt. Auch meine erste Reise nach Paris wird sie mitmachen. Wenn ich geahnt hätte, wo überallhin mich Annas Kiste noch führen würde! Ohne Julia wäre ich in Frankreich gescheitert.

Deine Sucht nach Geselligkeit, nur Flucht vor der Einsamkeit? Die Begründung deiner *Landesverweisung* in Genf 1939 lautet schwarz auf weiß: *Unerwünscht, keinerlei Rechtfertigung für die Notwendigkeit seiner Anwesenheit.* Ein Motiv, das sich sowohl durch dein langes Leben als auch durch das Leben deiner Familie zieht. Hat es je irgendwo die *Notwendigkeit* der Anwesenheit einer Familie Birnbaum gegeben? War es das, was dich wütend gemacht und geradezu angestachelt hat, deine Familie zu verlassen, fortzugehen? Nichts wie raus aus dem Schlamassel, weg von denen! Weit weg von diesem Judentum und seiner Chancenlosigkeit. Nach oben. Nach ganz oben!

Auch noch etliche Jahre nach dem Krieg bist du unter falschen Namen gereist. Drei weitere nach Prout werde ich finden – und immer noch als Katholik. Aber dann, Mitte der fünfziger Jahre, plötzlich »back to the roots«? Wegen *Wiedergutmachung?* Nur dem zum Untertauchen gezwungenen Juden konnte *Schaden an Leib und Leben* zugefügt, glaubhaft nur ihm diese sechs Millionen durch die Lappen gegangen sein. Aber auch der, der Jude, mußte nach so vielen Jahren »Abwesenheit« zunächst bewiesen werden. Gar nicht so leicht. Vor allem, weil du gerade mal wieder im Gefängnis saßest. Dort, wo dir sowieso keiner auch nur ein Wort abnahm. Vielleicht mit Hilfe der Presse?

»... als Anlage übersenden wir Ihnen ein Schreiben des Herrn Jakob Birnbaum, zur Zeit Strafanstalt Straubing. Vielleicht ist es Ihnen möglich, seinen Wunsch zu erfüllen. Mit freundlichen Empfehlungen ...« heißt es in einem Brief der *Allgemeinen, Wochenzeitung der Juden in Deutschland,* Düsseldorf, gerichtet an den *Zentralrat der Juden in Deutschland,* Frankfurt am Main, Oktober 1955.

Über die *Allgemeine* hast du deine Rückbesinnung auf den Weg gebracht, die *Zentralwohlfahrtsstelle der Juden in Deutschland e.V.* reagierte, schrieb an die *Communauté Israélite de Metz, Betr.: Jakob Birnbaum:*

»Sehr geehrte Herren! Der Obengenannte, der sich in Deutschland in einem Gefängnis befindet, gibt an, Jude zu sein. Seine Beschneidung sei durch Herrn Rabbiner Dr. R. in Metz durchgeführt worden. Die Namen seiner Eltern ... Da er lange Zeit sein Glaubensbekenntnis als katholisch angegeben hat, wären wir für eine Mitteilung dankbar, ob er Ihnen bekannt ist und ob die Angaben zutreffend sind. Mit vorzüglicher Hochachtung ...«

Auch von Jüdischen Gemeinden in München und Düsseldorf wurden deinetwegen Nachforschungen angestellt, wie ich Dokumenten des *Zentralarchivs zur Erforschung der Geschichte der Juden in Deutschland* entnehmen werde. Die eigentlichen Anträge an die *Entschädigungskammer* jedoch hast du dann zu spät eingereicht – wieder Pech! Über zwanzig Jahre hat er sich hingezogen, der Fristenstreit, immer verknüpft mit der offenen Frage nach deiner Geschäfts- beziehungsweise Zurechnungsfähigkeit. Für gewisse Zeiträume *partiell* oder *ausreichend* attestiert, für andere hingegen *mit Sicherheit* nicht. Phantastisch, was sich die Seelenkenner da gegenseitig um die Ohren geschlagen haben! Das letzte psychiatrische Gutachten in diesem Zusammenhang, 1978, schließt: *Es ist für die forensische Relevanz der psychotischen seelischen Ver-*

fassung bei B. unentscheidend und spiegelt allenfalls den Streit zwischen den einzelnen psychiatrischen Schulen wider, ob man diese Verfassung eine paranoide Entwicklung, chronifizierte Haftpsychose, psycho-reaktiv ausgelöste endogene Schizophrenie oder lediglich beschreibend eine chronische Psychose aus dem schizophrenen Formkreis nennt. Kapiert?

Alles aus Annas Kiste breite ich aus – Farbtuben, Buntstifte, Stichel und Lupe verschwinden unter Papier. Hier sieht es aus, Jakob, das müßtest du sehen! Du machst dich breit. Fast täglich wird Neues hinzukommen. In ein paar Wochen werde ich alles in Mappen sortiert, mit Nummern und Stichwörtern versehen haben. *Dokumente, Gutachten, Strafakten, Meine Akte, Basel, Paris, Audun-le-Tiche, Judentum, Carneval-Gesellschaft, Testamente, Berliner Landesarchiv ...*

Aber zunächst? Wo finde ich mehr über diesen deutsch-französischen Juden? Einen, über den es weder Literatur noch Sekundärliteratur gibt, obwohl er seiner alten Nachbarin, wenn er ihr morgens das Blut in einer Schüssel brachte – das er nachts angeblich wieder gespuckt hatte –, jedes Mal versicherte, er käme jetzt bald ins Fernsehen. Ach, Jakob. Wer erzählt mir mehr über dich und über deine beiden toten Söhne, deine beiden toten Frauen? In den letzten Jahren haben dich außer Anna und Osip und deren Freunden wohl nur wenige Nachbarn gekannt. Ganz zuletzt noch eine junge Photographin und augenscheinlich ein paar Leute aus der Werbebranche. *Ich bin allein heut' nacht.* Ein Leben, irgendwie nicht recht vorzeigbar, für das du dir Versatzstücke aus dem Leben anderer geholt – gestohlen hast. Oder irre ich mich? Heute, wenige Tage vor Weihnachten, überschaue ich noch nicht viel, und auf Ämtern oder in Archiven – »Was, jetzt?« – ruft man wohl erst in der Woche nach Neujahr wieder an.

Also?: Photos und Stimmen. Erste Wege zu dir. Später viele Akten. *Straffällig ist immer gut.* Dann Reisen, Streunen, Nachdenken. Die Monate mit dir werden rasch vergehen.

Photos:

Aus Umschlägen, Schachteln, kleinen Glitzeralben fallen sie heraus, ziehe ich sie hervor, breite ich sie vor mir aus. Prunkstück: ein Altersportrait von dir. Groß, fast DIN A 3, in schönen weichen Farben. Du, schräg von oben, buschige Augenbrauen, mit schwarzlackgefaßter Brille, lüftest den Hut, gibst den Blick auf eine hohe, mit mathematischen Formeln beschriebene Stirn frei. Ein Werbegag für dein Tonikum? Wer kennt sich mit Formeln aus? Ich frage herum, faxe Kopien. Der Frankierstempel auf dem Umschlag – Datum: 1996 – verrät eine

Hamburger Agentur. Laut Eintrag im Telefonbuch existiert sie noch. Ich rufe an: »Am 28sten, vormittags.« Mein erster Termin – noch in diesem Jahr!

Versuch einer Chronologie:

Mit dem Photo eines etwa dreijährigen schwarzhaarigen Jungen fange ich an. Dunkle Knopfaugen. Deine *wachen Augen,* Jakob. Er trägt eine Bluse, steht an einem Tischchen, hinter ihm eine Kinderschubkarre mit Wollschaf. Typische Atelieraufnahme, Anfang des 20. Jahrhunderts, aufgezogen auf festen Karton, Goldrand.

Bessere Zeiten?

Neben lege ich – vergilbt, gewellt – deinen Vater? mit einem Schäferhund – Mutter?, Geschwister? –, Häuser und Höfe. Gärten. Alles ärmlich. Eindeutig schlechtere Zeiten.

Es folgen deine beiden Söhne, Ellart und Marcel, Halbbrüder. Der erste 1928, der zweite 1943 geboren – die Ähnlichkeiten mit dir sind nicht zu übersehen – als kleine Jungen, in Kinderwagen, unter Kapuzen. Auf den Armen ihrer Mütter. Die Papierränder um den kleinen Ellart sind abgeschabt und eingerissen – in Sträflingshemden bei dir getragen? Ellarts Mutter Hanne, eine Schneiderin

aus Ostpreußen, die du Ende der Zwanziger in Hamburg kennengelernt und nicht geheiratet hast. Nicht hast heiraten können, weil ihr Vater – wie Anna und Osip berichteten – angeblich Polizeipräsident von Berlin war. Und dessen Tochter, in den Zeiten, einen Juden ...? Um Himmels willen! Marcels Mutter Jacqueline war auch Schneiderin, kam aber aus der Normandie. Eure Liebe entbrannte fast fünfzehn Jahre später, Trauung – wie ich der Urkunde *Mariages* entnehmen werde – Heiligabend 1945 in einem Gebäude des berühmten Gefängnisses *Fresnes,* etwa acht Kilometer südlich von Paris. Muß ja romantisch gewesen sein!

Zwei Photos von dir mit Marcel auf dem Arm, einen Fez auf dem Kopf. Ein Gartenweg, ein Zaun. *Oktober 1944* steht auf der Rückseite. Wo? Zu der Zeit wart ihr, du und Jacqueline, noch kein Ehepaar. Überhaupt scheint euer Glück nur von kurzer Dauer gewesen zu sein. Ein Ehemann, den man unter falschem Namen kennenlernt, der schon bald nach der Hochzeit für zwei Jahre wegen *Kollaboration* und anschließend noch achtzehn Monate wegen *Gebrauchs von Kriegswaffen* im Gefängnis verschwindet, war ja auch nicht gerade das, was man eine Anstecknadel nennt. Wann deine Jacqueline Jones wohl spitzgekriegt hat, daß du Jude warst?

Sie alle sind tot. Deine Frauen, deine Söhne – alle vier sind vor dir gestorben. Ellart nahm 1957 Schlaftabletten in Köln, Marcel 1996 eine Überdosis in Paris. Jacqueline soll verrückt geworden und als alte Frau in einem Heim gestorben sein, hat Anna gesagt. Und Hanne? Als junge Frau sieht sie sanft aus, später – neben Ellart auf einem Sofa, er um die zwanzig – mondän. »Klar ist sie das!«, wird ihre Nichte in Berlin bei Vorlage des Photos sagen, »hübsch zurechtgemacht zum Leichentanz.« Irgendwann scheint aus der sanften Hanne eine lebenslustige Witwe geworden zu sein. War ja auch erst Anfang Vierzig, als

ihr 1936 angetrauter Ehemann Heinrich ins russische Gras biß. In Hamburg hat er sie geheiratet – trotz Sohn –, und 1989 ist sie in ihrer Berliner Wohnung verbrannt. »Still und leise verschmort«, wie mir ihr ehemaliger Hausmeister schildern wird. Heute weiß ich noch nichts davon. Heute sehe ich sie alle zum ersten Mal, deine lieben Verwandten. Deine mir Unbekannten.

Viele Schnappschüsse von einem jungen Mann. Lässig, in Marineuniform, mit Zigarette im Mund. Dann etwas älter, in Paris, vor dem *Arc de Triomphe.* Mit hübschen Frauen im Arm. Eindeutig immer Marcel. Zunächst in Schwarzweiß, später Color. Vielleicht ist eine seiner Schönen deine erste Schwiegertochter Collette? Dreimal insgesamt soll er geheiratet haben.

In meiner Reihenfolge schließt sich an: Eine Serie von Marcel mit Mutter Jacqueline, sie schon alt – an den

schlechten Zähnen erkenne ich sie wieder –, hinter einem Couchtisch. Alles geblümt, sehr bunt. Nippes, Kram. Eine Wohnung in Paris? Auf zwei dieser Photos bist auch du zu sehen. Ein Weltmann, leicht ergraut. Hast du sie noch oft besucht, deine geschiedene Frau, mit ihr und deinem Sohn um den Couchtisch gesessen?

Etliche Jahre später: Marcel als Bräutigam, mit France, seiner letzten, noch sehr jungen Braut. Zwei Jahre vor seinem Tod, wie ich hören werde, – schon gezeichnet vom Tod. Dazu eine Reihe Polaroids. Auf denen allerdings liegt die junge Braut in deinem Arm. *Silvester 94*, steht mit Filzstift auf den Rand geschrieben. France, deine kleine Komplizin, nachdem Marcel dich für verrückt erklärt hat.

Beiden Schwiegertöchtern hatte Anna nach deinem Tod Bescheid gesagt. Aber sowohl Collette als auch France sollen äußerst distanziert reagiert haben. Ob es vielleicht nur an der schlechten Verständigung lag? Auch Anna spricht kein Französisch.

Aber der Reihe nach, und weiter, das heißt zurück. Eine andere Spur: Das Photo einer schönen Frau mit breitkrempigem Hut. Sie schmust mit einer Katze. Ist dies deine ungarische Tänzerin, deine ganz große Liebe, von der du Anna noch ständig vorgeschwärmt hast? Die gemeinsame Auswanderung nach Venezuela sei fest ge-

plant gewesen. 1939, von Genf aus. Wenn dich die verbissenen Schweizer nicht des Landes, das heißt zurück nach Frankreich verwiesen hätten! *Keinerlei Rechtfertigung für die Notwendigkeit seiner Anwesenheit.* Dann hätte es geklappt, mit deinem ganz anderen Leben. Warum mußte Jakob Birnbaum denn vier Jahre lang Jacques Prout heißen – warum konnte er nicht einfach nach Venezuela gehen und dort mit seiner Tänzerin glücklich sein?

Neben sie lege ich aus dem Kuvert *Afrique:* Dich mit Tropenhelm oder in Uniform. Ein Dorf, Kinder und schwarze Frauen. *»Spahis!«* wird Monsieur R., der alte Jude in Paris sagen. Also nicht *Fremdenlegion,* wie du behauptet hast, sondern *Kolonialregiment.* Deine vierte Ver-

urteilung erfolgte laut Strafregister wegen *Ungehorsam in der Armee.* Was soll ich mir darunter vorstellen?

Dann wieder ein Photo von dir aus eindeutig besseren Zeiten: Pariser Atelieraufnahme, du wohl Mitte Dreißig – mit Bart. »Das soll der sein? Vor dem hätte ich mich aber gefürchtet«, wird deine Freundin aus dem *Agi-Club* in ihrer Dreizimmerwohnung, Hamburg-Ohlsdorf, beim Anblick dieses Photos sagen. Sie selbst ist unter den Senioren auf den fröhlichen Schnappschüssen im Kuvert *Club* zu sehen. Siebziger/Achtziger Jahre. Friedliche Zei-

ten. Lokale mit Papierschlangendekoration, dunkelbraunen Wollvorhängen, Polonäsen. Silvester- und Faschingsfeiern, mit ein, zwei Bier über den Durst. Im Sommer Kaffeefahrten. Rentner, Witwen, die gern mal mit anderen ausgehen, nachts dann aber doch lieber wieder allein sind. »Ich glaube, er mochte Frauen«, wird die alte Dame sagen, einmal sei sie mit zu dir gegangen, und das sei falsch gewesen. Du wolltest mehr.

Mich erschreckt ein anderes Bild von dir. Das Haar kurz und glatt. Zu kurz, zu glatt. Und auch wenn am

unteren Rand noch Jackettkragen, Hemd und Krawatte zu sehen sind: Für mich gehört zu diesem Gesicht eine SS-Uniform – bis zu den Stiefeln.

Jetzt die Kindbraut im Goldrand und weitere Photos ihrer Erstkommunion. Mit Familie und Freunden auf einer Treppe vor einem Haus, vor einer Kirche – wohl *Notre-Dame de la Paix 14. Mai 1942 …*

Starphoto aus der Kriegszeit, in orangem Kuvert, *Pepe, le grande et moi, Restaurant Beaulieu, 6. Dezember 1942.* Du und dein italienischer Kompagnon an einem weiß gedeckten Tisch, Champagner auf Eis, eine junge Dame zwischen euch. Jakob Prout scheint es in Paris eindeutig besser gegangen zu sein als Jakob Birnbaum in *Gurs.*

Dann wohl Fünfziger Jahre: Eine fröhliche Drei-Damen-drei-Herren-Partie, im Hintergrund Berge und Seen, wahrscheinlich Schweiz. Wie war dein Name in der Zeit?

In sechs kleinen Photoalben geht es rund! Knallbunte Schnappschüsse, quer durch die Welt, siebziger Jahre. Aus einer Zeit also, in der dein Verfahren wegen Entschädigung und der Wettlauf psychiatrischer Gutachter voll im Gange war. Teneriffa, Mallorca, Capri, Hongkong. Thailand, Bangkok. *Hotel Tropic, Hotel Imperial.* Alles, was ein Mensch sich träumt, zumal wenn er gerade mal wieder aus dem Knast kommt. Zwischen Vorladungen und Diagnosen war die Welt für dich eindeutig auch anderswo, der Lottogewinn von Siebenundsiebzigtausend verlieh allem Schwung, und die Thaimädchen

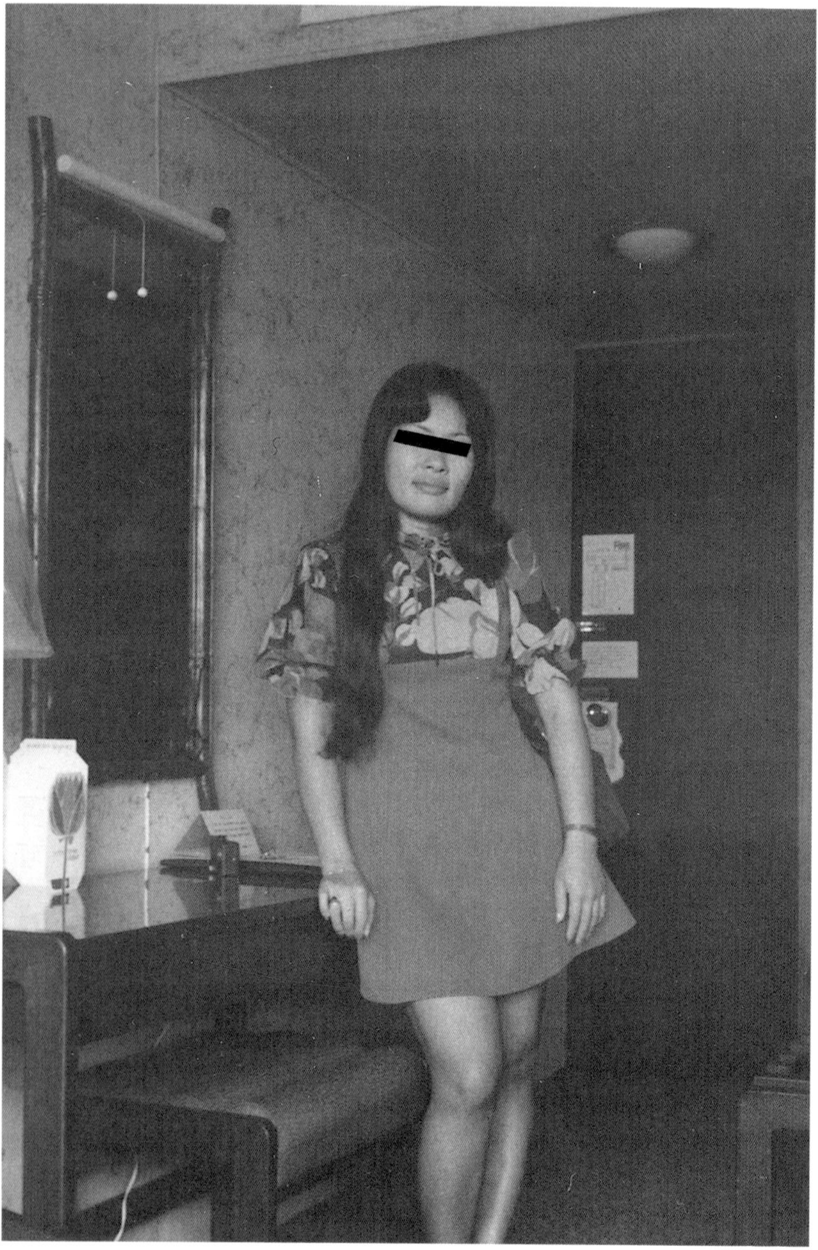

hatten genau deine Größe. Vor Löwenkäfigen und Tempelanlagen lächeln sie in deinem Arm. Nichts habt ihr ausgelassen.

Aber auch eine üppige Blonde war nach deinem Geschmack. Frau scheint Frau für dich gewesen zu sein. In Strapsen, Blümchenschlüpfer, Bikini oder getigertem Hausanzug räkelt sie vor mir. Appartements Zwei-Sterne-Kategorie. Ihr beide zusammen, mit Selbstauslöser. Sehr neckisch. Harmlos ... ich sehe euch nicht ungewollt zu.

Zwei Portraits von dir als Postkarten aufgemacht, Hamburger *Club*-Zeit. *Monsieur Je suis seul ce soir,* mit grauen Schläfen. Damit werde ich im Sommer in *Planten un Blomen* herumgehen, dem Park der einsamen Herzen im Zentrum Hamburgs. Und eine der vielen, an den Tischen des *Rosenhofs* allein sitzenden Damen, die – bei den Preisen! – ihren Teebeutel selber mitbringt und nur heißes Wasser bestellt, wird beim Anblick dieser Photos seufzend sagen: Ich habe ihn nicht gekannt, aber ich hätte ihn gern kennengelernt. Na bitte! Noch heute hättest du hier Chancen gehabt. Damals, an lauen Samstagnachmittagen, nach Live-Musik und Tanz, soll dir die eine oder andere willig in deine Genossenschaftswohnung in Altona gefolgt sein. Ganz elegante, wie deine alte Nachbarin sagen wird.

Vielleicht auch die große dunkle, an deiner Seite, auf wer weiß welchem Ball? Allein wegen dieses Photos geradezu ein Stimmenchor am Telefon. Ich werde lernen, bei welchen offiziellen Anlässen wo in Hamburg und wie lange man noch schwarzweiß und ab wann man farbig photographiert hat. Farbmaschinen gab es bis in die Achtziger nur im Kongreßzentrum. »Vielleicht *Ball über den Wolken,* im *Atlantic Hotel?*«, wird einer der vielen Photographen, die ich um Auskunft bitte, in Erwägung ziehen. Einladung nach *Kundenwertigkeit,* so die Auskunft bei der Lufthansa. Kundenwertigkeit! Allein wegen dieses Begriffs wird sich die Telefoniererei doch gelohnt haben! Leider werden Gästelisten nicht länger als fünf Jahre aufbewahrt. Allerdings, wird der Empfangschef vom *Atlantic* zu bedenken geben, könne das Photo auch auf dem *Juristenball* aufgenommen worden sein. »Die Waage auf der Deckendekoration, sehen Sie?« Das wär doch was! Du beim Tanz der Juristen. Äußerst zufrieden lächelst du in die Kamera.

Dein langes Leben, Jakob! In winzigen Ausschnitten liegt es vor mir. Nur wenige Augenblicke – ich weiß –, aber immerhin. Wie ein bunter Faden, an den ich mich halten und den ich weiter spinnen kann. Die markanten Altersportraits, die die junge Photographin Tanja von dir gemacht hat, und den *Formelkopf* kann ich während der nächsten Wochen – treppauf, treppab durch die Studios –

noch ergänzen. Mit letzten Bildern, sozusagen. Ganz anderer Art. Von denen haben selbst Anna und Osip nicht die leiseste Ahnung gehabt.

Wirklich äußerst photogen, der Herr Birnbaum – trotz seines hohen Alters. En face, im Profil, auf dem Sofa sitzend oder hinter seiner alten Schreibmaschine – Tanjas Kontaktabzüge eine wahre Pracht! Tag und Nacht hättest du darauf herumgeklappert, wird mir deine alte Nachbarin sagen. Tag und Nacht Stimmen, Tag und Nacht Geklapper auf der Schreibmaschine. Vielleicht kommt man so gegen Dämonen an? Wie Louis Ferres sieht er aus, werden einige Franzosen zu diesen Photos sagen. Stimmt! Mit denen bist du dann in Agenturen spaziert, man hat *Set-Karten* von dir angelegt und dich gebucht. Für alles, was die Werbung so braucht – eben nicht nur smarte junge Männer mit Dreitagebart.

600 bis 800, pro *Shooting,* abzüglich Provision für die Agentur. Kein schlechtes Taschengeld zur mageren Sozialhilfe. Und wovon sonst hättest du für mindestens 600 Riesen im Monat Lotto spielen können, wie mir deine letzte Pflegerin vom *Ambulanten Seniorendienst* durchaus plausibel vorrechnen wird. Anfang September werde ich sie in Wedel treffen, einem kleinen Ort am westlichen Stadtrand Hamburgs. Polin. Zweimal täglich sei sie bei dir gewesen. So lange, bis du sie mit Heiratsanträgen traktiert, einen weißen und einen schwarzen Dildo angeschafft hast. Maan, oh Maan, Jakob, du könntest sein mein Opa!, habe sie dir gesagt…

Stimmen, Jakob!

… und abgelehnt. Obwohl sie dich für reich hielt und deshalb die von dir geliehenen dreitausend Mark erst nach einem bühnenreifen Auftritt von Anna und Osip zurückzahlte. Auf eine Bank unter dem *Roland* hatten sie sich die so betrügerische Pflegerin bestellt, Osip hatte sich sicherheitshalber eine Sonnenbrille aufgesetzt – vielleicht polnische Mafia, oder wer weiß was –, und den Schuldschein gleich unter die Nase … »Die hatte so einen großen Busen, in den ist Jakob wortwörtlich reingefallen«, hat Anna gesagt.

Photos und Stimmen.

Stimmen:

In den ersten Tagen werden es meist junge Stimmen sein. Viele von ihnen höre ich zunächst am Telefon. Sie melden sich nur mit Vornamen – Jessica und Benn, Sandra und Marc –, sagen *high!* und *wow!* und *dot,* statt *Punkt*, beim Durchgeben von E-Mail-Adressen und sind immer wahnsinnig gut drauf. Sie alle haben dich – wenige Monate vor deinem Tod – nur ein paarmal gesehen, 1996/97. Damals – nach Hirninfarkt und Reanimation, nach Pflegeheim und Status *Unter Vormundschaft* – hast du dich noch mal auf den Weg gemacht. Zurück ins Leben. In deine Wohnung, und von dort, weil es, mit sieben Dämonen allein, darin nicht mehr zum Aushalten war, wieder raus – zu den netten *boys and girls* in der Werbebranche. Auf die Agenturen hatten dich ein Freund von Anna und Osip und Tanja gebracht.

Sie lebt jetzt in New York, hat Anna gesagt.

Nach einigem Herumfragen werde ich sie finden. Ende Mai. In der Schweiz. Ein paarmal werden wir miteinander telefonieren, und anschließend wird sie mir in einem langen Brief schreiben – *Ein Weisheiten zitierender Charmeur, der in großer Runde mit Sprachkenntnissen und Scherzen brillierte.* Hörst du?

In einem Kaufhaus habt ihr euch kennengelernt, beim Schlüsseldienst. Anfang der Neunziger. *Die* hätten mal wieder deine Wohnung durchwühlt, unersetzliche Dokumente gestohlen. Also mußte ein neues Schloß samt Zweitschlüssel her! Zur Sicherheit. Du hast die junge Frau mit deinen *wachen Augen* angesehen, sie zum Kaffee eingeladen und ihr deine Geschichte erzählt. Von deiner Flucht aus Deutschland, deiner Verhaftung in Paris, von *Gurs,* deiner Zugehörigkeit zur *Résistance*... die ganze Leier. Auch die Torturen, denen du als *Geheimnisträger* Tag und Nacht ausgesetzt warst, hast du ihr nicht erspart, ihr sämtliche Unappetitlichkeiten aufgetischt. Dennoch war sie fasziniert, hat ihren Freunden von dir erzählt, dich in deiner Wohnung besucht, ja sogar im Krankenhaus. Irgendwann allerdings habe deine Leidensgeschichte sie *überfordert*, und auch den Gedanken, dein Leben photographisch zu dokumentieren, habe sie bald aufgegeben. *Der wimmernde Greis, ein Häuflein Elend, abgemagert mit dünnen Beinen, einem vernarbten Körper, in einem weißen Krankenhausbett, ein Graus. Eine absurde Freundschaft, ca. fünfzig Jahre zwischen uns.*

Annas und Osips Freund, Franzose – wie du –, früher auch Photograph, sagt am Telefon: »Ich hatte leider nicht *die Ehre,* ihn zu portraitieren.« Vielleicht habe er zu viel nach der Vergangenheit gefragt? Außerdem sei Portrait nicht seine *eigentliche Spezialität.* Dennoch habe es Freude gemacht, sich mit dir in der Muttersprache unterhalten zu können. »Ein phantastischer Schauspieler! Aber ständig auf der Flucht. Vor wer weiß was.« Und sehr eifersüchtig, wenn irgend jemand Anna zu nahe gekommen sei. »Ein Hochstapler!« Schönes deutsches Wort. Er lacht. Ich könne gern noch einmal anrufen, vielleicht falle ihm noch etwas ein, er denke jetzt nach, sein Sternbild sei nämlich Stier, das stehe für Besonnenheit.

Stimmen, Jakob. Ganz andere als deine sieben. Die hast du schon vor mehr als drei Jahren mit in dein Grab genommen.

Auf die jungen werden ältere folgen: Von Ärzten, Beamten, Archivaren und Vorzimmerdamen, Altenpflegern ... wo ich eben so lande mit meinen vielen Fragen. Auch in der *Abteilung Leichenauffindung/Mord* in Köln. Später dann die wirklich alten, schon brüchigen: Stimmen von ehemaligen Nachbarn, Nachmietern oder Hausmeistern. Die Gespräche mit ihnen dauern lang. Außerdem werde ich lernen, zu schreien, denn wenn sie nicht gleich verstehen, wer am Apparat ist, plappern sie munter drauflos, und ich bekomme zu hören, was mich nichts angeht. Familiengeschichten. Krankheiten. Die Tage ziehen sich hin, wenn man alt ist und allein. Schön, wenn mal jemand anruft. Und zwischen allen Stimmen ständig die, die immer dann sprechen, wenn keiner spricht: »Please hold the line«, »Bitte haben Sie noch etwas Geduld!«, »Nach dem Piepton können Sie …«

Stimmen! Täglich werden es mehr, ein beängstigender Chor! An manchen Tagen wird es mir so vorkommen, als sprengten sie meinen Kopf. Wohin mit all dem, was sie sagen?

Überleben wollen als Lebensmotiv. Egal, wie. Ob als Jude oder Christ, als Kommunist, bedürftiger Rentner, *Widerstandskämpfer* oder *Kollaborateur.* Jeder wollte nur das eine: leben! Darauf muß man erst mal kommen, wenn das »Leben können« nie in Frage gestellt, immer ein Dach über dem Kopf und etwas zu essen auf dem Tisch war. Und wenn noch nie einer mit Stiefeln und Gewehr direkt hinter einem gestanden hat.

Gegen den Verfasser des psychiatrischen Gutachtens in Basel, das dir eine *parasitäre Lebensführung* unterstellt, hast du polemisiert: *Wo waren Sie, als wir täglich dem Tod ins Auge sehen mußten? Sie saßen in einem vollen Boot und streckten die Hände zu den Eßwaren eines sicherlich vollgedeckten Tisches. Sie haben niemals gewußt, was Hunger, Not, Todesangst und »Verzweiflung« sind!* Wahrscheinlich hast du dich geirrt, denn auch dieser Gutachter war nicht der, der er vorgab zu sein, wie ich hören werde. Als *Ostjude* hätte er in der Schweiz keine Chancen gehabt. Aber nicht einmal dir, dem »Bruder« gegenüber hat er sich geoffenbart.

Ein paar Wochen später, in Paris, werde ich sowohl von Monsieur R., dem Juden, der während des Krieges Kurier beim *Maquis* war, als auch von dem alten Kommunisten Willy G. hören: Lebensläufe? Papier! Jeder habe den seinen jeweils so geschrieben, wie es gerade am günstigsten war. Von dir werde ich, in deinen Strafakten dokumentiert, insgesamt acht finden – und außer Birnbaum vier weitere Namen. Und wenn es – wie mehrfach während der Gerichtsverhandlungen – mal wieder ganz dicke kam, ein Unerbittlicher den Finger auf Widersprüche legen wollte, beharrlich blieb, hast du getobt und behauptet: *Ich habe momentan keine Gedanken mehr, ich werde kybernetisch beeinflußt, vielleicht werde ich mich später erinnern, wenn ich mich wieder beruhigt habe.* Oder du hast einen *Doppelgänger* ins Spiel gebracht, gerade dann zugegen, wenn bei dir gerade mal wieder was aus dem Ruder gelaufen war. Also nicht den, der im Zimmer hockt, wenn's ans Sterben geht – den eigentlichen. Der wird wohl erst in der Nacht vom dritten auf den vierten April 1997 bei dir aufgetaucht sein.

Ich habe schon schwer gelogen in meinem Leben. Deswegen bin ich aber kein Lügner. Ich habe eingesehen, daß Lügen zu nichts führt. Ich treibe Yoga und psychogenes Training. Und ich bin kein Psychopath.

Wer also warst du? Wen hast du gemeint, wenn du von dir gesprochen hast? Wir werden sehen. Für heute halte ich fest: Ich nenne dich Jakob, seit dreieinhalb Jahren bist du tot, seit dem dritten Advent des Jahres 2000 weiß ich von dir, und seit ein paar Tagen steht Annas kleine Holzkiste auf dem Tisch. Du bist jetzt bei mir.

28. Dezember.

Mein erster Termin.

Sämtliche Schwiegermütter sind wieder abgereist, alle Großväter zurück in ihre Heime gebracht, die Kerzen heruntergebrannt. Heute werden Geschenke getauscht. Stop and go in der Innenstadt. Vier Arbeitstage »zwischen den Jahren«.

Ein postmoderner Glaspalast in Hamburg-Winterhude. Die erste Agentur.

»Vor mehr als drei Jahren? Du liebe Zeit!« Jessica vom Empfang ist ganz aufgeregt. Drei Jahre – für diese Branche eine Ewigkeit. Aber ich habe mir vorgenommen: erstens, mich nicht abwimmeln zu lassen, zweitens, anderen, wenn nötig, auf die Nerven zu gehen, drittens, Ruhe zu bewahren. Und dann fischt sie mir tatsächlich den Namen des Photographen raus, der den schönen *Formelkopf* aufgenommen hat.

»Irrer Typ, super interessant, megafrisch!« Ein paar Stunden später habe ich ihn am Telefon. »Sie werden lachen, aber gerade gestern habe ich das Photo noch einmal in der Hand gehabt. Beim Aufräumen im Archiv.« Überall Archive, Jakob, du wirst sehen. Er habe es für diese Bildungs-Kampagne in Schleswig-Holstein gemacht. Headline: *Leute, verlaßt nicht das Land, auch bei uns gibt's kluge Köpfe!* Die Formeln habe dir Natascha auf die Stirn gemalt, ein Riesenspaß – für euch beide. »War der nicht Jude oder Franzose?« Irgendwas von der *Résistance* hättest du erzählt, aber auch irgendwas von den Nazis … »Ich glaube, der war ein Filou. Übrigens, tolle Haut!«

Stimmen, Jakob.

»Auf jeden Fall: Faustdick hinter den Ohren.« Er habe dich gefragt, wie das sei, wie lange ein Mann noch könne, er selbst sei jetzt Mitte Vierzig, da mache man sich schon mal Gedanken. Du hättest völlig entspannt reagiert, nur der Art-Direktor habe komisch geguckt. Er habe übrigens fest vorgehabt, dich einmal zu besuchen, aber nach zwei, drei Telefongesprächen sei ihm klargeworden, daß du einer von denen seiest, die in den Arm genommen werden wollten. Und solche Leute seien ihm letztlich doch zu anstrengend. »Aber sonst total gut drauf.« Und wenn es fertig sei, bitte ein Buch!

Am nächsten Tag ein Photo in meiner Mailbox. *Mit herzlichem Gruß.* Drei Männer im Studio: Art-Direktor, Modell, Photograph, *vor dem Shooting damals.* Mit deinen *wachen Augen* strahlst du in die Kamera. Wie oft, haben Anna und Osip erzählt, habest du behauptet, die Apparate der Geheimdienstler hätten dich fast blind gemacht, Gutachten von Augenärzten herumgereicht. *Grauer Star,* altersbedingt – also nichts weiter –, werde ich in deinen Befunden lesen.

Wie weiter? »Back to the roots«? Auf dem Weg zur nächsten Agentur fahre ich bei den Juden vorbei. Ich fange an, mich zu organisieren – wer weiß, was noch kommt? Nur nicht wegen jeder Kleinigkeit wieder los, quer durch die Stadt. Und das bei dem Wetter! Selbst im Auto kein Vergnügen. Weil ich aber nichts über die jüdische Gemeinde in Hamburg weiß, lande ich zunächst in der Verwaltung – und nicht in der Synagoge.

»Der war doch ein Spinner!« Die ausladende Dame im kleinen Empfangsbüro, Parterre links, nimmt kein Blatt vor den Mund. »Allein sein Rollkoffer!« Auch hier eine Glasfront, aber trist. Sprechanlage und Kamera. Wenn ich mehr über dich wissen wolle, dritter Stock, zweite Tür rechts. Kahles Treppenhaus, vertrocknete Topfpflanzen, Wischwassergeruch.

»Birnbaum?« fragt der freundliche Herr und klickt auf den Bildschirm. »Tot? Die Toten nehmen wir aus dem Computer raus.« Für sie müßte dann mal jemand in den Keller gehen und in alten Unterlagen nachsehen. Nein, er selbst habe keine Erinnerung.

Eure Gräber, Jakob, löst ihr nicht auf, in Ohlsdorf nicht und nirgendwo sonst auf der Welt. Auf euren Friedhöfen rotten umgestürzte Grabsteine aus Jahrhunderten. Aber aus euren Computern fliegt ihr gleich nach dem Ableben raus.

»Der hat Stimmen gehört«, sage ich, »mit Leuten in aller Welt korrespondiert.« Noch gebe ich nicht auf. »Außerdem war er überzeugt davon, beobachtet zu werden« – mein Gegenüber schweigt –, »genauer gesagt, verfolgt.« – »Das glauben viele, nicht nur Juden!« Er steht auf.

In deiner Basler Akte werde ich auf rege Korrespondenzen zwischen dir und früheren Vorsitzenden der Jüdischen Gemeinde in Hamburg stoßen. Aber der freundliche Herr … Nein, ich habe mich bei euch nicht willkommen geheißen gefühlt. Auch ein paar Wochen später in der

Synagoge nicht. *Bitte schließen Sie sich einer Gruppenführung an.* Die jüdische ist keine missionarische Religion, lerne ich. Gut. Und über einen wie dich redet man hier nicht. Aber Spinner? Hast du das gehört? So etwas darf in Deutschland über einen Juden wohl nur jemand aus der Jüdischen Gemeinde sagen. Ja, die Neonazis, ich weiß ... *Wenn das hier nicht aufhört, sehe ich mich gezwungen, nach Israel auszuwandern, hochachtungsvoll ...* hast du 1976 dem damaligen Bundeskanzler schriftlich gedroht. Angeblich hatten dich mal wieder zwei Jungs, direkt vor deiner Wohnungstür ... Hast du Hebräisch gekonnt? Was hättest du in deinem gelobten Land gemacht? Nach Ausstrahlung der Fernsehserie *Holocaust* soll es dir sehr schlecht gegangen sein, haben Anna und Osip erzählt, du habest einen Anfall erlitten, die ganze Nachbarschaft zusammengebrüllt – und dir eine Wohnung in Amsterdam gekauft, so deine *Club*-Freundin. Und die beiden Wohnungen auf Teneriffa? Die hatten wohl weniger mit den Neonazis als mit dem deutschen Fiskus zu tun. Oder besser, mit dem Sozialamt. Verliert einer seine Bezüge, wenn er Siebenundsiebzigtausend im Lotto gewinnt? Oder ist das reine Privatsache. Warum sollte denn ein armer Verfolgter nicht wenigstens einmal in seinem Leben Glück haben? Sicherheitshalber hast du die Kröten aber ins Ausland geschafft. Zwei Konten in Brüssel, zwei in Antwerpen, dazu jeweils zwei Safes. Ab Mitte der Siebziger, gerade als das für dich negativ entschiedene *Entschädigungsverfahren* in die *Revision* gegangen und dir von der Jüdischen Gemeinde Mietzuschuß zugesagt worden war. Auch Glaubensbrüdern gegenüber soll man verschwiegen sein.

Aber immerhin gibt mir die Dame im Empfangsbüro der Jüdischen Gemeinde noch die Adresse einer Frau, die mir den Artikel aus der jüdischen Zeitung *Jediot Achronot* übersetzen wird.

Zweite Agentur, Nähe Gänsemarkt. Volltreffer. Sandra erinnert sich. Außerdem ist sie nett und schreibt mir sämtliche deiner *Shootings* aus dem Computer raus – mit der Hand. Wann, wo, welcher Photograph, jeweils mit Stichwort zum *Set.* Sie habe dir immer als erstes ein »Käffchen« gekocht, sagt sie.

Zwei Zimmer. Das rechte für die Männer, das linke für die Frauen. In *Voll-Color* strahlen sie mich von den Wänden her an. Hier hast du gesessen, dein Käffchen getrunken und Geschichten erzählt, und mit offenen Mündern werden sie dir zugehört haben, die jungen Leute in ihren Designer-Klamotten, für die mit Disco und zweimal Strandurlaub im Jahr das Leben eigentlich ganz okay ist. Deportation, Flucht? »Echt geil, der Opa!« Solange du hier warst, haben deine Stimmen keine Chance gehabt.

Sandras Liste wird der Fahrplan meiner Januar-Streifzüge durch Hamburger Agenturen sein: Hinter- und Vorderhäuser, Keller und Lofts, mit Ausblick auf Elbe, Alster oder Graffitiwände, je nachdem, wie gut der Schuppen läuft. Die Welt der kleinen Stars und abgerutschten Sternchen, in der man Menschen nach *height, color* und *chest* bucht, in der Kekse fressende Hunde herumliegen, die Robinson oder Marco Polo heißen, in der sanfte Musik dudelt, und hübsche Mädchen anderen, fast nackten Mädchen in Hollywoodschaukeln so lange die Oberschenkel pudern, bis endlich photographiert wird. War doch nett hier. Allemal besser als in einer Genossenschaftswohnung ständig von *Denen* unter Beobachtung zu sein.

»Den mußte man nicht zwischendurch mit Kamillentee füttern oder über die Kabel führen«, wird mir einer der ganz Großen dieser Szene sagen. Hamburg–New York, steht auf seiner Hochglanzkarte. Etliche Anrufe, bis ich bei ihm antanzen darf. Dir gegenüber habe man jedoch so etwas wie Ehrfurcht vor dem Alter gespürt. Und das von einem, der sonst Sätze wie »Mehr Wumm,

Kabel Fernsehen / Zielgr. bis 20 — Produktion

① • Trapped 97 Musik-Video — 12.06.97

② • Göttinger Sparkasse — 10.09.97

Anzeigen in Tageszeitungen

Plakate am POS

Simon
41 31 3506

③ • Max Redaktioneller Bericht — 10.10.97

Thema: „alte Leute" — Rothenbaumch. 80c 41310

Michael Kleehaupt

Fit for Fun 4131 3401 — mKleehaupt@aol.com (dot) o.K. schreib

④ • Overnight Kurier

Broschüre (Zirkusdirektor)

Dinosaurier

⑤ • Niedersachsen Wirtschaftswerbung

Anzeige & Pressematerial

① Erste Liebe Filmproduktion

Tel.: 3680050 Admiralitätstr. 75

Müller Using

Agentur Nordpol

② Fotograf Nikolay Georgiew — Bullenwinkel 320000

0511-271 70 17 / 15 Fax — Alte Herrenhäuser Str. 6A

③ Fotograf Kai Peters X Neumühlen 29

399 029 11

F.-P. Fotostudio

④ Fotografin Christiane Wartenberg ~~nächsten DO~~ Mo anrufen

8508331 — B. Leverkusenstr. 25

Fax 3991

⑤ Holger Schiebe

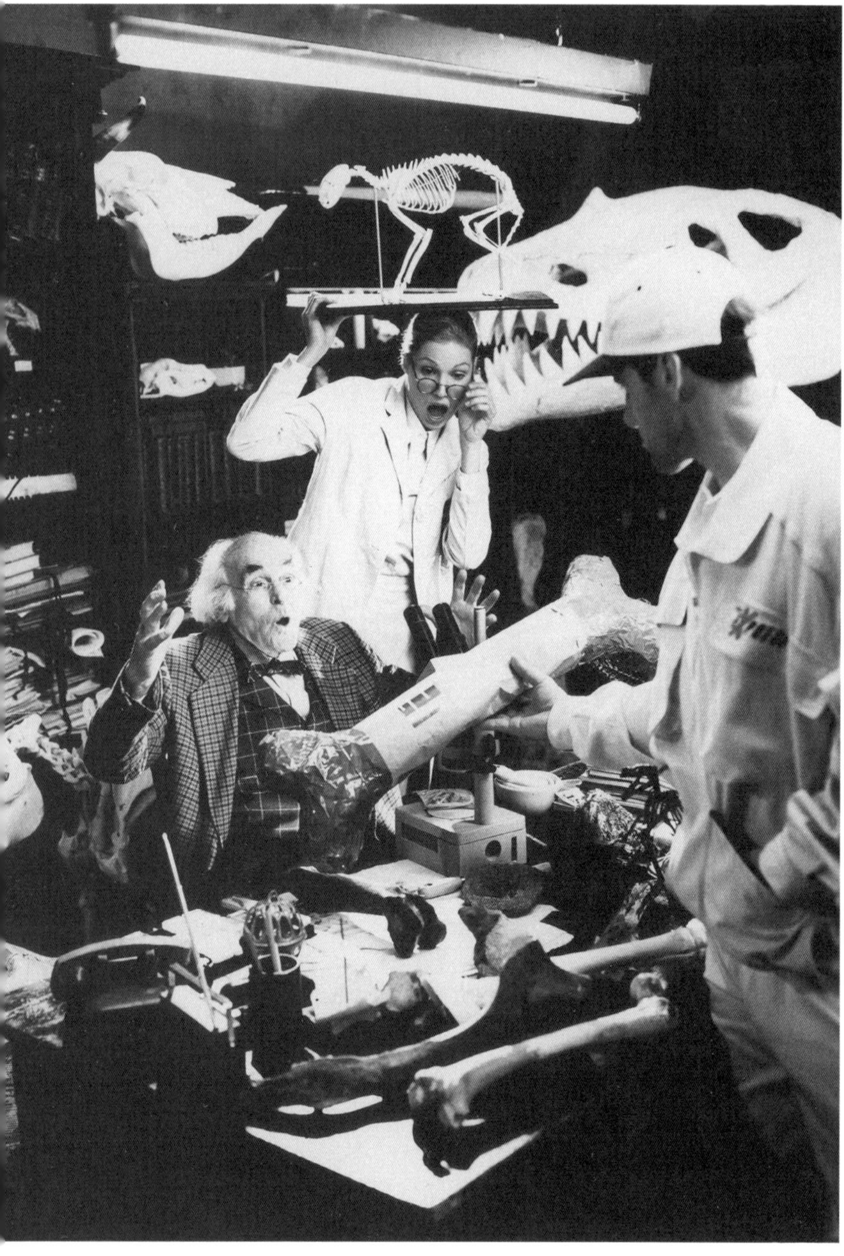

Mann, ey!« oder »Echt knackig!« sagt. Drei Abzüge zu Sandras Stichwort *Dinosaurier* überläßt er mir zum Sonderpreis. Du als Gelehrter, Jakob, wunderbar! Karierte Weste, langes weißes Haar, Halbbrille. Die Rolle, die du dir und der Welt am liebsten vorgespielt hast. Ein komplettes Studierzimmer hatten dir die Jungs im Studio aufgebaut. Präparate, Bücherwand, Mikroskop. Genau nach deinem Gusto! Die Arme ausgebreitet, hoch, noch höher!, den Mund auf, weiter!, empfängst du den Kurier mit Dinosaurierknochen in Glanzpapier! Serie für einen Kundenkalender der Firma XY.

Sogar ein *Musikvideo* treibe ich noch auf. Vier alte Männer – einer von ihnen du – in schwarzen Bodys am Strand entlang. Magersüchtige Mädchen in Schleiern neben euch. Sinn? Für mich nicht erkennbar. Wird aber immerhin kostenlos, mit nettem Kärtchen überreicht: *Über ein Exemplar würden wir uns zu gegebener Zeit freuen.* Immer diese Ungeduld! Selbstverständlich sage ich allen, worum es geht. Von vornherein. Nur wegen eines vor mehr als drei Jahren verstorbenen Opas hätte auch in dieser Szene keiner den Mund aufgemacht. »Ein Roman? Schrill!« finden sie.

Die Aufnahmen von dir als *Bankdirektor,* der gern diese edlen Schlitten fährt, werde ich im Mai deinem damaligen Staatsanwalt in Basel vorlegen. Anfang 1970 hat er wegen *Einführen und Inverkehrbringen gefälschter Ware (Falschmünzen)* zwei Jahre für dich gefordert und auch gekriegt. Und wir werden den Kopf schütteln, denn weder den *Bankdirektor* noch den *Dirigenten* nimmt man dir ab. Deine Hände verraten dich. Was eigentlich fing ein so kleiner Mann – 1 Meter 67 steht auf deiner *Set-Karte* – mit so groben Händen an?

Aber nicht überall werde ich wohl Beute einfahren. In einem der ganz virtuellen Schuppen – Pappmachékühe im Entree, wer sich wohl den ganzen Quatsch auf der Welt ausdenkt? – wird eine schnippische Frauenstimme am Empfangstelefon sagen, das müsse ein Irrtum sein, *Moritz* sei ein junges Blatt, sie zeigten keine alte Männer – und mich gar nicht erst rauflassen. Und ein paar von Sandras Photographen sind inzwischen längst pleite, in L. A., oder haben – wie die Damen und Herren der Jüdischen Gemeinde – ganz einfach keine Lust, für mich in ihren Keller zu gehen und im Archiv zu stöbern. Was, um Himmels willen, soll denn so spannend an einem Photo sein, auf dem ein alter Mann eine alte Frau küßt. »Für die Sparkasse von Neustadt!« – »Ach, hören Sie doch auf!«

Zum Stichwort *Küßchen* wird mir Sandra dann etwas viel Besseres arrangieren. Ein Telefongespräch mit deiner damaligen *Set*-Partnerin, Herma W., jetzt Anfang Neunzig. »War mal 'ne richtige Berühmtheit, Berlin, dreißiger Jahre, Varieté.«

Silvester.

Wie jedes Jahr. Am feuchtgrauen Himmel Raketen, Böller und Knallfrösche ganz nah. Zum Unter-den-Schrank-Fahren! So wie die Katze.

Keine Nacht zum Träumen, Jakob!

Vorerst muß ich vermerken, daß ich mir meine Träume notiere, sie sind für mich eine Art Computer, der mir die Resultate der Programmierung sowohl meines Unbewußten als auch Unterbewußten gibt, hast du damals im Basler Untersuchungsgefängnis *Lohnhof* – mit der Schreibmaschine – zu Papier gebracht. *... bitte ich Sie hiermit, sehr geehrter Herr Präsident, mir von meinem Geld bei der Gerichtskasse die Summe für die Monatsmiete Schreibmaschine, Fr. 25,–, bereitzustellen ...* Etliche deiner Träume hast du weitschweifig kommentiert, später handschriftlich mit *Bitte beachten! Sehr wichtig!* markiert, wie deine Folterprotokolle auch. Für wen, Jakob? Wer hatte – in deinen Augen – Interesse daran? *Die?* Oder du – oder wart ihr eins? Hast du dich unter *staatliche Beobachtung* gestellt, dich selbst für wichtig genommen, *auserwählt,* weil nirgendwo sonst auf der Welt Interesse an deiner Person war – keinerlei *Notwendigkeit deiner Anwesenheit*? Wahn als Heilung, weil das geringere Übel?

Als ich diesen Traum niederschrieb, taten Klagemauer und Nutte mich bearbeiten und zwar insofern, als sie mich auf Teilstücke des Traums, die ich schon wieder vergessen hatte, aufmerksam machten. Das ist einmal wieder ein Beweis dafür, daß sie meine Träume genau beobachten können und sicherlich auch registrieren.

Also schon in Basel Nacht für Nacht Heulen und Zähneklappern. Schlangen, farbige Spinnen, Höllenhunde und schweinsköpfige Untiere verfolgten dich. Endlose Treppen, schwankende Brücken. Selbst die erotischen Träume liefen schief. *Die verhindern alles,* lachten dich aus. Muß ich das wissen? Die selbstgebastelte Analyse eines einsamen Teufels in seiner Zelle, die Wichtigtuerei eines psychologisierenden Laien? Freud, Jung, seit Beginn deines Jahrhunderts ja die große Mode. *Neue Psychologie, Parapsychologie* – überhaupt Grenzwissenschaften. Ihre Erkenntnisse, Visionen und Prophetien hast du aufgesogen wie ein Schwamm, verinnerlicht, umgebaut, nach Gutdünken auf dich angewandt, *eigene Philosophien* daraus gemacht.

Aber ich lese deine Träume anders. Nicht als verschlüsselte Botschaften einer wie auch immer kränkelnden Seele, sondern als verläßliche Wegweiser in eine vergangene Wirklichkeit. Etliche Namen und Fakten, auch Orte verraten sie mir.

Ich stand auf dem Gehsteig einer Straße, die eher ein ungepflegter Weg war. Es war dunkel. Diesen Weg könnte man mit dem in Audun vergleichen, der zu den Hügeln führte vis-à-vis der Mühle, die im Tal lag. Dort stehend, war ich dem oben liegenden Stahlwerk zugewandt. Der Himmel war voller Sterne und plötzlich sah ich, wie sich der Mond aufzulösen begann und vom Himmel fiel, dabei wurde es ganz dunkel, und ich erwartete, daß die Erde zu beben beginnen würde... Dann war ich im Haus und sah meinen Vater Asche aus dem Herd nehmen, und plötzlich stand mein Bruder Jules neben mir.

Als kleiner Junge also in Audun. Berlin vergessen wir jetzt mal. Ich gebe Audun in die Suchmaschine des Computers ein, stoße auf einen kleinen Ort in Frankreich, nördlich von Metz, genauer Audun-le-Tiche, heute direkt an der belgischen Grenze, lese von lothringischer Eisenhüttenindustrie. Auf dem Bildschirm ziehen Grubenanlagen und Fördertürme vorbei. Die *Arbed-Minen*. Ich lerne, wie viele Kilometer Stollen dort ... in welcher Zeit ... zu welchem Land ... und daß Audun-le-Tiche die letzte europäische Eisenerzgrube war. Noch bis 1997 in Betrieb.

Und fünf Monate später, im Mai, werde ich in Audun wohl ziemlich genau die Stelle finden, an die dich dein Basler Traum noch einmal gestellt hat. Der Blick geht über das Tal, hinüber zum Förderturm. Nur die Mühle ist nicht mehr da. Gerade wird die Sonne untergehen. Und während der Rückfahrt, Richtung Metz, wird der Mond – dein Mond – hoch über den gelben Rapsfeldern stehen …

Warum hat es den Handelsmann Lazarus Birnbaum mit seiner Frau Estelle und seinen sieben Söhnen in dieses Nest verschlagen? 1913 seid ihr, so steht im Meldebuch, nach *Deutsch-Ott* verzogen. Weitere Auskünfte wird mir der Bürgermeister von Metz leider verweigern. *Was ich Ihnen geschickt habe, ist das einzig Verfügbare, im Zusammenhang mit dieser Familie. Beste Grüße …*

Statt seiner wird mir ein Lehrer aus Birkenfeld, einer kleinen Stadt an der französischen Grenze, weiterhelfen. Im Internet stellen seine Schüler einen *Besuch in Audun-le-Tiche* vor. Ein Austauschprojekt. *»Audun-le-Tiche,* damals *Deutsch-Ott«,* wird er mir mailen. So einfach ist Geschichte. Und er wird mir einen Deutschlehrer aus Audun nennen, der Chroniken schreibt. Zwei Paperbacks mit alten Photos. Straßen, Häuser, die Mine, so, wie du sie als kleiner Junge gesehen hast. Leider könne er mir die Bücher nicht schenken, wird er schreiben. Aber ich lasse mich deine Vergangenheit einiges kosten. Auf zwei Chroniken aus Audun kam es auch nicht mehr an.

Anna und Osip hast du erzählt, dein Vater, Deutscher, geboren in Hamm, sei, weil er habe deutsch bleiben wollen, vor dem Ersten Weltkrieg mit seiner Familie von Metz nach Berlin verzogen, habe dich in die *Oberrealschule* geschickt … *Abitur* … und dann …

Nach den Protokollen deiner Verhöre 1950 in Schaffhausen besaß Lazarus Birnbaum ein Kaufhaus in Metz, wo du nach Besuch der Volksschule eine Lehre absolviert hast. Im Hamburger Prozeß, 1953, ist zwar auch von einer Schulzeit in Berlin die Rede, aber nur bis zum 14. Lebensjahr. Anschließend kurze Zeit technischer Angestellter und dann – *die Weltwirtschaftskrise, meine Herren!* – Tänzer.

Wegen des Tänzers – von dem ja schon am ersten Tag bei Anna und Osip die Rede war – werde ich mich ein wenig im »Berlin der zwanziger Jahre« umsehen. *Rio Rita, Greiffi-Bar, Kakadu* etc. Die Frauen tragen Bubiköpfe, um die Schultern Silberfüchse, Mäntel wie Adlerschwingen. Mata Hari, Coco Chanell, *Scala, Kranzler.* Falsch! Du warst kein Sylvin Rubinstein! Alles, auch das *Weiße Rößl* und *Land des Lächelns* sind ohne dich über die Bühnen gegangen.

Erst Ende der Zwanziger hast du Berlin erreicht, bereits ein junger Vater – jedoch ohne Frau und Sohn. Beide hast du in Hamburg gelassen. Und gleich ab in die Haftanstalt *Tegel!* Drei Jahre, wegen *Diebstahls.* Anschließend, nach nur wenigen Wochen auf freiem Fuß, vier Jahre in *Alt Moabit,* wegen *Diebstahls im Rückfall.* Also sieben Jahre insgesamt in Berlin eingesessen. Und was alles bereits hinter dir lag! Verurteilungen wegen *Hehlerei, Diebstahls, Hausfriedensbruchs, Widerhandlung gegen das Betäubungsmittelgesetz, Einreise ohne Erlaubnis.* In Paris, Hannover, Düren. Steile Karriere in jungen Jahren. Dein Strafregister, ein Fahrplan, an dem ich mich auf meiner Reise durch dein wirres Leben orientieren kann, zuverlässiger als insgesamt acht Lebensläufe.

In den Basler Akten von 1970 lesen sich die ersten dreißig Jahre so: Berlin bis Obersekunda, anschließend Lehre bei einer Baufirma in Köln, nach glänzendem Abschluß in deren Filiale in Brasilien untergekommen! Die Variante dazu, zwölf Jahre vorher einem Psychiater in Kiel vorgetragen: Nach Obersekunda für zwei Jahre von der Deutschen Bank Köln als *Auslandseleve* in Buenos Aires tätig, nach Rückkehr im väterlichen Großhandel, Berlin. Ich werde mich jedoch weder bei der Kölner Baufirma – sogar deren Namen hast du genannt – noch bei der Deutschen Bank nach einem Lehrling Jakob B. erkundigen, sondern mir statt dessen diesen jungen Mann einmal genau vorstellen: Mittellos pendelt er zwischen zwei Ländern, von einer Zelle in die nächste, schon mit Anfang Zwanzig das Leben im Graben. Wie schafft er es, diesen Zustand auszuhalten – seine traurige Wirklichkeit? Ihn retten Visionen: Buenos Aires, Brasilien, Wärme und Licht, schöne Frauen – Tänzer. Tänzer in Brasilien, Jakob, das wär's doch gewesen! »Vielleicht eher Eintänzer«, hatte Anna gesagt. »... und sie alle beklaut!« Osips Kommentar. Frauen, Jakob. Die Monate in den Zellen ohne Frauen werden hart für dich gewesen sein. 1937 *Landesverweis.*

In deinen Anträgen auf Entschädigung hast du den Wirrwarr deiner frühen Jahre in Kurzform gefaßt: Von Metz nach Berlin, sechs Monate *Oranienburg,* Emigration. »Den hatte einer aus dem KZ freigekauft«, wird deine Hamburger *Club*-Freundin sagen. Lebensläufe – und was für Vorstellungen man von KZs in Deutschland hat! »Der hatte doch Glück mit *Landesverweis.* Als Jude mit den Klecksen auf der Jacke 1937 in Deutschland? Gute Nacht!« Kommentar des netten Archivars im Berliner *Landesarchiv.* Im Juni werde ich dort deine Strafakte von 1933 sehen. Von 1933, Jakob, stell dir vor!

Aus dem Zivilgericht von Thionville – Verwaltungsbezirk Audun – werden zum Stichwort Birnbaum acht Formulare *Réclamation de la nationalité française* kommen. *Oppositions: néant –,* Datum: November 1922. Mit sechzehn, siebzehn Jahren wolltest du also – wie dein Vater und deine sechs Brüder damals auch – lieber Franzose und kein Deutscher mehr sein. Und das durftet ihr, weil – nach Paragraph 2 No 1, Abschnitt Elsaß-Lothringen, des

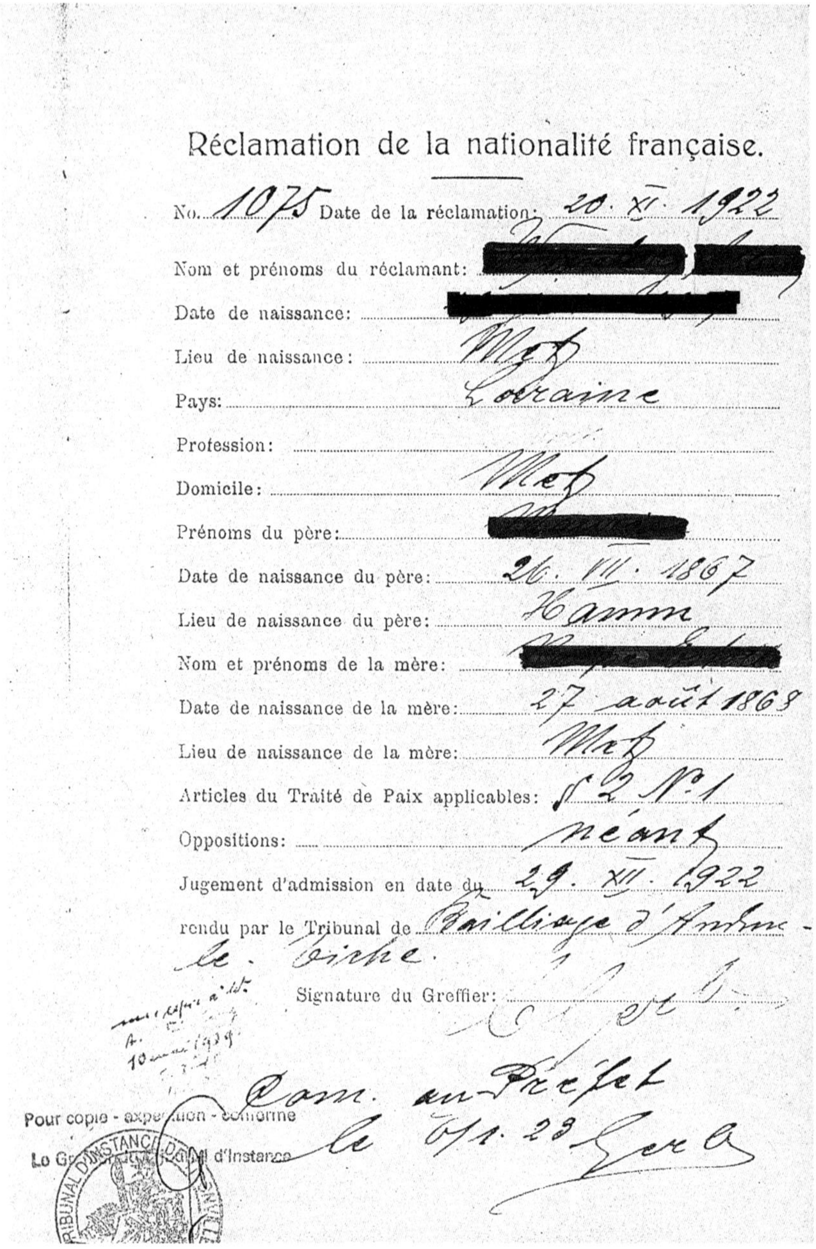

Réclamation de la nationalité française.

No. 1075 Date de la réclamation: 20. XI. 1922

Nom et prénoms du réclamant: [redacted]

Date de naissance: [redacted]

Lieu de naissance: Metz

Pays: Lorraine

Profession:

Domicile: Metz

Prénoms du père: [redacted]

Date de naissance du père: 26. VII. 1867

Lieu de naissance du père: Hamm

Nom et prénoms de la mère: [redacted]

Date de naissance de la mère: 27 août 1868

Lieu de naissance de la mère: Metz

Articles du Traité de Paix applicables: § 2 N° 1

Oppositions: néant

Jugement d'admission en date du 29. XII. 1922

rendu par le Tribunal de Bailliage d'Audun-le-Tiche.

Signature du Greffier:

Com. au Préfet le 05.1.23

Pour copie - expédition - conforme

Le Greffier du Tribunal d'Instance

Friedensvertrags von Versailles – eure Mutter Metzerin, also eine jener Personen war, die – Paragraph 1 No 1 – *durch den deutsch-französischen Vertrag vom 10. Mai 1871 die französische Staatsangehörigkeit verloren und seitdem keine andere als die deutsche erworben hatten.* Geschichte, und was sie mit den Menschen macht! Wer in Grenzstädten zur Welt kommt, wird nirgends zu Hause, sein Leben lang ein Grenzgänger sein. Wie du: Deutscher, Franzose, Jude, Christ, zuletzt vielleicht sogar noch – jeden Morgen Yoga – Buddhist. Außerdem: normal und verrückt, ein Frauenheld und allein. Wie das Leben so spielt.

Draußen vor dem Fenster eskaliert der Lärm. Raketenzischen, Knallfrösche non stop. Bonjour, neues Jahr! Die Katze tauscht ihren Platz unter dem Schrank gegen die hinterste Ecke unter der Radierpresse ein.

... Da ging ich auf dem Bürgersteig, reger Passantenverkehr strömte an mir vorbei, darunter auch Kommissar Bärle mit seinem kleinen Dackel, der sich von ihm trennte, um zu mir zu laufen und mich wedelnd zu umkreisen. Das tat Bärle aber nicht wahrnehmen. Ich nahm den Dackel auf meinen Arm, der sich an mich schmiegte, während ich ihn streichelte. Zwischen uns bestand eine zärtliche Innigkeit, als ob wir schon eine Ewigkeit zusammen wären. Quintessenz: Von einem Hund zu träumen, der sich freut, ist sehr gut, wenn er sich so benimmt wie es der Dackel getan hat, großes Glück, Erfolg, Freude. Außerdem ein Triumph über den, dem der Hund gehört. Wer im Leben ständig Verlierer ist, muß wenigstens in seinen Träumen ab und zu siegen.

Ich gebe *Bärle* ins Internet-Telefonbuch für Gesamtschweiz ein. Immer wieder hat er dich verhört, dieser verbissene Kommissar. Nicht zum Aushalten! Aber leider: *Kein Eintrag.* Längst werden er und sein kleiner Hund in die Ewigkeit eingegangen sein.

Aber: Zweimal der Name des Staatsanwalts! Ein wahres *Untier,* ein *Lügner* und *Verleumder,* deinen Aufzeichnungen nach. Keinen blassen Schimmer hatte er von deinem wahren Wesen. Auch er ein satter Schweizer, der niemals Mangel gelitten, niemals Todesangst … *Mir ist klar geworden, daß er mich verleumden tut, weil er mich für einen Kollaborateur hält, weil ich s. Z. in Fresnes verurteilt war. Aber er kennt die Zusammenhänge nicht, hat von den Dingen, die damals geschehen sind, keine Ahnung …*

Fresnes, ein Gefängnis, eine Hochzeit, Kollaboration.

Einige Tage später wird es klappen. Unter einer der beiden Nummern werde ich zunächst seine Mutter und dann – er sei den Nachmittag zufällig zum Kaffee da – ihn selbst am Apparat haben. Längst nicht mehr im Amt, ist er ins Tessin verzogen. Ehe er einen der Richter erschossen hätte, habe er die Juristerei lieber an den Nagel gehängt. »Jakob Birnbaum? Einer meiner interessantesten Fälle.« Die Verhandlung sei öffentlich gewesen, er könne mir alles sagen.

Solche Momente, Jakob, in denen die Unwahrscheinlichkeit zur Möglichkeit wird! Fast dreißig Jahre ist das her, zig Sünder jeden Tag, aber der Staatsanwalt erinnert sich an dich!

Den Nachbarn gehen allmählich die Knallfrösche aus, langsam kehrt da draußen wieder Ruhe ein. Die Katze wird erst nach Neujahr wieder aus ihrem Versteck kommen. Ich schalte den Computer aus und gehe schlafen – heute ist morgen und übermorgen ist auch noch ein Tag.

JANUAR

In den Rinnsteinen rotes Knallfroschpapier, in den Fenstern noch Lichterketten. Nebel, Nieselregen, Spätnachmittag.

Triste Genossenschaftssiedlung in Hamburg-Altona. Die Häuserblocks im rechten Winkel zur Straße gebaut, gestutzte Hecken, Plattenwege. Rentner mit Kordhüten, an langen Leinen kurzbeinige fette Hunde.

Das Neonlicht über dem Eingang C flackert, die Namen auf den Klingelschildern sind kaum zu erkennen. Welche der acht Wohnungen mag deine gewesen sein? Sieht nicht eins der kleinen Schilder neuer als die anderen aus? Und wenn? Es ist über drei Jahre her, hier können seit deinem Tod schon x Mieter ein- und wieder ausgezogen sein.

Ein junger Mann kommt aus der Tür. »Njet, keine Ahnung, jetzt viele Russen hier.« Ich gehe auf und ab, friere – aus Regen wird Schnee. Was das soll?

Diese Frage werde ich mir im Lauf der nächsten Wochen mehrfach stellen. Auf Treppen und in Gängen fremder Häuser bei der Suche nach ehemaligen Nachbarn und Hausmeistern (in Hamburg allein acht Adressen von dir), in fremden Städten. Warum laufe ich mit einem Notizbuch herum, manchmal auch mit einem Tonbandgerät.

Wozu die vielen Fragen? Warum treffe ich mich mit fremden Menschen, höre mir deren Geschichten an, unglaubliche Geschichten, und warum schreibe ich Briefe? So viele Briefe. Warum werde ich ein Gefängnis besichtigen, einmal sogar in einem ehemaligen Gefängnis übernachten? Nur, um mehr über Jakob Birnbaum zu erfahren, einen deutsch-französischen Juden, der viele Jahre lang ganz anders hieß, der insgesamt dreiunddreißig Jahre im Gefängnis saß, der die Frauen verführte, offenbar unter Verfolgungswahn litt und mit einundneunzig Jahren in Hamburg starb. Wenn mich allerdings andere fragen, warum ich mich denn jetzt für so einen wie dich interessiere, denke ich: Weil er so anders war, als ihr alle seid. Ganz anders. Bloß wie?

Wer sind sie, deine Toten?

Es ist dunkel geworden, die Flocken dichter, über den Plattenweg kommt eine Frau mit Plastiktüten auf mich zu. »Vielleicht alte Frau oben, deutsch, weiß«, sagt sie und nimmt mich mit ins Treppenhaus. Sie kommt aus der Ukraine. »Deutschland sehr schön!« Sie lacht. Gekachelte Wände, Marmorstufen mit schwarzen Stoßkanten, Fußmatten mit Schirmchendessin vor jeder Tür. Vier Stockwerke. Alles blitzsauber – und hellhörig. Wie in einem Schwimmbad.

Das muß jeder mitgekriegt haben damals, als du auf den Stufen hingeschlagen bist. Martinshorn, Metallkoffer auf, Metallkoffer zu, Reanimation. Ein Notarztteam läuft nicht auf Socken, den Lärm ignoriert kein Hörgerät. Aber vielleicht hatte der eine oder andere deiner Nachbarn im stillen gehofft, daß jetzt endlich mal Schluß sei mit diesem verrückten Juden. In eine Siedlung, in der die Gardinen gerade hängen und Geranien ordentlich aufgereiht in geputzten Fenstern stehen, paßt eben keiner, der nachts seine Haustür aufreißt, ordinäre Schimpfwörter schreit und Blut spuckt. Einer, der angeblich –

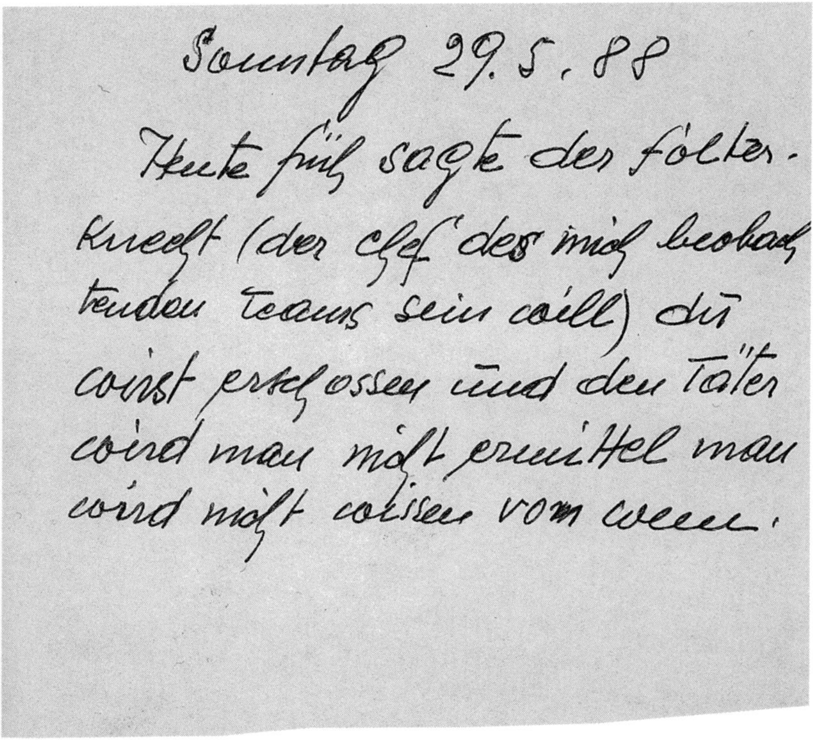
Sonntag 29.5.88
Heute früh sagte der Folter-
knecht (der Chef des mich beobach-
tenden Teams sein will) du
wirst erschossen und den Täter
wird man nicht ermittel man
wird nicht wissen vom wem.

von wer weiß wem? – beobachtet und bestrahlt wird. Der gehörte doch längst... Daß du deinen Peinigern *niemals zu Kreuze kriechen, niemals deine Toten verraten* würdest, interessierte hier niemand. Manchmal allerdings, wird mir der Enkel deiner Nachbarin irgendwann am Telefon sagen, habe er sich überlegt, wenn das alles stimme, was der so erzählt, wenn das alles wirklich wahr sei, dann gehörte das sofort ins *Abendblatt,* oder noch besser in den *Stern.* Zunächst habe er dir behilflich sein wollen, ein Vertriebsnetz für dein *Tonikum* aufzubauen, sich gemeinsam mit dir schon geeignetes Verpackungsmaterial angesehen. Aber plötzlich sei ihm alles dann doch zu verrückt vorgekommen, und er habe sich distanziert.

Zum Nachdenkem,weil der "Stern" vom BND keine "Auskunft" erteilt bekäme.!!!!!!!!!!!!!!!!!!!!!!!!!!!!! Hätte ich das "Hieranbeiliegende"vom "Stern" Veröffentlichte" -Mit künstlichem Gehirn- ohne diese ohne diese Unterlage vom "Stern"einfach beschrieben, so wie ich die streng geheimen"Physisch-Psycho-Apparaturen in Händen der BND-Geheimdienstler beschrieben habe,dann täte "man" mich für einen "Phantasten" ebenso verschreien,wie man es bisher leider auch getan hat und das selbst von autorisiertem Stellen, die es eigentlich zu wissen hätten !!! Aber??????? Es darf nicht wahr sein.!!!!!!!

Seine Oma, *alte Frau oben, deutsch,* ist nicht zu Hause, oder sie macht die Tür nicht auf, der Türke nebenan »Nix weiß!«, und das Ehepaar, links unten, auch deutsch, will nichts wissen. Nicht einmal über die Siamkatze, die neugierig ihren Kopf durch den Türspalt streckt, gelingt ein Kontakt. »Aber der war plitsch«, sagt der Mann. »Der war im KZ«, sagt die Frau und schließt die Tür.

»Sie müssen eher kommen«, sagt ein Rentner, vorn auf dem Plattenweg, »so spät macht niemand mehr auf. Das ist viel zu gefährlich.« Vielleicht sei sie ja verreist, deine Nachbarin. »Wenn die ihren Vogel kriegt, fährt die glatt bis in den Schwarzwald.« Auch er hat dich gekannt, ja, aber geredet habest du nicht viel. Damals, nach dem Film *Holocaust,* seiest du völlig durchgedreht, da habe ein Arzt kommen müssen. Spritze! Immer diese Spritzen,

Jakob, wie in *Santa Fu.* Die haben dich noch verrückter gemacht. Und dann sei da noch dieses Paar gewesen, er ein ganz Wilder, mit Zopf, sagt der alte Mann. Die hätten dich immer besucht – und nach deinem Tod alles ausgeräumt. Die seien aber nicht verheiratet gewesen, so was sehe man.

Nein, auch Anna und Osip waren in dieser Siedlung nicht beliebt, in der sogar die Russen gelernt haben, wo's langgeht, in Deutschland.

»Alle seine Verwandten sind im KZ umgekommen«, sagt der Rentner während ihn sein kleiner Hund an der Leine weiterzieht.

Ach, Jakob.

»Vor seinen Augen erschossen«, sagt deine alte Nachbarin. Zwei Tage später habe ich sie immerhin am Telefon. Ich schreie, und so kann sie mich trotz ihrer Schwerhörigkeit gut verstehen.

Du seiest wirklich nett, aber auch sehr krank gewesen, nervenkrank, wenn ich verstünde, was das heiße. »Er war ja im KZ.« Aber auch sie habe viel durchgemacht, sich mit zwei kleinen Kindern allein durchgeschlagen. Ihr Mann sei gefallen, als sie gerade achtundzwanzig war. Drei Tage nach deinem Tod habe eine Frau an der Bushaltestelle zu ihr gesagt, nun haben Sie ja endlich Ihre Ruhe. Und dabei habe sie gar nicht gewußt, was passiert sei. Sonst wäre sie zu deiner Beerdigung gegangen. Selbstverständlich! Aber es habe nicht viel gefehlt, dann wäre auch sie krank geworden. Dieser ganze Quatsch mit den Strahlen! Vor allem nachts habe sie dann auch schon welche gesehen. Dabei waren das nur die Scheinwerfer vom Bus, der fahre direkt hinter dem Haus vorbei.

Allmählich kommt sie richtig in Fahrt.

Einmal habest du ganz spät in der Nacht bei ihr angerufen, so gegen zehn, und gefragt, ob du mal für fünf

Minuten rüberkommen könnest, *Die* wollten dich umbringen, und zwar gleich. Sie habe schon ihr Nachthemd angehabt! »Das können Sie sich nicht vorstellen, was ich mit dem Mann durchgemacht habe!« Zwei Stunden seiest du geblieben und habest ihr deine Märchen erzählt, und bevor du in deine Wohnung zurückgegangen seiest, habest du sie gebeten, gleich am nächsten Morgen bei dir anzurufen, um zu prüfen, ob du noch am Leben seiest. Und als sie dann tatsächlich angerufen habe, habest du gebrüllt, was denn jetzt schon wieder sei! »Herr Birnbaum, habe ich gesagt, das können Sie mit mir nicht machen, Sie legen sich schlafen, und ich sterbe vor Angst!« Anschließend sei sie zur Genossenschaft gegangen und habe versucht, dich rauszukriegen. Aber niemand habe dich rausgekriegt. »Dabei gehörte der längst in ein Heim. Das war viel zu gefährlich, vor allem in der letzten Zeit.«

Und nachts immer das Schreien! Eure Schlafzimmer, Wand an Wand. Häufig sei sie mit Sack und Pack auf ihre Couch ins Wohnzimmer umgezogen. Andererseits sei es aber auch eine nette Nachbarschaft gewesen, ihr habet euch immer Bescheid gesagt, wenn der andere mal verreiste. So habe sich keiner unnötig Sorgen gemacht. Und immer gepflegt: Gebügeltes Hemd, Krawatte, Anzug. »Nur am Kopf hat er ausgesehen wie ein Künstler.«

Auf dem Video, das ich in der KZ-Gedenkstätte Neuengamme anschauen werde, siehst du aus wie einer dieser Rentner, die vor *Aldi* rumstehen oder in den Ausflugsbussen *Heidepark* sitzen. Kurzhaarschnitt, meliertes T-Shirt, Kunstfaserjacke, beige. Du hast es verstanden, auf den Klavieren anderer zu spielen, immer so auszusehen, wie es für dein jeweiliges Gegenüber am günstigsten schien. Dein Kleiderschrank, voller Maßjacketts! hatte Anna gesagt. Wer sich auf Empfängen bewegt und in Kasinos rumtreibt, muß über Garderobe verfügen.

Als sie einmal drei Tage lang nichts mehr von dir gehört habe, sei sie zum Hauswart gegangen, sagt deine Nachbarin. »Und wissen Sie, was der gesagt hat? Gar nicht drum kümmern!« Noch neun Jahre nachdem du aus dem KZ entlassen worden seiest, habest du im Rollstuhl gesessen, so zugerichtet hatten sie dich, mit Kolben das Rückgrat zerschlagen.

Ich weiß! Auch das! Alles, was sich kein Mensch vorstellen kann, tun Menschen anderen Menschen an. Immer noch! Überall auf der Welt. Und später – wenn alles Geschichte ist – will es keiner gewesen sein. Aber einer *muß* es doch gewesen sein. Wer hat dir was getan? Wem du?

In Restaurants seiest du nicht gegangen, nein, »der war doch Jude und Vegetarier«, meistens habest du selbst gekocht, und oft, während der Topf auf dem Herd stand, seiest du eingeschlafen. Dann habe es gestunken, im ganzen Treppenhaus! Herr Birnbaum, habe sie gerufen, Sie müssen sich einen Wecker stellen, das kann kein Mensch aushalten!

Und im Sommer zum Tanz in den *Rosenhof*. Eine deiner Damen habe sie mal im Treppenhaus gesehen, »wirklich elegant!« Pflegedienst? Davon habe sie nichts bemerkt. Und dabei sind sie zuletzt dreimal täglich bei dir gewesen!

War sie eifersüchtig, auf eine deiner *Eleganten* – gar rachsüchtig? Einmal habest du sie auf einer Bank in *Planten un Blomen* einfach sitzenlassen, sagt sie, und sie habe sich extra schick für dich gemacht.

»Die hat hinter der Tür gestanden, definitiv. Als die Kripo da war. Da können Sie Gift drauf nehmen!« Über Petra, Karin, Anneliese – »Ach, Sie meinen das Holocaustopfer!« – werde ich eines Tages tatsächlich die Leiterin des Pflegedienstes am Telefon haben. »Die Kripo?« – »Holen wir immer, damit kein Schatten auf uns fällt.«

Du hättest viele Geschichten erzählt, aber richtigen Kontakt zu dir habe keiner aufbauen können, dafür sei die Pflegezeit zu kurz gewesen. »Ich sag's mal so: Ein bewegtes Leben.«

»Und eine bildhübsche Frau!« sagt deine Nachbarin. Nein, gekannt habe sie die nicht, die sei schon vor Jahren an Krebs gestorben. Aber in deinem Wohnzimmer habe ein Bild von ihr gehangen.

Vom *Montmartre!* Im März, in Paris auf der *Place du Tertre,* wird mir plötzlich klarwerden, woher dieses Frauenportrait stammt, das ich auf den Photos von deiner Wohnung gesehen habe. Hier, wo früher die Galgen standen, werden heute solche Portraits gemalt. An kleinen Staffe-

leien, mit flinken Fingern, in Bleistift, Rötel oder Öl. Je nachdem, wieviel Zeit und vor allem Geld der Tourist auf dem Weg zwischen *Sacré-Cœur* und *St. Trinité* zu verlieren bereit ist. Überhaupt, die Touristen und das Künstlerviertel! Toulouse-Lautrec, Picasso, *Moulin Rouge, Le Lapin Agile* – etliche Seiten im Paris-Führer. Nepp-Gegend, wie fast alle diese Gegenden, in denen Touristen flanieren. Und auch aus den kleinen Photoalben kenne ich sie, deine *Bildhübsche,* von Kopf bis Fuß, blond und üppig. Ein Negativ, beschriftet *Schätzchen Olga und ich beim Tanz im Bonanza Playa,* lasse ich gerade noch entwickeln. Und mal ganz abgesehen davon, ist sie auch keineswegs tot. Als Anna und Osip die Wohnung ausräumten, rief sie zufällig an, wollte mit dir turteln und gab auf die Frage, wer sie denn eigentlich sei, zur Antwort: Die Dame über dem Sofa. Aber erben wollte sie das Bild auf gar keinen Fall! Ihr Mann, um Gottes willen! Irgendwo aus Bayern habe die angerufen, hat Anna gesagt. Sie könnte sich vierteilen, weil die Telefonnummer verlorengegangen sei.

Ob sie das alles glaube, was du ihr erzählt hast, frage ich deine alte Nachbarin am Ende unseres Telefongesprächs, und sie antwortet: »Das ist alles wahr!« Und mehr wisse sie jetzt wirklich nicht! Übrigens sei auch sie ganz allein und habe nur noch ihre Putzfrau.

Hörst du, Jakob? Auch deine Nachbarin ist einsam und allein – aber auch sie hat dir geglaubt. Ein Volk und sein schlechtes Gewissen, deine Chance! Juden sind Opfer, ein für allemal! Wer etwas anderes behauptet ... Schluß!

Zwei Monate später werde ich deine alte Nachbarin sogar noch persönlich kennenlernen. Eine kleine Pekinesin im Selbstgenähten zwischen Kuckucksuhr und Blumenbank. Mit zwei Postkarten von dir und der Frage, ob die mich

wohl interessierten, wird sie mich zu sich locken. Eine Karte aus Toulon, die andere aus Jerusalem, jeweils zwei Zeilen, undatiert: *Herzliche Grüße von Ihrem Nachbarn!* Welch ein Fund! Und dafür noch einmal in die Genossenschaftssiedlung Hamburg-Altona! »Ein Enkel in Toulon?« frage ich. Davon habest du nichts erzählt, sagt sie. Aber in Israel habest du demonstriert.

Während des Staatsbesuchs von Helmut Kohl in Israel im Januar 1984 hast du dir vor dem Regierungsgebäude in Tel Aviv angeblich die Pulsadern aufgeschnitten, hat Anna gesagt. Nach dem Motto: Wenn ihr nicht hören wollt, sollt ihr es mit eigenen Augen sehen! Die Verzweiflung eines armen, in Deutschland immer noch verfolgten Juden, den die Kaltschnäuzigkeit deutscher Politiker zum Äußersten treibt! Aber *deine Leit* hätten nicht lange gefackelt und dich gleich abtransportiert.

In Israel hat man deinem Anliegen nicht so viel Verständnis entgegengebracht wie ein Jahr zuvor die Herren im Deutschen Bundeskanzleramt. *Mit Aufmerksamkeit* haben sie deine sämtlichen Briefe und *umfangreichen Anlagen* an den damaligen Bundeskanzler Helmut Kohl *gelesen und an die zuständigen Gremien weitergereicht.* Deren Fazit:

Sehr geehrter Herr Birnbaum, die von uns veranlaßte Prüfung der Angelegenheit hat ergeben, daß der Militärische Abschirmdienst zu keiner Zeit mit Ihrer Person befaßt war. Mit freundlichem Gruß, Im Auftrag …

Fast ein Todesstoß – du ein Nichts, ein Niemand, an dem in diesem Land kein Schwein Interesse hat. Aber immerhin auf einem Briefbogen des *Bundesministers der Verteidigung.* Stolz hast du ihn aufbewahrt. Und dennoch: Rache! Ein *Protest-Hungerstreik,* zelebriert vor dem *Deutschen Bundestag.* Der wurde von dem Bonner Korrespondenten der israelischen Abendzeitung *Jediot Achronot* allerdings ganz groß kommentiert. Mit Photos von dir und deiner Papptafel.

Von alldem weiß deine alte Nachbarin nichts. Sie wird mir aber noch die nette Dame, Häuserblock schräg gegenüber, empfehlen – der habest du den ganzen *Faust* auswendig deklamiert – und mir außerdem anvertrauen, daß du dich ausgesprochen gut mit Herrn Müller im ersten Stock rechts verstanden habest. Der sei inzwischen allerdings auch tot. Zyankali, nach dem Tod seiner Frau … Ganz rasch werde ich gehen. Bloß keine weiteren Geschichten!

DEUTSCHER BUNDESTAG

Der Präsident

B e s c h l u ß

des Deutschen Bundestages
gemäß § 113 seiner Geschäftsordnung
in Verbindung mit Artikel 17 des Grundgesetzes

in der 135. Sitzung vom 8. Februar 1979
nach Beschlußempfehlung des Petitionsausschusses
- Sammelübersicht 39 (Drucksache 8/2512)

lfd. Nr. 135 - :

die Petition nach Prüfung der Sach- und
Rechtslage als erledigt anzusehen.

- Gründe vom 17. Januar 1979 (Prot.Nr. 8/49) -

Carstens

DEUTSCHER BUNDESTAG
Petitionsausschuß

Beglaubigt:

Amtsinspektor

6. Januar.
Madame Collette Birnbaum, Toulon

Sehr geehrte Frau Birnbaum …

Heute vor zweitausend Jahren – hörst du, Jakob? – zogen die heiligen drei Könige nach Bethlehem, und dreißig Jahre später, am selben Tag, wurde Jesus im Jordan getauft. Das mußt du doch wissen, wenn du fast fünfzehn Jahre lang katholisch warst. Auf dem Gruppenphoto von Claires Erstkommunion – Suresnes 1942 – stehst du außen rechts, dicht am Rand, wie sie mich aufklären wird. Ich habe dich nicht erkannt. Ganz schön kompakt zu der Zeit, der kleine *Monsieur Je suis seul ce soir,* der große Frauenheld. Und wie ist er – als Katholik – mit seinen Delikten fertig geworden? Mal Reue empfunden, jemals im Beichtstuhl gewesen? Auch so ein *Beobachtungsapparat,* in dem einer sitzt, ein Stellvertreter dessen, der – wenn es gutgeht – jedoch Engel und keine Dämonen schickt. *Und wenn ich auch wanderte im finsteren Tal … fürchte ich nimmer …* Eure Psalmen, Jakob, die wenigstens mußt du doch gekannt haben.

Sehr geehrte Frau Birnbaum …

Was eigentlich soll ich Collette, deiner ersten Schwiegertochter, schreiben? Ich habe nicht die Absicht, irgend jemand über dich aufzuklären – im Gegenteil. Ich möchte nur von anderen wissen, wer du für sie warst.

Ihre Adresse als Absender auf einem Briefumschlag stimmt laut Internet noch. *Wie geht es Dir, was macht die Gesundheit, auch nichts von Marcel gehört?* Höfliche Zeilen, ein wenig besorgt – ein alter Brief. Ob sie wegen deines Enkels – und der in deinem Testament für ihn in Aussicht gestellten dicken Scheibe der Siebenundsiebzigtausend – noch so viele Jahre nach ihrer Scheidung von Marcel Kontakt mit dir gepflegt hat? Einen Brief von deinem Enkel und eine Zeichnung von ihm hast du auch aufbewahrt.

Eine Kirche, ein Berg, Tannenbaum und Päckchen. Weihnachten 1984, *Cher grand-père!* Er war zwölf, er hatte Grippe – hast du ihm jemals ein Päckchen gepackt?

Sehr geehrte Frau Birnbaum, ...

Mein Brief an Collette wird lang. Julia übersetzt, schreibt ihre Telefonnummer dazu. Ob wir je Antwort bekommen? Oder sollen wir einfach nach Toulon reisen? Nach Paris müssen wir allemal. Und Metz? Auch dahin zunächst mal ein Brief. An einen Emile Birnbaum. Ins Blaue sozusagen, insgesamt sechs Einträge unter deinem Nachnamen im Telefonbuch. Brüder, Neffen? Das Grab deiner Mutter, wie Anna und Osip glauben, wird doch nicht der alleinige Grund für deine späten Reisen in deine Geburtsstadt gewesen sein.

Die Adresse deiner kleinen Komplizin France, auf einem rosa Briefumschlag, ist unlesbar, die vier Telefonnummern von Marcel – jede *exact nuovo!* von dir auf große Zettel geschrieben – gelten nicht mehr.

Straffällig ist immer gut, dann findet man was. Anna schreibt mir Vollmachten aus für Akteneinsicht. Manchmal frage ich mich, ob du sie – unbewußt – nur deshalb als deine Alleinerbin eingesetzt hast. Falls mal irgendeiner nach dir fragen, dir nachgehen und den Versuch unternehmen sollte, dich – trotz allem – zu verstehen? Nur wegen des Plunders in deiner Wohnung und zwei Safes voller wertloser Kopien wäre das notarielle Tamtam, weiß Gott, nicht nötig gewesen.

An das Landesarchiv, das Bundesarchiv, das Geheime Staatsarchiv, das Brandenburgische Landeshauptarchiv, An die Gedenkstätte Sachsenhausen. Mit Briefen an Berliner Archive fahre ich mit meinen Korrespondenzen fort. Noch gehe ich davon aus, daß sich Lazarus Birnbaum 1913 mit seiner Familie in Berlin niedergelassen hat.

Sehr geehrte Damen und Herren …

Wochenlang. Immer mit entsprechenden Anlagen. Später Briefe an Archive in ganz Deutschland, an deine ehemaligen Rechtsanwälte und Ärzte, den *Zentralrat der Juden,* das *Deutsche Generalkonsulat in Mailand* – die eidesstattliche Erklärung deines Geschäftspartners Pepe war in einem Genueser Notariat aufgesetzt. Auch mit einigen der Persönlichkeiten des öffentlichen Lebens, an die du dich gewandt hast, nehme ich Kontakt auf. Und die Korrespondenzen mit Frankreich – eine Odyssee!

Ich ziehe Kopien, deine *Akte* bekommt wieder Schwung. Alles, was zuletzt in deinen Safes verschlossen lag, bewegt sich wieder. Zum Glück besitze ich selbst ein Kopiergerät und muß also nicht für jeden Zettel einzeln aus dem Haus – so wie du. Auch ein Rollkoffer kommt nicht in Frage.

Ich lerne: Bestimmungen zu akzeptieren, zu warten – lange und geduldig – und Bestimmungen zu umgehen. Außerdem Amtssprachen. Die deutsche: *Auf Ihr freundliches Schreiben Bezug nehmend, und zunächst für die verzögerte Beantwortung um Ihr geschätztes Verständnis bittend, übersende ich Ihnen hiermit folgende Kopien hiesiger Quellen …* Die schweizerdeutsche: *Folgende Gerichtsakten können Sie grundsätzlich für Ihre schriftstellerische Tätigkeit benützen. Dabei gilt: 1. Namen zu anonymisieren …* Die französische: *Ich habe die Ehre, Ihnen den Empfang Ihres Antrags zu bestätigen. … Gemäß dem Gesetz vom … ist es uns leider nicht gestattet … Gestatten Sie mir, Ihnen meine vorzüglichste Hochachtung zu versichern …*

Heute endlich – Sandra ist treu – das in Aussicht gestellte Telefongespräch zum Stichwort *Küßchen* mit Herma W., der *richtigen Berühmtheit aus Berlin, dreißiger Jahre, Varieté.*

Eine junge Stimme kichert an meinem Ohr. Dreiundneunzig? Kaum zu glauben. Du seiest ja ein bißchen klein gewesen, aber ihr hättet das über eine Fußbank geregelt, sagt sie.

Wie sie sich freut, daß mal wieder jemand nach ihr fragt! Auf diese Modell-Idee habe eine ihrer Enkelinnen sie gebracht, bis heute sähe sie ja noch nicht aus wie eine Oma. Fast alles habe sie vor laufender Kamera gemacht. Kekse gegessen, Männer geküßt ... Bei dir habe sie sich zunächst etwas geniert, aber nach einem Ruck habe alles bestens geklappt. »Ja, er war mir sympathisch! Er kannte ja noch alle Schauspieler in Berlin!« Überhaupt eine tolle Stadt, eine tolle Zeit – die Vergangenheit holt sie ein. Nur leider wurden schon bald alle Stücke, in denen eine Rahel oder Judith auftrat, abgesetzt, und dann kamen die Kinder – und dann der Krieg. Anschließend habe es bei ihr nicht mehr richtig geklappt. »Der Krieg hat uns alle kaputtgemacht.« Heute trete sie hin und wieder noch in Talkshows auf und erzähle, wie es sei, in Würde alt zu werden. Nein, über deine Vergangenheit hättest du nichts gesagt. »Oder doch? Warten Sie – Tänzer?«

Tänzer? Leichtfüßig umhergesprungen, Zäune und Mauern überwunden, durch schmale Fenster gekrochen, durch offene Türspalten ... flink von Zelle zu Zelle gewechselt ... Von *Moabit* in die Strafanstalt *Görden,* von dort weiter nach *Plötzensee,* zuletzt Zuchthaus *Gollnow.* Wenn man nur ein bißchen an unseren Begriffen dreht, sie ein ganz klein wenig anders verstehen würde, könnte das Leben doch viel einfacher, auch amüsanter – könnten Lügengeschichten wahre Geschichten sein. Von *Oranienburg* allerdings, wohin man dich als Tänzer angeblich verschleppte, werde ich in keiner deiner vielen Akten etwas lesen.

»Hat er irgend etwas von Frankreich erzählt?« frage ich Herma W. Könnte sein, aber jetzt komme ihre Tochter mit dem Abendbrot, und sie müsse Schluß machen. Auf jeden Fall hättest du *Chuzpe* gehabt.

BÖTZOW
Münz·Glocke
Münz-Glocke
BÖTZOW

Nicht immer: *Der Juwelier hat mir gesagt, die Steine seien nichts wert, und also habe ich sie weggeworfen,* werde ich in dem Protokoll deines ersten Verhörs nach deiner Festnahme im Herbst 1933 in Berlin lesen. Fix und fertig seiest du gewesen, ohne Wohnung, vier Monate seit deiner letzten Entlassung im Park, aber dann … eine Freundin, ein *menschliches Wesen* … sie habe sich deiner angenommen. Und als sie eines Tages mit der Witwe F. aus deren Wohnung fortgegangen sei … *Nein! Das war nicht geplant. Vorsätzlichkeit* und *Rückfall* werden härter bestraft. Im Herbst 1933 kanntest du dich schon bestens mit deutscher Rechtsprechung aus. Erfahrung ist alles. Dennoch: Vier weitere Jahre – drei eben hinter dir. Was für Zeiten!

KZ-Gedenkstätte, Neuengamme.

Hier wächst der Tod immer noch aus dem Boden. Ein Ort, zum Verrecken, auch noch fünfzig Jahre danach. Vorn am Eingang ein Blechcontainer, das Archiv.

Beklommenheit und Neugier zugleich, schon während der langen Fahrt. Was kann denn so spektakulär an einem Video sein, auf dem ein alter Mann sein Leben erzählt? Spielt es denn eine Rolle, ob es wahr ist, was er erzählt? Alte Menschen erzählen eben gern, von diesem und jenem, immer wieder. Warum auch nicht? Die meisten von ihnen haben so viel erlebt, fast ein ganzes Jahrhundert mitgemacht, Liebe und Leid, Elend und Krieg. Wann wird es problematisch mit den Erinnerungen? Vielleicht, wenn einer, der kein Opfer war, behauptet, ein Opfer gewesen zu sein?

Richtung Innenstadt, vorbei am Berliner Tor – hier irgendwo hat damals deine Hanne gewohnt, deine ostpreußische Schneiderin – Mümmelmannsberg, Bergedorf. Einmal von West nach Ost quer durch den Moloch Großstadt im Berufsverkehr. Nach draußen, nach ganz weit draußen, an den Stadtrand, wo angeblich niemand etwas bemerkt hat, damals. Wo die Häuser aufhören und die Zeit stillsteht und einem der Atem stockt, wenn man den aufgeweichten, scheinbar endlosen Weg entlang der ehemaligen Ziegelei läuft. Allein und unbeobachtet, auf einem Gelände, auf dem vor fünfzig Jahren niemand auch nur eine Sekunde lang allein und unbewacht war. Jede Bewegung hier wurde registriert, jeder Winkel von den Wachtürmen aus begafft – Augen überall. Und heute?

In der dunklen Halle klickt der Bewegungsmelder einen Scheinwerfer an, der auf zwei Schautafeln fällt. Ich lese, wie viele Menschen damals hier ... den ganzen Tag ... und ich sehe die Bilder. Ausgemergelte Lemuren, in Sträflingshemden und neben oder über ihnen jene, die

SS-Sturmbannführer Martin Weiß

SS-Sturmbannführer Max Pauly

SS-Obersturmführer Albert Lütkemeyer

SS-Obersturmführer Anton Thumann

langschäftige Stiefel tragen, die der guten Rasse. Etliche dieser Bilder kenne ich bereits aus Filmen und Zeitschriften – Insignien des Grauens, eingebrannt ins Gedächtnis der Menschheit. Aber heute, in dieser dunklen Halle, durch deren defektes Dach das trübe Tageslicht wie ein Sternenhimmel funkelt, in der die feuchte Kälte mir, müde und hungrig nach der langen Autofahrt und der stundenlangen Video-Vorführung im Archiv, wie eine Kralle im Genick hockt, wirken sie ganz anders. Hier, an diesem Ort, an dem ich jetzt stehe, haben sie alle gestanden, Steine geklopft, Ziegel verladen, schwere Loren gezogen. An diesem Ort ohne Gott. Ihre Augen sehen mich an … und ich weiß nicht, was ich sagen soll.

Die Überlebenden sind die einzigen, die uns über die Ereignisse im Konzentrationslager berichten können. Nur wenn es uns gelingt, die Erinnerung zu bewahren und sie an die nächste Generation weiterzugeben, können wir mit dazu beitragen, daß die Opfer und das Leiden nicht vergessen werden. Daher möchten wir Sie herzlich bitten, uns aus Ihrem Leben und Ihrer Haftzeit in Neuengamme zu berichten.

Im Oktober 1991 hatte dich dieses Schreiben der *KZ-Gedenkstätte Neuengamme* erreicht. Wie bist du auf die Liste ehemaliger Häftlinge gekommen? Von angeblich *Oranienburg* nach *Sachsenhausen,* von *Sachsenhausen* nach *Neuengamme*, dessen *Außenlager?* Ist das die Spur, über die man zu dir kam, in der Annahme, ein weiteres, noch lebendes Opfer gefunden zu haben? Jedenfalls hast du dich neun Jahre nach Zurückweisung deiner Klage auf Entschädigung, und kurz nachdem dir auch noch die *Hamburger Stiftung Hilfe für NS-Verfolgte* bereits jegliche Unterstützung versagte, vor die Kamera gesetzt und ausgepackt. *Meine Akte.* Von A bis Z.

Niemand in diesem (Pseudo-)Rechtsstaat dürfte es ohne Sophistik möglich sein, meine Darlegungen zu widerlegen. Diejenigen, die sie nicht wahrhaben möchten, tun das, um sich selbst zu schützen. Und diejenigen, die über kein Begriffsvermögen verfügen, um meine Darlegungen konzipieren zu können, die verteidigen ihre Unfähigkeit, indem sie mir Phantasmagorisches unterstellen tun.

Anna und ich haben dir zugehört. Auch sie war an diesem trüben Tag nach Neuengamme gekommen, um sich das *Video Opferbefragung, Birnbaum* anzusehen. Fast drei Stunden lang. Zwischen Kabeln und Monitoren. Wär' was für dich gewesen. Pure Beobachtungsapparate-Simulation.

Wie sich das alles in dein Hirn gefressen hat! Kein Zögern, kein Stocken, kein einziges Mal hast du umgeblättert oder in deine *Akte* gesehen. Alles auswendig! Ich habe dich genau beobachtet. Die Fachausdrücke wie Perlen auf deinen Lippen!

Ununterbrochen würdest du *mittels mental-zerebral-okularer Vorgänge* überwacht. Deine Gedanken, deine Erinnerungen, sämtliche *Imaginationen. Auch hier, Die können mich hier sehen.* Gedanken über die Zunge, die ständig alles Gedachte lautlos artikuliere, *Imaginationen* durch *Strukturveränderungen am Augenhintergrund,* wo sämtliche im Gehirn wachgerufenen Bilder wie auf kleinen *Dias* erschienen. Dazu empfahlst du *neuste Ergebnisse* der Hirnforschung: Ähnlichkeit zwischen Hirn- und Augengewebe. Sobald du etwas dächtest, was den Beobachtern nicht passe, würdest du *mit Schmerzen gequält,* und zwar immer an den Stellen des Körpers, an denen sich die *psychosomatischen Erscheinungsbilder vorübergehend formen.* Diese seien bei jedem Menschen andere. Der Beobachtete werde seines *Ichs* beraubt, mit *Straf- und Belohnungsmechanismen* abgerichtet wie ein Tier, zum *Roboter* gemacht.

Zu Beginn strichst du dem jungen Mann, der das Gespräch führte, mächtig um den Bart: Er habe Sinn für das, was du gleich vortragen würdest, das sähest du gleich, er könne *intuitiv erfassen,* sei keiner von diesen *Flachköpfen.*

Zum ersten und einzigen Mal: Deine Stimme, Jakob, deine Gesten, deine *wachen Augen.* Und jedes Mal, wenn dein Gegenüber nachhakte, Daten und Fakten mit deiner Hilfe präzisieren wollte, alle Lügen auf deiner Stirn. Fast so deutlich wie die Formeln auf dem Hochglanz-Portrait. Sehr bald war dem jungen Mann aufgegangen, daß da einer vor ihm saß, der nicht dahin gehörte, der niemals Häftling im *Konzentrationslager Neuengamme* gewesen war. Und in *Gurs?*

Mir erscheinen die Behauptungen von Herrn Birnbaum bis zum Zeitpunkt der Requirierung seines Baugeschäfts glaubwürdig und nachvollziehbar, steht in seinem Abschlußbericht. Immerhin, *Gurs* hat er dir also abgenommen. *Ein Lager Gurs ist in der Anlage (Verzeichnis der Konzentrationslager und ihrer Außenkommandos) nicht aufgeführt,* steht in der Begründung für die endgültige Ablehnung deines Antrags auf Entschädigung durch den *Bundesgerichtshof.* Im Jahr 1982 gab es also noch einiges zur Geschichte des Nationalsozialismus in Deutschland nachzutragen.

Auch sonst hat dich der junge Mann nicht bloßgestellt, jedoch hin und wieder versucht, deinem verschlungenen Gedankengang Fakten zu entnehmen, die ihm auch für eine *nächste Generation* relevant erschienen. Beispiel Deutsche Besatzung in Paris. *Ich habe sie Alle gekannt* – ausladende Geste von dir –, *gleich unter Hitler! Ich bin im Hotel Lutetia ein und aus gegangen.* Namen? *Die Namen, junger Mann! Die hießen damals alle Fritz oder Hans*, niemand habe seinen richtigen Namen genannt!

Auch du nicht, Jakob. Aber rauszulassen, im *Hotel Lutetia ein und aus gegangen* zu sein, ziemlich riskant! Hauptquartier der *Spionageabwehr,* wie ich später lerne. Hast du dich verplappert – vor lauter Wichtigtuerei? Die zwei Jahre Gefängnis nach dem Krieg wegen *Kollaboration* wurden allerdings großmäulig eingestanden: *Wer seinen Feind besiegen will, muß sich mit ihm gutstellen.*

37

Und vor dem Krieg? Der junge Mann hatte dich nicht als *Kollaborateur* vor der Kamera enden lassen wollen. Elend und Arbeitslosigkeit, für eine Suppe in die SA. Aber gelegentlich seiest du schon damals als Kosmetikvertreter tätig gewesen, du habest eben das Schöne geliebt, in deiner Baufirma in Boulogne hätten sie dich *edler Fürst* genannt ... Und später, in den Sechzigern? wurde gefragt. Diamantenhändler, rund um die Welt, von Antwerpen aus. Die Jüdische Gemeinde in Hamburg habe dich dort eingeführt. Alles *fest in jüdischer Hand.* Und wenn *Die* dich nicht hätten hochgehen lassen ... ein Koffer mit *doppeltem Boden* ... Falschgeld – eine spannende Räuberpistole, die du da aufgetischt hast. Eine Million samt deiner Ehre im Eimer! Nirgendwo habest du dich mehr sehen lassen können. Aber später, alles zurückbezahlt, *auf Heller und Pfennig,* niemand solle dir etwas nachsagen.

Am Ende des Gesprächs hast du dem jungen Mann deine *Akte* überreicht, gesagt, er könne alles behalten und noch ein bißchen daran *knabbern,* das alles sei nicht einfach so dahergesagt. Und dann hast du noch versucht, ihm dein *Tonikum* anzudrehen. Du habest bemerkt, daß mit seiner Gesichtshaut etwas nicht in Ordnung sei. Er könne sich jederzeit bei dir melden.

Wirkliche Opfer hätten ganz anders gesprochen, hatte eine junge Mitarbeiterin aus dem Archiv anschließend zu mir gesagt – Anna war längst fort. Ich hatte mir noch Korrespondenzen, in denen es um Beweise von Opfern geht, angesehen. Um Beweise, tatsächlich Opfer – in *Neuengamme* oder anderswo – gewesen zu sein. Wozu? Wegen solcher wie dir? Ich habe kein Recht, Jakob, ich weiß. Zu gar nichts! Ich werde mich hüten. Du warst auch bestimmt nicht der einzige.

Ganz schön happig: Zweihundert Mark knöpft sie mir ab, die nette alte Dame, vierter Stock, Hamburg-Wandsbek, für eineinhalb Seiten Übersetzung des Artikels in *Jediot Achronot.*

Selbstverständlich hat sie dich gekannt. Wie alle in der Gemeinde. Man hätte dich nur anders behandeln, dir nicht andauernd widersprechen sollen, dann wäre dein Wahn von selbst verschwunden.

Ich störe beim Hebräischunterricht, sonst hätte sie sich gern länger mit mir unterhalten. Ob ich nicht mitkommen wolle, morgen, in eine kleine Stadt an der Elbe? Dort werde ein Mahnmal eingeweiht, zur Erinnerung daran, was die Nazis damals dort mit den Juden ... Eine kleine Gruppe aus der Gemeinde fahre hin. 27. Januar! Gedenktag zur Befreiung von Auschwitz, *das* Datum, für Juden in aller Welt.

Hier gibt es keine Geretteten, nur Opfer. Du als Aufmacher, mit wirren Haaren und deiner beschrifteten Papptafel. Ein Ruheloser, ein Rufer in der Wüste, im Juni 1983 vor dem Deutschen Bundestag. *Protest-Hungerstreik!* Darunter deine Thesen und Anklagen. Gut inszeniert. Eine Frau allerdings, hatte Anna erzählt, soll auf dich zugekommen sein und dir geraten haben, endlich nach Hause zu gehen, der Krieg sei doch schon fast vierzig Jahre vorbei.

Sechs-Tage-Spektakel – mit Genehmigung. Ob du wirklich so lange durchgehalten hast? Mit Fasten, meine ich? Für Übernachtungen im Schlafsack sei keine *Sondergenehmigung* erforderlich, hatte man dir aus dem *Bonner Polizeipräsidium* auf deine Streikankündigung hin vorab mitgeteilt, eine Tafel aufzustellen allerdings nicht erlaubt. Also hast du sie dir um den Hals gehängt: *Warum handelt der Untersuchungsausschuß nicht? Warum verhaftet der Untersuchungsausschuß die Folterknechte des bundesdeutschen Geheimdienstes nicht, die mich quälen? Wofür gibt es ein Grundgesetz?* Starke Sprüche! Immerhin einen haben sie

PROTEST-HUNGERSTREIK
Warun handelt der 1. Unter-
suchungsausschuss nicht?
Schläft er??
Warum verhaftet der 1. Untersuchungsaus-
schuss die Folterknechte des bundesdeutschen
Geheimdienstes nicht??
Die mich quälen, foltern, drangsalieren, zu er-
pressen versuchen und zwingen wollen, das
von den Folterknechten an mir begangene Ver-
brechen zu widerrufen. Ihr Angebot lautet;
falls ich das widerrufe, bekäme ich eine Million
D-Mark dafür. Ich aber bin nicht käuf-
lich. Deshalb werde ich in erpresserischer
Weise gefoltert. Was an mir begangen
wird, ist schlimmer als Mord.

weich geklopft: den Bonner Korrespondenten von *Jediot Achronot. Birnbaum, das Symbol der unglücklichen Leute, die die Shoa überlebt haben, aber noch immer in der Shoa sind,* hat er geschrieben. *Sie leben inmitten des Volkes, das ihnen Böses zugefügt hat. Wir können sie nicht als Gerettete, sondern nur als Opfer ansehen.*

Und deine Toten, Jakob? Die hast du auf deiner Papptafel lieber nicht erwähnt. Aber der Korrespondent war sich sicher, daß niemals – *auch nicht nach seinem Tod* – herauskommen werde, wer deine Verfolger gewesen seien.

Man soll nicht vergessen, aber vergeben, wird Monsieur R., der alte Jude in Paris sagen, dessen Mutter und Bruder – verraten von Franzosen – in Auschwitz umgekommen sind.

FEBRUAR

Collette meldet sich bei Julia. Grundsätzlich sei sie bereit, uns zu empfangen, vorab allerdings interessiere sie, ob deine letzte Wohnung Eigentum oder gemietet gewesen sei. Sie fragt also nach dem Geld, hat die Hoffnung auf eine Erbschaft immer noch nicht aufgesteckt. Julia erklärt: Du zuletzt Sozialhilfeempfänger, ich rein biographisch interessiert. Alles in bestem Französisch.

Sie werde es sich überlegen, sagt Collette, mit ihrer Mutter, ihrem Bruder, ihrem Sohn. Bei ihr scheint das Familienleben noch intakt zu sein. Und unsere Reisepläne sind abhängig von Julias Ferienplan. Eine Lehrerin kann schließlich nicht einfach mal eben nach Toulon reisen, nur weil ich mehr über einen verrückten Kerl wissen muß. Außerdem stehen auch noch Metz und Paris auf dem Plan. Also warten!

Es soll Ruhe sein in deiner Mitte und Friede in deinen Palästen, steht über dem Eingang der Synagoge in Hamburg am Weidenstieg, gebaut 1960. Seit einigen Jahren expandiert die Gemeinde, Zuzug aus Rußland. Fünftausend Mitglieder, habe ich gehört. Zum Abschied liest mir die *Gruppenführerin,* die eigentlich Religionslehrerin und auch Totenwäscherin in der Gemeinde ist, die Zeile über dem

Eingang vor – die Schulklasse und drei alte Damen, an deren *Gruppenführung* ich teilnehmen durfte, sind längst fort –, und auf hebräisch klingt alles viel schöner als auf deutsch.

Vor wenigen Tagen hat ein Professor der *Ben-Gurion-Universität* in Beer Sheva in einem Interview zum israelisch-palästinensischen Konflikt gesagt, daß Dinge, die unter den Bedingungen des Krieges in Palästina/Israel stattgefunden hätten, durchaus in der Nähe dessen angesiedelt seien, was man heute als *ethnische Säuberung* bezeichne, und dem bestürzten Einwurf seines Interviewers, *Ein schlimmes Wort!* entgegengehalten: *Schlimme Vorgänge, die man aber in historischer Perspektive interpretieren kann.*

Gegenwart und Geschichte, alles nur eine Sache von Interpretation und Perspektive, Jakob. Weltanschauungen stellen die Welt auf den Kopf. *Friede in deinen Palästen.* Nun gut. Auch Christen halten sich kaum an das, was über den Altären und Portalen ihrer Kirchen steht.

Eine Stunde habe sie Zeit, hatte unsere *Führerin* zur Begrüßung gesagt. Eine Stunde für jüdische Religion und Geschichte und ein bißchen christliche dazu, auf harten Bänken, in einem großen kühlen Raum. »Seht, was sich seit Jesus geändert hat: nichts!« Es sei alles nur schlechter geworden. Alle Synagogen werden gen Osten gebaut, gen Jerusalem, dort, wo der erste und der zweite Tempel gestanden haben. Und nur dort dürfe der dritte erbaut werden. Leider sei das heute mit ein paar Schwierigkeiten verbunden.

Noch Fragen? Ein Schüler hatte wissen wollen, wo die Bundeslade abgeblieben sei, und zur Antwort bekommen, die sei schon seit der Zerstörung des zweiten Tempels, also seit 70 nach Christus, verschwunden. Vielleicht befinde sie sich ja im Vatikan – die Witzchen haben vor allem unserer Führerin selbst Spaß gemacht. Zum Schluß mußte die Lehrerin noch rasch ihr Thema »Dialog« anbringen. »Was wünschen Sie sich von den Bürgern dieser Stadt?« – »Toleranz!« D'accord! Aber der darauf folgende Satz: »Denn intoleranten Leuten würde sie am liebsten: Krack!«, unterstrichen mit einer Geste des Halsumdrehens, geht mir nach.

»Und der Messias?« frage ich, nachdem sie mir die Zeile über dem Eingang übersetzt hat. »Wann ist, nach jüdischer Auffassung, mit ihm zu rechnen?« – »Vielleicht …«, sie stockt, »irgendwann …« Anscheinend die überflüssigste Frage, die man vor einer Synagoge stellen kann. Auch sie hat dich gekannt, selbstverständlich! Auch hierher hast du deinen kleinen Koffer gerollt. »Aber, wissen Sie …« Ja, ich weiß. Allmählich ist mir klar, was man in der Jüdischen Gemeinde in Hamburg von dir gehalten hat.

Collette sagt ab. Sie habe es sich überlegt. An alles, was mit der Vergangenheit zusammenhänge, wolle sie nicht mehr erinnert sein, es sei zu schmerzhaft für sie. Also Schluß! Der Rest deiner Familie wird kein Weg zu dir sein. Einzige Ausnahme: France.

Deine Ärzte melden sich. Dein letzter Hausarzt sagt, er sei interessiert, werde sich deine Karte ziehen und wieder anrufen. Auch er habe sich immer den Kopf darüber zerbrochen, was für eine Persönlichkeit du gewesen seiest. »Irgendwie gespalten.«

Ein anderer meint, er habe dich eigentlich nur beruhigen können, weiter nichts. »Er hatte ja nichts.« – »Spuren von Mißhandlungen?« – »Der? Im Gegenteil.« Ausgesprochen kräftig und gut drauf für dein Alter seiest du gewesen. Mitte der Siebziger hast du sein Sprechzimmer aufgesucht. Gute Zeiten, Geld, Reisen, Frauen …

Gravierende körperliche Leiden haben dir – mal abgesehen von den Folgen der allnächtlichen Folterungen –

offenbar erst im letzten Jahrzehnt dein Leben schwer gemacht. *Leistenbruch, leichter Herzinfarkt, Schulterfraktur* nach einem Autounfall, *Hirninfarkt, Vorkammerflimmern* – wie sind die Arztberichte eigentlich in deine Hände gelangt? –, deiner Meinung nach alles *Anschläge des Folterteams.* Ein Kommentar von dir zum Notaufnahmebericht nach Reanimation: *Aber nach zwei Tagen Bewußtlosigkeit bin ich wieder aufgewacht, ich bin wieder da.*

Der ehemalige Chefarzt der Pathologie am Universitätskrankenhaus Hamburg-Eppendorf hat es dir – mehrfach – schriftlich gegeben, *im Falle deines Ablebens eine klinische Obduktion im Institut für Pathologie vorzunehmen.* Er wünscht mir gute Nerven. Das alles durchzustehen sei gewiß nicht leicht. Du habest ihm leid getan.

Staatsarchiv Hamburg.

»Müssen Sie sich eigentlich den ganzen Tag so dumme Fragen anhören?« erkundige ich mich bei dem freundlichen Archivar, der sich meiner annimmt. »Ich sitze hier nur halbtags«, kontert er offenherzig, »wir teilen uns das.« – »Gebühren?« frage ich. – »Wischiwaschi«, sagt er, es käme darauf an, ob Forschung oder privat.

Er findet: Eine *Haftkarte* und einen *Gewerbeschein.* Beide zunächst unter dem Namen Jakob Grau geführt, Birnbaum jeweils nachgetragen. Es gibt also weitere Spuren von dir! Ich atme auf!

Gewerbeschein: Handelsvertretungen in Waren aller Art, außer Lebensmittel, Gewerbegruppe A VI, ausgestellt November 1951. Adresse: Uhlenhorster Weg. Alsternähe. Keine schlechte Gegend, schon damals. Bei E. Schramm, also zur Untermiete. Aber immerhin. Besser als unter der Brücke. Extreme Wohnungsnot in der Zeit, Hamburg ein Trümmermeer. Außerdem war Else Schramm, wie ich erfahren werde, Witwe. Ihr Unglück, dein Glück – Männer waren rar in den Zeiten. Und einer wie du …

Anmerkung eines Beamten auf der Rückseite: *Vermutlich falsche Namensbezeichnung.* Und schon zwei Jahre später hat man dir auf Verfügung des *Gewerbeamtes Hamburg* den Handel mit *Gegenständen des täglichen Bedarfs* wieder untersagt.

Warum? Was hast du wieder angestellt? Warum hat es Jakob Birnbaum nie zum ehrbaren Hamburger Kaufmann gebracht?

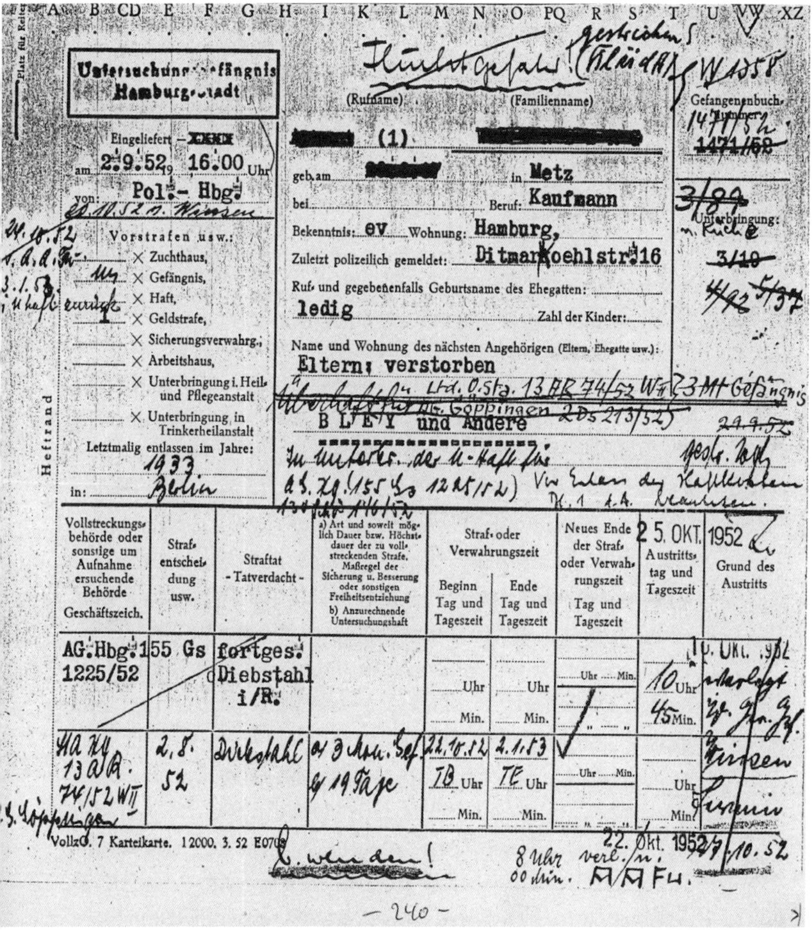
A B CD E F G H I K L M N O PQ R S T U VW XZ

Untersuchungsgefängnis Hamburg-Stadt

(Rufname) (Familienname)

Gefangenenbuch-Nummer: 1471/52

Eingeliefert am 2.9.52 19 16.00 Uhr von: Pol.- Hbg.

[redacted] (1) [redacted]

geb. am [redacted] in Metz

bei ... Beruf: Kaufmann

Bekenntnis: ev Wohnung: Hamburg,

Zuletzt polizeilich gemeldet: Ditmar-Koehl-Str. 16

Ruf- und gegebenenfalls Geburtsname des Ehegatten:

ledig Zahl der Kinder:

Name und Wohnung des nächsten Angehörigen (Eltern, Ehegatte usw.):

Eltern: verstorben

B L E Y und Andere

Vorstrafen usw.:
× Zuchthaus,
× Gefängnis,
× Haft,
× Geldstrafe,
× Sicherungsverwahrg.,
× Arbeitshaus,
× Unterbringung i. Heil- und Pflegeanstalt
× Unterbringung in Trinkerheilanstalt

Letztmalig entlassen im Jahre: 1933

in: Berlin

Unterbringung:

Heftrand

Vollstreckungsbehörde oder sonstige um Aufnahme ersuchende Behörde Geschäftszeich.	Strafentscheidung usw.	Straftat - Tatverdacht -	a) Art und soweit möglich Dauer bzw. Höchstdauer der zu vollstreckenden Strafe, Maßregel der Sicherung u. Besserung oder sonstigen Freiheitsentziehung b) Anzurechnende Untersuchungshaft	Straf- oder Verwahrungszeit Beginn Tag und Tageszeit	Straf- oder Verwahrungszeit Ende Tag und Tageszeit	Neues Ende der Straf- oder Verwahrungszeit Tag und Tageszeit	25. OKT. 1952 Austrittstag und Tageszeit	Grund des Austritts
AG. Hbg. 155 Gs 1225/52		fortges. Diebstahl i/R.		Uhr Min.	Uhr Min.		10 Uhr 45 Min.	erledigt
AG Hbg. 13 AR 74/52 W II	2.8.52	Diebstahl	3 Mon. Gef. 19 Tage	22.10.52 Uhr Min.	2.1.53 Uhr Min.		Uhr Min.	

VollzO. 7 Karteikarte. 12000. 3. 52 E070

22. Okt. 1952

— 240 —

Zweitschrift

K

1. Familienname: [redacted] Vornamen: [redacted] (Rufname unterstreichen)

geb. am 26.9.1907 in Berlin Staatsangehörigkeit deutsch

21. Jan. 1952

2. Firma:

3. Gewerbe: Handelsvertretungen in Waren aller Art – ausser Lebensmittel

4. Belegenheit der Betriebsstätte(n): Hamburg 21 Uhlenhorsterweg 28

5. Ortsamtsbereich: Nord / B.-U.

6. Tag der Betriebs – Eröffnung – ~~xxxxxxxxxxxx~~ 16. November 1951

7. In das Handelsregister eingetragen am unter Nr.

8. Angabe, ob Haupt- oder Teilbetrieb: H.

9. Art des Betriebes in der nebenstehend bezeichneten Betriebsstätte

10. Gewerbegruppe: A VI 7

11. Rechtsform des Unternehmens: E.U. (z. B. offene Handelsgesellschaft)

12. Ort der Leitung: siehe Ziffer 4 (genaue Anschrift)

13. Inhaber des Unternehmens (bei Personenvereinigungen gesetzliche Vertreter, Vorstand usw., bei Kommanditgesellschaften sind hier auch die Kommanditisten einzeln aufzuführen).

Name:	Wohnort:	Wohnung:
[redacted]	Hamburg 21	Uhlenhorsterweg 28 b/[redacted]

14. Rufnummer: 22 19 26

15. Bemerkungen:

Y3.80/

wenden!

Allein der Versuch, die Gewerbegruppe zu entschlüsseln, kostet mich Tage. Selbst in der *Wirtschaftsbehörde* weiß kein Mensch mehr, was *A VI* heißt. Irgendwann werde ich dem *Jahresbericht 1953* des damaligen *Amtes für Wirtschaftsüberwachung* entnehmen, daß unter dieser Gruppe *Vertreter- Makler- und Vermittl. Gewerbe* zusammengefaßt war, und daß vielfach stellungslose Kaufleute und auch Arbeitslose anderer Branchen Vertretungen übernahmen, *um dem Los der Arbeitslosigkeit zu entgehen.* Oft hätten sie jedoch nicht genügend *Fachkenntnisse* besessen und schon nach kurzer Zeit ihr Gewerbe wieder eingestellt. *2530 Zugänge*, mehr als 1200 *Abgänge* in dieser Gruppe im Jahr 53. Einer dieser *Abgänge* also du. Schwierige Zeiten allenthalben, wenige Jahre nach der Währungsreform. Es bedurfte wohl besonderen Geschicks, um sich – ehrlich oder unehrlich – durchzuschlagen.

In deiner Basler Akte werde ich als Berufsbezeichnung, diese Zeit betreffend, *Kühl-, Feucht- und Frischlufterzeuger* lesen. Ganz schöne Bandbreite, der Herr Birnbaum, Grau oder...? Meistens finde ich allerdings *Kaufmann* eingetragen. Wie schon bei deinem Vater Lazarus. *Marchand.* Klar! Zu studieren war Juden *seiner Zeit* nicht erlaubt. Was anderes also wäre ihm übriggeblieben, als *handelnd* durch die Welt zu ziehen? Und vielleicht seinen sieben Söhnen auch?

1951, nach fünf Monaten Haft in Schaffhausen und neuerlicher Ausweisung aus der Schweiz – schon 1939 gab es dort ja keine *Notwendigkeit deiner Anwesenheit* –, bist du via Kopenhagen nach Hamburg gereist. Zusammen mit *einer gewissen Inger K.,* wie ich dem Urteil, gesprochen vom *Hamburger Landgericht* 1953 entnehme. Warum nach Hamburg? Hanne war längst fort – dein Sohn auch. Sie war schon 36 verzogen, mit ihrem Heinrich nach Berlin. Auch du hattest dich anders getröstet, Hochzeit, Scheidung, Marcel. Aber man soll nicht nachtragend sein. Vor allem nicht in den Zeiten. Aber wieso plötzlich wieder Hamburg und wieso via Kopenhagen – ohne Papiere, ohne Geld? Bereits ab 1949 betrieb eine *Linje-Bus A/B Stockholm* Reiseverkehr durch Deutschland in die Schweiz, lese ich. Vielleicht hast du nach der Entlassung in Schaffhausen auf irgendeinem Rastplatz einer einsam Reisenden Inger K. eine traurige Geschichte erzählt, und sie hat sich deiner angenommen? Angeblich hast du doch jede fasziniert – und verführt.

In Hamburg wirst du auf eines der Ortsämter gegangen sein und dich nach dem 1951 geschaffenen Gesetz zur *Aufnahme und Eingliederung deutscher Flüchtlinge in die Hansestadt* als *Person deutscher Staats- und Volkszugehörigkeit* ausgegeben haben, *die infolge der Militärregierungen der drei westlichen Besatzungsmächte den Ort ihres Wohnsitzes auf unbestimmte Zeit verlassen mußten.* Jakob Grau war Berliner,

Jahrgang 05, ein Deutscher durch und durch also, Vertriebener dazu. Bekenntnis: Evangelisch. Flotter Wechsel zwischen Konfessionen. Alles kein Problem! Und von dem Juden Jakob Birnbaum – 1937 aus dem Reich verwiesen – mußte hier ja nicht gleich wieder die Rede sein. Dessen hast du dich dann erst Mitte der Fünfziger wieder entsonnen, im Gefängnis in Straubing. Und bist bei ihm geblieben – bis zuletzt. Oder er bei dir?

Auf deiner *Haftkarte* lese ich, wann und wo in Hamburg sie dich 1953 geschnappt und in welches Gefängnis gesteckt haben.

Straffällig ist immer gut.

Offenkundig ein ziemlicher Wirrwarr, bis feststand, daß dieser Jakob Grau eigentlich ein anderer, nämlich Jakob Birnbaum war. Dicker Vermerk: *Fluchtgefahr.* Trotzdem gelang es dir, nach München abzuhauen, wenngleich dort für nur kurze Zeit auf freiem Fuß zu bleiben. In Hamburg als Jakob Grau hast du es immerhin knapp drei Jahre geschafft. Mit drei Adressen gleichzeitig, Autos, Führerschein, einem Schneider und Maßanzügen. Mit Barbesuchen, Kasinos und teuren Hotels. Alles belegt und dir während des Prozesses wegen *Versuchten und vollendeten Diebstahls, Falscher Versicherung an Eides Statt, Urkundenfälschung, Vergehen gegen das Paßwesen* um die Ohren geschlagen. Amüsante zwölf Seiten, das Urteil. Immer nach dem gleichen Muster scheinst du in Werkstätten und Kontore eingedrungen zu sein, im geeigneten Moment in Schubladen oder Schränke gegriffen, Geld und Ausweise an dich genommen zu haben. Ein armer Kerl, *auf der Suche nach einem Ort, seine Notdurft zu verrichten,* wie du zu Protokoll gegeben hast. Diagnose: *Reisender Einschleichdieb, Klingelfahrer, der nach seiner ganzen Persönlichkeit eine große Gefahr für die Allgemeinheit darstellt.* Strafe: Zwei Jahre und acht Monate.

Was wohl Witwe Schramm dazu gesagt hat?

Witwen und Hamburger Adressen, Streifzüge zweiter Teil, nachdem Sandras Liste abgehakt ist. Aber jetzt – Julia hat Ferien – fliegen wir erst einmal nach Paris. Toulon gestrichen, Metz ein anderes Mal.

PHARMACIE
METROPOLITAIN

MÄRZ

Paris. Eigentlich einfach: *Hamburg-Fuhlsbüttel, Aeroport Charles de Gaulle*, Metro, drei Treppen hinauf – und schon ist man da. Mitten in Paris, ich zum ersten Mal. Von unten her taucht man auf und weg in diese Stadt.

Andere kommen hierher, um in den *Louvre* zu gehen, oder sie feiern ihren Hochzeitstag. Und wir? Vier Füße – Paris im Plural –, vier Augen und Ohren, eine Woche lang auf deiner Spur. Du wirst wieder beobachtet, Jakob. Auch hier. Zunächst von einem kleinen Hotel im 20. Bezirk aus. Vier Adressen als Fixpunkte in einer Millionenstadt, eine davon noch nicht mal dechiffriert, die von deiner Komplizin France. Die zweite, zum Stichwort *Résistance,* gehört Monsieur R., die dritte einer deutschen Bibliothekarin, die ich wenige Wochen vorher anläßlich ihres Vortrags in Hamburg kennengelernt habe. Nummer vier, unsere »Deutsche Insel«, Hochhaus, neunter Stock, auch im 20. Bezirk, Heiner und Jils Wohnung. Seit ein paar Monaten leben die beiden Hamburger Freunde hier.

Wir kaufen eine Flasche Wein, und dann stehen wir vor der Tür. Fünf Meter Fensterwand, ein Balkon, unten ein Lichtermeer – von *Montmartre* bis zum *Eiffelturm,* der seit der Jahrhundertwende mit Glühbirnen gespickt zu jeder vollen Stunde blinkt. »Seht, jetzt wieder!« Wir lachen. Es scheint, als zapple das starre Stahlgestell auf dem Fleck.

Wir essen, erzählen und zeigen Photos von dir. Etliche trage ich jetzt immer bei mir. Nicht nur der *Formelkopf* weckt überall Interesse. »Der sieht aus wie einer, der immer auf die Füße fällt«, sagt Jil, wälzt Telefonbücher. Nein, das Atelier, dessen Namenszug auf deinem Bart-Portrait steht, gibt es natürlich nicht mehr … und das *Restaurant Beaulieu,* in dem du 1942 mit Pepe und der jungen Frau, um einen weiß gedeckten Tisch …? »Was stellst du dir eigentlich vor!« Ich weiß, fast sechzig Jahre ist das her. Ich bin spät dran – aber vielleicht noch nicht zu spät, Jakob. Immerhin, France' Adresse knacken Heiner und Jil. Rue Chaligny, lesen sie aus dem Gekritzel auf dem rosa Briefumschlag, 12. Bezirk. Vielleicht übermorgen?

Zweiter Tag.

Ich fahre allein, Julia hat zunächst noch etwas anderes vor, er spricht Deutsch.

Chatelet steige ich aus, laufe am Ufer entlang, die Seine gelbbraun. Auch an den Farben ihrer Flüsse könnte man die Städte erkennen – und an den Sirenen der Rettungswagen. Die in Genua, wie ich feststellen werde, sind die schlimmsten! Vorbei an den Blumen- und Zoogeschäften, von denen haben Heiner und Jil gestern abend geschwärmt. Die engen Käfige sollten mal die Tierschützer in Deutschland sehen! Dann über den Fluß. Die Brücken, das Licht … darüber kein Wort! Darüber haben bereits Tausende alles gesagt. Immer Richtung Eiffelturm. Die *Bouquinisten* schlafen noch, es nieselt, Sonntagvormittag.

Sprechanlage, dann steht er in der Tür, Monsieur R., ein freundlicher alter Herr, ein Freund der Mutter einer Freundin – wie man so zu Adressen kommt –, vor fünfzig Jahren in der *Résistance* – wie sich die Welt so dreht. Er bietet mir Lachshäppchen und Champagner an – ich und Champagner am Vormittag, das kann nur schief-

gehen – und redet los. *Maginotlinie,* Dreyfus, Speidel, Pétain. Irgendwann schalte ich das Tonbandgerät ein – »Nein danke, ich möchte wirklich nicht mehr essen« –, und weiter, quer durchs Gestrüpp französischer Geschichte. Strasbourg, Clermont-Ferrand, dorthin hatte man seine gesamte Universität aus Straßburg evakuiert. De Gaulle, *Freie* und *Unfreie Zone.* Überhaupt, die *Vichy-Zeit.* Oh, mein Gott!

Das bewährte Prinzip: Erst geduldig zuhören, dann Fragen stellen, und dann weitersehen – ob irgend etwas davon zu deinem Leben paßt. Lange bleibt mein Gegenüber mit seinen Gedanken in Oradour-sur-Glane, diesem kleinen Ort, nahe Limoges, wo die Deutschen am 10. Juni 1944 über sechshundert Menschen in eine Kirche getrieben und verbrannt haben, Frauen und Kinder. Aber unter denen, die das getan haben, seien auch Elsässer gewesen, und das sei – bis heute – das eigentliche Problem. Man habe den Ort so belassen, wie er damals verlassen worden sei, dem Erdboden gleichgemacht. Gerade vor ein paar Wochen ist Monsieur R. dort gewesen. Ein Überlebender habe ihn geführt. Dessen Mutter sei, hochschwanger mit ihm, aus einem der Kirchenfenster gesprungen. Politik, Krieg, Schuld und zwischendurch – »Bitte, nehmen Sie doch!« – Champagner und Lachs und sein eigenes Leben, das ihn immer wieder an ein und denselben Punkt führt, den Abgrund: Deportation von Mutter und jüngerem Bruder. 1944, nach Festnahme durch Franzosen in der *Freien Zone* – die Familie stammte aus Weißrußland. Die Deutschen hätten die beiden nach acht Tagen Gefängnis laufenlassen. Er selbst, damals Soldat, habe für die Flucht der beiden aus dem Durchgangslager schon alles organisiert gehabt, aber sein kleiner Bruder habe sich geweigert zu gehen, weil er den Zurückbleibenden im Lager die Repressalien habe ersparen wollen, mit denen nach einem Ausbruch erfahrungsgemäß zu rechnen gewesen sei. Und auch wenn Monsieur R. es sich immer wieder sagt, daß es nicht stimmt, wird er das Gefühl nicht los, schuld an dem Tod der beiden zu sein.

Spricht man darüber? »Jetzt ja.« Ich bin erstaunt. Ich sehe ihn heute zum ersten Mal, er hat nichts mit dir zu tun, Jakob, und du nichts mit ihm. Er stammt weit aus dem Osten, hat in Straßburg Medizin studiert, er war Soldat – er war bei der *Résistance.* Kurier für den *Maquis.* Er hatte es nicht nötig, Papiere zu fälschen, »die lagen

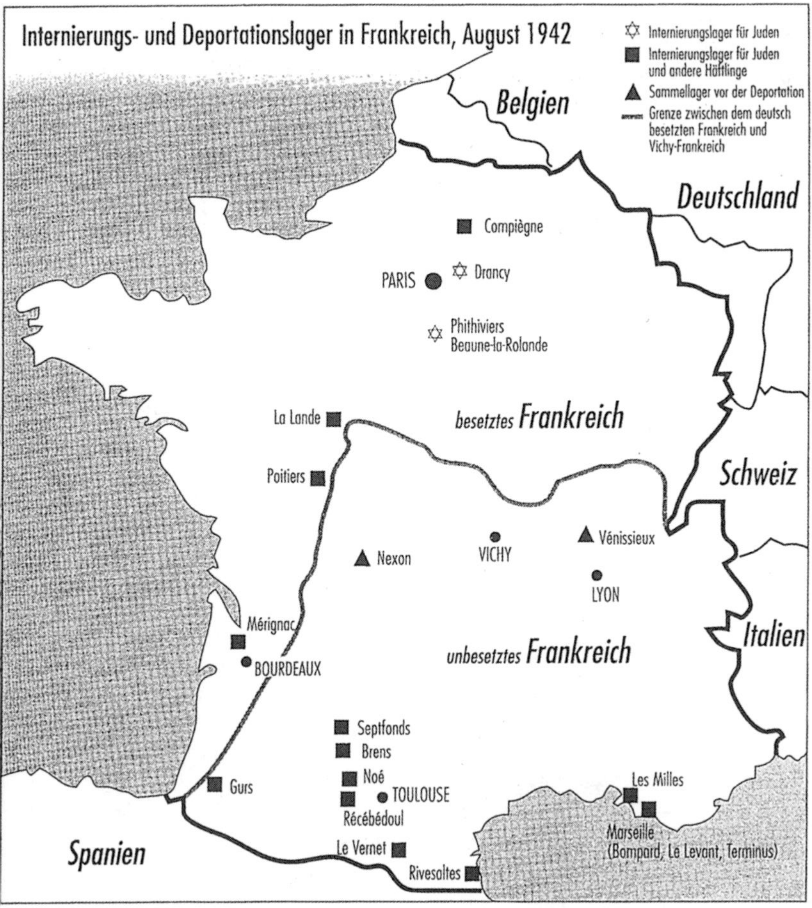

doch rum.« Welten zwischen euch. Trotzdem höre ich ihm weiter zu ... Heute richtet er – er wird um die Achtzig sein – immer noch Bankette und Dinners bei Staatsempfängen aus. Sein persönlicher Weg zur Völkerverständigung. Jenseits von Politik und dessen, was man Diplomatie nennt. Und auf die Weise hat er Gott und die Welt kennengelernt, nicht nur in Frankreich.

Am Nachmittag kaufen wir in einem der Delikatessengeschäfte ein, das zu seiner Kette gehört und – selbstverständlich, wir sind in Paris – auch noch am Sonntagabend geöffnet hat. Ein bißchen kränkt es ihn, daß ich nicht alles auf einmal probieren mag. »Haben Sie denn nie Hunger?« Abends kommt Julia, wir essen, das Fernsehen zeigt die ersten Ergebnisse der heutigen Regionalwahl, eine der Abgeordneten scheint eine Freundin von Monsieur R. zu sein. Und gegen elf ruft er seinen Freund, den Generalstaatsanwalt von Paris an und fragt: »Hast du morgen abend Zeit?« Bei ihm, zwei komische Frauen aus Deutschland, ein Kerl, ein Buch, viele Fragen. Er sagt zu.

Dritter Tag.

Emigration, Vertreibung, Exil. Thomas, Heinrich und Klaus Mann, Anna Seghers, Walter Benjamin ... Wir sind im *Deutschen Historischen Institut* – Reservat für Vergangenheit, hinter einem hohen Zaun, am Rand des *Marais,* des jüdischen Viertels von Paris – und klicken uns durch den Bestand. Ein Jude, 1937 weg aus Deutschland? Kann, für Historiker, nur in *deren* Umfeld zu finden sein. Dissertationen, Symposien, Workshops. Ein Netzwerk über Kontinente zu diesem Themenkreis. Man kennt sich, hat beieinander studiert, zitiert sich. Die Bibliographien in den Fachbüchern gleichen einander.

Was es alles gibt! Wir notieren Titel, ziehen Kopien aus Jahrbüchern und Zeitschriften. *Vichy, Résistance, Collaboration* – alles scheint eng miteinander verknüpft zu sein, schwer überschaubar, die Grenzen fließend. Wie und wo kann ich Mosaiksteine deines Lebens einfügen?

Tempo! Wir sind nur eine knappe Woche in Paris! Nur nicht festsitzen in diesem Lesesaal. Zurück ins Leben! Rue Chaligny.

Ihr Name, an einem der Briefkästen! Wieder einer dieser guten Momente, seitdem ich dir auf der Spur bin. Und so, wie sie dann plötzlich neben der dunkelrot lackierten

Gittertür des Fahrstuhls steht, wiegt sie sämtliche Fachbücher, Bibliographien und Fußnoten auf. France, dein Milieu! Schluß mit den Intellektuellen und Literaten.

Ihr Gesicht ist vertraut. Auf dem Hochzeitsphoto trägt sie einen weißen Hut, ein weißes Kostüm und einen kleinen Strauß. Alles, wie es sich gehört – vor allem, wenn für andere auf gar keinen Fall erkennbar sein darf, wo man sich kennengelernt hat – im *18ten.* »Etwas speziell«, wird sie uns verraten. Was diese junge Braut

den Bräutigam gekostet hat, kann man deutlich an dem blauen Schatten um Marcels rechtes Auge sehen. Ganz schön ins Zeug gelegt haben muß er sich, um sie hier rauszuhauen, seine Frau. Seine dritte.

Dein Sohn Antiquitätenhändler, France am Theater, hast du Anna und Osip aufgetischt, deren freundliches Angebot, dich zu ihrer Hochzeit zu fahren, jedoch abgelehnt. So tief wolltest du deine beiden Freunde dann doch nicht in den Familientopf gucken lassen.

France am Theater! Nun gut. Das ganze Leben Theater, Jakob! Deine Lügen haben immer ein Fünkchen Wahrheit an sich.

Jetzt gleich mit uns sprechen kann sie leider nicht, sie habe gerade Besuch. Unser Klingeln, oben an der Wohnungstür, habe sie nicht gehört. Der Concierge hatte ihr nach unserem Mißerfolg über Haustelefon Bescheid gesagt. Also morgen? »Oui, pas de problème«, am Ende der Straße links, in der kleinen Bar.

Zurück zur Metro *Gare de Lyon,* kurz ins Hotel und wieder los. Wieder in Richtung Eiffelturm.

Monsieur R. hat für uns alle gekocht, und die Hände des Generalstaatsanwalts sehen aus, als ob er auch kräftig zulangen könnte. In der Nähe von Straßburg renoviert er mit seiner Familie gerade ein altes Haus. »À la santé!« Er weiß, wo der Whisky in der Wohnung seines alten Freundes steht, schenkt ein, überfliegt dein Strafregister, ein paar Seiten aus dem Hamburger Urteil und deiner *Akte.* Atlantikwall, Freundschaft mit einem *gleich unter Hitler, Résistance, FFI.* »Wohl immer an vorderster Front, der Herr Birnbaum, Prout oder wie auch immer?« Der Generalstaatsanwalt lacht, überhaupt ein lustiger Abend. Schnell ist ihm klar, aus welchem Holz du geschnitzt warst. Auch hier fällt das schöne deutsche Wort *Hochstapler.* Außerdem *Felix Krull.* Was wären die Literatur, das Leben ohne solche wie dich? Und dennoch, irgend etwas an dir ist anders, irgend etwas stimmt nicht, Jakob – was?

Er gibt Tips, rät zu einem Brief an das *Ministère de la Justice,* schreibt seine Privatadresse und seine Mobilnummer auf. Jederzeit könne ich mich bei ihm melden. So in vier bis acht Wochen, denke ich, müßte ich mit allem durch sein …

Vielleicht, sagt Monsieur R. zum Abschied, sei ja auch er mal SA-Mann gewesen, so ganz genau wisse das wohl keiner mehr, wer oder was er damals gewesen sei. Wir lachen und gehen. Die letzte Metro ist weg, gerade wird das Gitter vor der Station *Bir Hakim* zugesperrt.

Vierter Tag.

Und wieder die Treppen hinunter – Fahrkarte durch den Schlitz, kleine Metalltür auf –, in die Stadt unter der Stadt, hinein in das rhythmische Stampfen Tausender Schritte, das Brodeln, über Treppen und Gänge. Immer den Schildern nach. Von irgendwoher immer Geigenmusik, Gitarrenklänge, Trommeln. Es ist warm hier unten. Im Sommer soll es unerträglich heiß sein. Die Züge zischen heran, ein langgezogener Ton, ehe die Türen zuschlagen und es in rasender Fahrt weitergeht. Auf dem Bahnsteig *Louvre* steht der König Salomo aus Gips in einer Wandvitrine. Die Metro, eine Unterwelt für sich – für dich. Ankommen, Abfahren, Drängeln, Rennen. Rucksäcke, Taschen, Brieftaschen. *Attention s'il vous plaît! Pickpockets* – Taschendiebe sind unterwegs. Hat Marcel das Handwerk von dir gelernt?

»Er hat allen Spaß gemacht«, wird France auf unsere Frage nach dem Beruf ihres Mannes sagen. Spaß? So einer wie *Arsène Lupin* sei er gewesen – und zum ersten Mal wird Julia passen. Der beliebte Seriendieb aus dem französischen Fernsehen – kein Stoff für deutsche Universitätsseminare.

Heute zunächst ins *CDJC, Archives du Centre de Documentation Juive Contemporaine.* Mit Gedenkstätte.

Auf dem Weg dorthin dies und das, Kaufhaus *Samaritaine*, wir können deinetwegen ja nicht an allem vorbeigehen. Koscheres Essen im jüdischen Viertel, die Synagoge von außen, überall schwarze Hüte, Bärte, Locken, kurzbeinige Gestalten, kleine, hastige Schritte. Wir folgen einem Lehrer mit seiner Kinderschar.

Die Fassade, eine Wand ohne Fenster, vergitterte Türen, ein großer Stern. Symbol, das ganze Gebäude, Mahnmal. Vor dem Nebeneingang eine Menschentraube, pünktlich um 14 Uhr wird die schmale Pforte aufgesperrt. Zwei Sicherheitsschleusen, es dauert, bis alle durchs »Nadelöhr« sind.

Dann fast drei Stunden lang Raunen. Ein monotoner, fast einschläfernder Singsang gedämpfter Stimmen, aus dem ich nur einen mir verständlichen Begriff isolieren kann. Wie ein Echo springt er durch den Raum, ist mal nah, an einem der Tische direkt neben uns, dann weiter weg, hinten bei den Regalen zu hören, dann plötzlich ganz vorn, an der Tür: »Auschwiiitz, Auschwiiitz«, mit dem im Französischen so lang gezogenen *i.* Alles, wonach hier gefragt wird, dreht sich letztlich darum.

Julia übersetzt, flüstert mir zu. Vorne, am Empfang wird gerade nach einem kleinen Mädchen gefragt, das, dann und dann ..., auf dem und dem Bahnhof, zum letzten Mal ... Eine Mitarbeiterin des Archivs zieht Karteikästen auf, schafft Listen und Kursbücher heran, schlägt nach. Nein, der Transport, den sie meine, sei nicht auf Gleis 6 und auch nicht um 13 Uhr, sondern Gleis 10 um 17.30 Uhr abgefahren. Die Nummer sei ... Es ist über fünfzig Jahre her, aber hier ist alles registriert. Hier ging keiner verloren. In sechs Truhen wird das *Buch der Toten,* in einem Marmorstern unten in der Krypta die Asche Tausender aus Auschwitz aufbewahrt.

Sicherheits-Dienst

Nachrichten-Uebermittlung

Aufgenommen Monat Jahr Zeit durch	Befördert Tag 3 Monat Jahr Zeit 2 SEPT 1943 an durch	Raum für Eingangsstempel
	Verzögerungsvermerk	
Nr. 59 585		

elegramm — Funkspruch — Fernschreiben — Fernspruch

IV B - BdS
Br./Ne.

Paris, den 2. September 1943

1. An das

Reichssicherheitshauptamt
z.Hdn. von SS-Obersturmbannführer Eichmann

B e r l i n .

2. An den Inspekteur
der Konzentrationslager

O r a n i e n b u r g .

3. An das
Konzentrationslager

A u s c h w i t z
z.Hdn. von SS-Obersturmbannführer Höss

Am 2.9.1943 um 10 Uhr hat Transportzug D A 901/49 den Abgangsbahnhof Paris-Bobigny in Richtung Auschwitz mit insgesamt 1000 Juden verlassen.

Die im Transport befindlichen Juden entsprechen den gegebenen Evakuierungsbedingungen.

Und wir? Was wollen wir wissen? Wenn wir das wüßten! Julia tastet sich vor. Ob unter *Jüdischer Résistance* oder *Kollaboration* wohl dein Name zu finden sei? Das eine schließe wohl das andere aus, sagt unsere Betreuerin. So einfach ist das, hörst du? Zunächst wählen wir *Résistance,* weil ehrenhafter für dich – und auch für uns. Ein Eintrag! Also doch. Man soll den Stab nicht übereilt brechen. Aber das, was sie uns dann bringt, kenne ich schon. Zur Genüge. *Meine Akte.* Auch hier, und hier auf französisch, von dir übersetzt, im Mai 1987 persönlich hinterlegt.

Legt man eine Spur, wenn man eigentlich keine hat oder wenn man eine andere verwischen will? Vorbeugende Maßnahme, für den Tag X, an dem vielleicht einer kommt und nach Jakob Birnbaum fragt. Oder nach Jacques Prout? Verfolgungswahn? Auch der scheint ja keine Besonderheit zu sein, wie der freundliche Herr in der Jüdischen Gemeinde in Hamburg sagt. Also?

Julia und ich geben nicht auf. »Und seine Familie?« fragen wir. Unsere Betreuerin findet deinen Vater, einen deiner Brüder, samt seinem kleinen Sohn. Die Nummern der Transporte, die Namenlisten, das Telegramm – ja, im Transport deines Vaters waren auch die Kinder aus dem *Heim von Izieu* – wichtiges Beweisstück im Prozeß gegen Klaus Barbie, alias Klaus Altmann, 1983 in Frankreich. Auch seine Biographie, eine des 20. Jahrhunderts. Die Verhältnisse, ich weiß. Wann mußte wer vor wem fliehen? Wann hat wer wen verfolgt oder umgebracht? Und warum solltest ausgerechnet du ein guter Mensch gewesen sein? Das wäre dein Tod gewesen.

Und *Gurs?* Die Liste der Deportierten mit deinem Familiennamen ist lang. Die Praktikanten legen die Füße hoch und kauen Kaugummi, während der Computer etliche Seiten ausspuckt. Hinter jedem Eintrag: Geburtsdatum, Ort, Tag der Verhaftung, Name des Lagers. *Gurs* ist nur einmal dabei, hinter einem weiblichen Vornamen.

Julia notiert, wo man noch weitere Auskünfte über das Lager in den Pyrenäen einholen kann. In Perpignan oder Pau. Aber auch auf der *fiche d'internité* Birnbaum, der ein paar Monate später aus Perpignan kommen wird, wird kein Jakob zu finden sein. Allerdings, wird man uns mitteilen, seien die Listen keineswegs vollständig, vieles sei verbrannt ...

Wir müssen fort, sonst verpassen wir France. Mit dem Taxi zur kleinen Bar. Gerade will sie gehen, ich laufe ihr nach, sie freut sich, kehrt mit mir um, lacht. Dann sitzen wir an einem fleckigen Tisch, ich breite die Photos von dir und Marcel vor ihr aus, und sie bestellt grünen Schnaps. »Mon cherie!«, immer wieder küßt sie ihren Mann und dich, »Mon cher Jacques!«, umklammert dein Bild. Wie sie dich geliebt hat, deine kleine Komplizin, sogar gespart für eine Reise nach Hamburg hatte sie. Und dann warst auch du tot, zwei Jahre nach ihrem Mann. Ihr beide so plötzlich, Marcel goldener Schuß. Wie traurig, das Leben! Sie weint, wischt sich die Tränen ab, bestellt neuen Schnaps, sieht uns aus weiten Pupillen an und fragt, ob ich das alles glaube, wovon du immer gesprochen hast. Julia übersetzt. »Oui«, sage ich. Wie käme ich dazu, deine Wirklichkeit anzuzweifeln, nur, weil meine anders ist? Gewonnen! Sie läuft in ihre Wohnung, holt, was du ihr hinterlassen hast. Geheime Papiere! *Meine Akte,* schon wieder, heute zum zweiten Mal, auch hier übersetzt. France' Fassung allerdings nur Auszüge. Denn was konnte ein Mädchen aus dem Pariser Rotlichtmilieu mit deinen *Enthüllungen* über die Funktionsweise der *Physio-Psycho-Apparate* anfangen. Letztlich. Sie habe alles gelesen, sagt sie. »Très intéressant!« Zweifellos!

Dritter Schnaps! Dennoch beobachtet sie mich beim Durchblättern genau. Auch vom Tresen und von den anderen Tischen her Wachsamkeit. Was wollen die hier, mit der? Wo das Familienbuch abgeblieben sein mag, weiß France beim besten Willen nicht, aber sie weiß, daß Marcel zunächst einen anderen Nachnamen trug. »Prout?« – »Könnte sein.« – »Oder eher Jones?«, Jacquelines Mädchenname. Der Blick schweift. Vielleicht auch das. Jedenfalls sei Marcel irgendwo auf dem Land aufgewachsen. »Sicher?« – »Ganz sicher.« Ihr beide habet euch erst spät kennengelernt, erst, als Marcel schon so gut wie erwachsen gewesen sei. Das Photo von dir mit ihm auf dem Arm, 1944, habe ich leider nicht dabei. Und eigentlich habet ihr nur Streit gehabt. »Streit, warum?« Sie schweigt. Jacqueline sei verrückt geworden und in einer Anstalt gestorben. Das jedenfalls scheint also – leider – wahr zu sein. Aber France hat sie nicht mehr kennengelernt.

Collette – vierter Schnaps! –, diese miese Sau, habe ihr nach Marcels Tod einen Anwalt auf den Hals gehetzt, und deren Sohn, dein Enkel, nur wissen wollen: »Wieviel?« Familien, Erbschaft, Streit – auch im Milieu. Kein Wunder, wenn ein Phantom von Siebenundsiebzigtausend in den Köpfen spukt. Von Marcels zweiter Frau hat sie schon lange nichts mehr gehört.

France schreibt uns ihre Telefonnummer auf, ihren Mädchennamen dazu, den sie nie aufgegeben hat, und später versuchen Julia und ich zu entziffern, was die zitternde, von entzündeten Einstichstellen verunstaltete Hand gekrakelt hat. Hatte sie nicht gesagt, ihr Vater sei Araber – und die Hochzeit ... irgendwo in Südfrankreich ...? Allmählich drehen sich auch in Julias Kopf die Geschichten.

Fünfter Tag.

Cafe X am Boulevard Y im 6. Bezirk. Hier haben sie alle gesessen, die Dichter aus Deutschland, die Emigranten, so lange in Frankreich sicher, bis ein greiser *Maréchal* samt

seinem Premier mit denen Frieden schloß, derentwegen sie aus Deutschland geflohen waren. Und dann gaben die französischen Kollegen ihr Votum, auch sie in KZs zu sperren. In französische. Doppelverfolgung, nennen die Geschichtsbücher das. Seit dem 14. Juni 1940 wehten die Hakenkreuzfahnen auch auf dem *Hôtel de Ville* in Paris, marschierten die blanken Stiefel auch durch die Stadt an der Seine, grüßte – auch hier – der ausgestreckte rechte

Arm. Wieder Flucht – nach Süden, in die *Freie Zone.* Die Züge überfüllt, Tausende auf den staubigen Landstraßen. Nur langsam kamen sie voran. Und als die *Boches* im November 42 auch dort einfielen, ging die Flucht weiter, via Casablanca und Lissabon nach Amerika. Wenn man *die Mittel* besaß... Flucht wie Deportationen, was für Wege, was für eine absurde Völkerwanderung, und welch zufällig zusammengewürfeltes Völkergemisch auf den Straßen, in den Orten, Lagern, Zügen. Intellektuelle, Politische, Kriminelle, Zigeuner, Juden und Christen. Hilfe und Verrat. Amerikanische Agenten retteten die Prominenz. An einem wie Lazarus Birnbaum, deinem Vater, hatte in der freien Welt niemand Interesse. Nizza, seine letzte Station – vor Auschwitz.

Und deine Brüder? Hat wenigstens einer von ihnen den Sprung über den großen Teich geschafft? Vielleicht nach Chicago? *Das geschah in der Nacht nach meiner Rückkehr aus Chicago,* habe ich im Kommentar zu einem deiner späten Träume gelesen. In dem war von Selbstmord die Rede, und davon, daß keiner der mit dir um einen großen Tisch Sitzenden deine Argumente dagegen hatte anhören wollen. *Und ich dachte bei mir, ach, die sind ja gar nicht intelligent genug – Intellektuelle und wirkliche Professoren würden mich verstehen.*

Vor mir am runden Cafétischchen sitzt eine – Buchhändlerin und Erbin der legendären deutschen Buchhandlung *Calligramme* in Paris –, die den langen Marsch in den Süden als kleines Kind mitgemacht hat. Als Säugling, getragen im Korb, von ihrer – deutschen – Mutter. Bis in ein Schweizer Lager. Auch die Eidgenossen haben deutsche Juden interniert. Ihre Adresse habe ich von der Bibliothekarin bekommen.

Wieder ein anderer Ausschnitt Vergangenheit, ein anderes Stück Welt – und wiederum nicht deine, Jakob, wenngleich schon ziemlich nah an deiner. Paris, vor, während und gleich nach dem Krieg. Aber je länger ich dieser temperamentvollen kleinen Frau zuhöre, um so deutlicher wird: Kein Mosaikstein deines langen Lebens zwischen Metz und Hamburg-Altona paßt zu dem, was sie erzählt, was sie, ihre Mutter und ihre beiden ebenfalls deutsch-jüdischen Väter erlebt haben. Kein einziger.

Dich hatte man 1940 in Paris zu fünf Jahren Gefängnis verurteilt, *Diebstahl* und *Diebstahl im Rückfall* – dieselbe Leier wie in Berlin –, *Rückfall* begangen im Frühjahr 39 am Zürichsee. Aber dann? Wer hat dir die Gitter von *La Santé* oder *Fresnes* vorzeitig aufgemacht, Jakob Birnbaum in die Wüste oder nach *Gurs* geschickt und Jacques Prout Papiere und Geld für seine Beteiligung an der Baufirma *La Construction Nouvelle* in Boulogne verschafft? *Ich habe sie alle gekannt, gleich unter Hitler.* 1947 Verurteilung wegen *Kollaboration.*

Zum Stichwort *Kollaboration* nennt mir die Buchhändlerin Willy G., einen alten Kommunisten und ewigen Kämpfer, nach dem Krieg viele Jahre *Bouquinist.* Sie werde sich erkundigen, ob er noch lebe – bei euch Zeitzeugen könne man ja nie wissen. Ihn habe damals einer *hochgehen* lassen. Niemand wisse so genau, warum. Überhaupt, ein Querkopf. Aber beeindruckend – und eben noch aus *der* Zeit.

Hochgehen lassen. Im August 44, zwei Monate nach Landung der Alliierten war das Chaos ausgebrochen. Werwannwas. Auf einmal wollte jeder in der *Résistance* gewesen sein. Und dabei hatten doch so viele irgendwie für die Deutschen ... Der Schlachter, der Bäcker, der Friseur. Vor allem die Schneider! Aber auch die, die überlebt hatten, waren eher unbeliebt – Kommunisten wie Juden. Man hatte sich eingerichtet – ohne sie. Auch in ihren Wohnungen. Darüber spricht keiner gern. Es ist lange her, und die Sündenböcke sind alle gehängt. In Nürnberg. Die Deutschen. Warum also in Frankreich noch darüber reden? Die Volksmassen, die Hitlers Armee beim Einmarsch in Paris jubelnd empfingen, müssen andere gewesen sein, als die, die am 25. August 44 Charles de Gaulle willkommen hießen.

Außerdem nennt mir die Buchhändlerin etliche Titel, die ich unbedingt lesen soll. Das kann Jahre dauern, Jakob! Ein Dickicht, du und dein 20. Jahrhundert.

Dann kommt Julia, wir verabschieden uns und ziehen los. *Jardin du Luxembourg* – auch hier sind nur die vielen anderen gewesen. Nicht du. Wo warst du?

Sechster Tag.

Wir wohnen jetzt an der *Gare de l'Est.* Ich blicke aus meinem Hotelfenster hinunter auf den Bahnhofsplatz.

Gegen vier Uhr morgens kommen die ersten, die letzten gehen. Einige schlafen auf den Bänken der Busstation. Hier kam und kommt man immer noch an, von Westen. Damals die Flüchtlinge, heute die Touristen. Und gleich nach *Montmartre!* Wer die richtigen Papiere besitzt, ist ein Mensch, ist frei, kann hingehen, wohin er will. Heute auch an einen der vielen Geldautomaten, die rund um den großen Platz stehen. Und damals? Man könnte die *Concierges* der guten und weniger guten Häuser befragen.

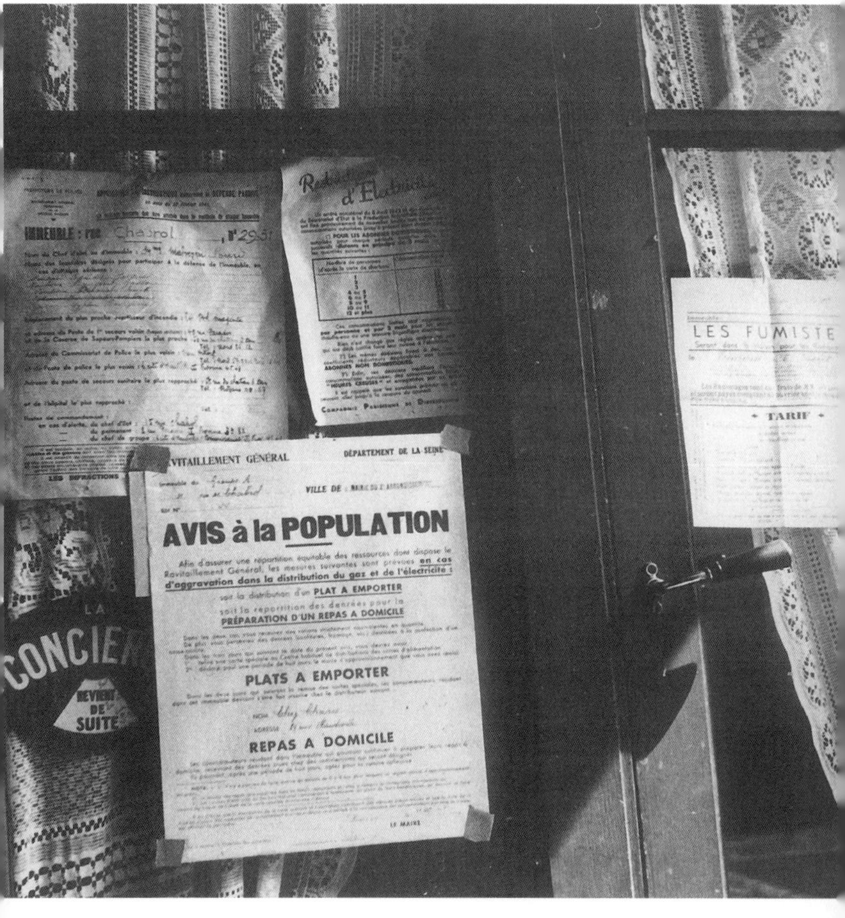

Was die zu erzählen wüßten! Wer hier damals wen versteckt oder sicherheitshalber gleich an die *Gestapo* verpfiffen hat. An die französische. Schon eine *Nichtmeldung* war illegal! *Résistance* oder *Kollaboration* – ein Riß, auch durchs Milieu.

Heute vormittag sortieren wir erst einmal. Gedanken, Notizen. Wer hat uns was gesagt? Und deine Baufirma in Boulogne, *La Construction Nouvelle* und der Atlantikwall? Wie kommen wir da weiter? Ich telefoniere mit einer Historikerin, Spezialgebiet *Vichy-Zeit.* Auch sie ein Tip der Bibliothekarin. »Kollaboration? Dann müssen Sie die Ankläger finden«, sagt sie – ein Treffen verabreden möchte sie nicht –, und Deportationen von Paris nach *Gurs* habe es erst ab 1942 gegeben. *Gurs* wird immer unwahrscheinlicher, Jakob.

Irgendwie können Ihre Zeitangaben nicht stimmen, werde ich in dem letzten Brief deines Hamburger Rechtsanwalts an dich lesen, der dich in dem langwierigen Entschädigungsverfahren betreut und noch in den Neunzigern bei der *Hamburger Stiftung Hilfe für NS-Verfolgte* um Beihilfen für dich ersucht hat. Im August werde ich ihn kennenlernen.

Die Ankläger finden! Ein neuer Refrain in meinen Ohren – zu *Auschwiitz* und zu deinen Toten. Die Ankläger. Wie, wo, in einer Millionenstadt, die sämtliche Akten aus der *Vichy-Zeit* als geheime Staatssachen unter Verschluß hält? In einem Land, das schon 1946/47 Dokumente, die eine *politisch rassistische Diskriminierung* widerspiegeln, auf Anordnung des damaligen Innenministers vernichtet und sämtliche Archive in den Haupt-Internierungslagern gleich nach deren Auflösung verbrannt hat? Wer sich in den Schmutzecken der *Grande Nation* umsehen will, macht sich nicht beliebt – vor allem dann nicht, wenn er aus Deutschland kommt. Das alles werde ich noch erfahren, Leute kennenlernen, deren Paris-

Stipendien für Gelassenheitsübungen im *Nationalarchiv* draufgegangen sind. *Z6* ist die heiße Signatur, hinter der unendlich viele her sind.

Die Buchhändlerin ruft an. Willy G. lebe noch und sei bereit, uns zu empfangen, habe allerdings gleich wissen wollen, ob ich auch in der Partei sei. Darüber sei nicht gesprochen worden, habe sie erklärt.

Die Wohnung hart an der Mauer von *La Santé.* 13. Bezirk. War auch mal eine deiner Pariser Adressen, später auch von Marcel. Von hier aus hat er dir einen Brief in den Basler *Lohnhof* geschrieben.

Im Oktober werde ich das Gelände noch einmal von der anderen Seite aus sehen, von oben. Von Samuel Becketts ehemaliger Wohnung am Boulevard Saint Jacques aus. Er soll oft die Gefangenen mit ihren kleinen Spiegeln an den Zellenfenstern beobachtet, ihre Morsezeichen dechiffriert haben.

Ein gebeugter dürrer Greis öffnet die Tür. Er trägt einen roten Pullover und sagt: »Man kann die Partei verlassen, aber man darf niemals zum Feind überlaufen.« Er kämpfe immer noch, jeden Tag. Für Gerechtigkeit, für das Gute in der Welt – und für seine Ehre. Von seinem kleinen Schreibtisch aus. Das halte ihn am Leben. Genau wie du – mit einer Schreibmaschine gegen die Übermächtigen! Willy G.s Feinde allerdings sind eindeutig andere – wie auch seine Toten. Selbstverständlich, sagt er, habe er geklaut, sonst hätte er nicht überlebt – und andere umgebracht, Faschisten. Er haßt die Schönredner, die intellektuellen Wirrköpfe. »Goethe? Alles Scheiße!« Erst mal müsse man Mensch werden, und dafür brauche man Jahrzehnte.

Bereits 1934 ist er aus Deutschland emigriert, Verhaftung in Paris, Gestapogefängnis, deutsches KZ. An einem frühen Morgen im März 43 ist er – auf dem Weg zur Erschießung – im Ratinger Wald vom Lastwagen gesprungen, entkommen und am nächsten frühen Morgen – versteckt unter der Plane eines Gemüsetransports – auf dem Pariser Markt aufgewacht. Er hat in der Sedan-Armee gedient, wurde degradiert, denunziert – wegen einer *Ungerechtigkeit* –, ein Selbstmordversuch, Typhus, drei Ehen. Überleben – sein Leben. Außerdem schreibt er Gedichte. Und Briefe. An seine toten Söhne. Alle fünf haben sich umgebracht.

Er kocht Tee, wir sitzen am Küchentisch, den Kuchen, den wir mitgebracht haben, rührt keiner an. Dieses kleine Zimmer im dritten Stock nahe *La Santé* ist kein Ort, an dem man gemütlich plaudern und Kuchen essen kann. Er flucht, er lacht – ein langer Monolog. Er spricht immer noch Deutsch, obwohl er die Deutschen haßt, und leidet, weil er niemals von diesem Deutschland loskommt. Er, ein vor fast neunzig Jahren in Basel geborener *Bastard,* wie er sagt. Ein *Rotzjunge.* Ein Pfarrer in Schwaben habe sich seiner angenommen, später die Partei.

Immer im Zickzack zwischen Daten, Ereignissen, Orten, Genossen. Keine Versammlung habe er ausgelassen, und als Gysi nach der Wende in Paris auftrat, habe er ihm kräftig die Meinung gesagt. »Arschloch!« Weswegen ihn damals einer verpfiffen, was eigentlich es mit der erwähnten *Ungerechtigkeit* auf sich hat, fragen wir lieber nicht.

Dein Gesicht sagt ihm nichts. Die Photos, bedrucktes Papier. Du bist weder ein Genosse gewesen, noch hast du Bücher an der Seine gekauft. Dein Leben war anders, Jakob. Vielleicht bist du sogar erst Ende der Siebziger nach Paris zurückgekehrt, als deine Suche nach Marcel über den *Suchdienst des Roten Kreuzes* erfolgreich und das Gespenst Jacques Prout vergessen war.

Im Sommer wird mir Willy G. seine sämtlichen Manuskripte schicken.

Siebter Tag:

Vormittags über *Montmartre,* von *Sacré-Cœur* bis *St. Trinité.* Der Bildermarkt, die kleinen Staffeleien. Hier wirst du mit *Schätzchen Olga* herumgeschlendert sein. Auf einer Bank an der *Place d'Orves* sehe ich einen der Diebe wieder, die an den Verkaufsständen in der *Gare de l'Est* Obst klauen. Er versucht, eine der Damen neben sich ins Gespräch zu ziehen. Vielleicht läßt sie sich darauf ein und für Sekunden ihre Tasche aus dem Blick …? Bist du ähnlich vorgegangen?

Nachmittags Suresnes, westlicher Stadtrand. Claire Marinis Ort, der *Mont-Valérien.* Noch heute militärisches Hochsicherheitsgebiet. Der amerikanische Soldatenfriedhof, eine Armee kleiner weißer Kreuze auf grünem Rasen. Das Auge schweift.

Auf dem *Mont-Valérien* wurden gebraucht: Sand, Kalk, Pfähle, Stricke. Und Cognac. Vierzig, manchmal neunzig

Exekutionen pro Tag. Wer hätte das aushalten können – ohne Cognac? Material wie Geiseln auf Wagen herangeschafft, die Gefangenen meist in den frühen Morgenstunden, aus den umliegenden Gefängnissen. Und Särge, für den Transport der Leichen ins Krematorium. Ihre Asche wurde verstreut. Keine Heldengräber! hieß die Devise.

Ich stelle mir vor: Rechnungen, Stempel. Bezahlt! Das Fort *Mont-Valérien,* Dorado französischer Transport- oder Baufirmen. Ich werde Anweisungen zur Rationalisierung der Abläufe lesen, die *Angehörigen des Erschießungskommandos* sollten zwischendurch nicht tatenlos herumstehen. Und Anweisungen, die Lastwagen und Busse bei Geiseltransporten besser zu verhängen, ferner die Särge sorgfältiger zu zimmern, damit keine Blutspuren auf den Straßen …

Wer hat von all dem hier gewußt, es mitgemacht – oder geduldet? *Kollaborateure?* Arme Juden, denen das Wasser bis zum Hals … die selber, verhaftet und ausgeliefert, in einen dieser Lastwagen gepfercht worden wären, wenn sie nicht …

Jacques Prout besaß eine Baufirma in Boulogne, im Nachbarort, und einen LKW – wie aus deinen Geschäftspapieren hervorgeht. Auch nicht gerade selbstverständlich in der Zeit. Benzingutscheine zu besitzen war eigentlich schon eine Art Beweis für Kollaboration.

Es war mir, sehr geehrter Herr Präsident, werde ich in deiner Basler Akte lesen, *als hätten Sie meine Identität unter dem Namen Prout damals angezweifelt. Deshalb sende ich Ihnen beiliegende Anlage zur gefälligen Kenntnisnahme. Während des Krieges war die Benutzung von Benzin betriebenen Fahrzeugen verboten und nur mit einer Spezialgenehmigung der Prefecture erlaubt. In der Anlage, deren Kopie mit meiner Unterschrift Prout, woran Sie ersehen mögen, daß ich Bauunternehmer war und nicht, wie behauptet wird, im Gefängnis.*

Julia und ich irren durch einen von einer Prachtstraße zum *Mont-Valérien* zerstörten Ort, finden Jacques Prouts Adresse, *Boulevard Washington,* auf seinem *Certificat de Domicile 1943* nicht. Weder weiß ich, wer die Kindbraut auf dem Photo vom Mai 1942 ist, noch etwas über Marinis Hotel – nichts von *Monsieur Je suis seul ce soir.* Aber immerhin die Kirche *Notre-Dame de la Paix* steht noch, die Photos ihrer Erstkommunikanten mit Jesus und Goldrand hat drucken lassen. Leider hat der Pfarrer gerade keine Zeit, und auch auf meinen Brief, den ich ihm schreiben werde, wird er nicht antworten. Was soll denn auch der Unsinn, nach mehr als fünfzig Jahren nach Leuten zu fragen, die noch nicht mal Franzosen waren.

Am nächsten Morgen ein Frühstück mit der Bibliothekerin bei Sonne, im Freien. Zwischenbilanz. Dann fliegen wir zurück. Es reicht, Jakob! So viele Geschichten, so viele Tote – und Überlebende. Deren Kinder sich umgebracht haben. Ellart und Marcel, die fünf Söhne von Willy G. und die Tochter von Monsieur R. auch. Sie hat sich aus dem Fenster der Wohnung ihres Vaters gestürzt. Wer hat hier was nicht mehr ausgehalten? Sie alle haben doch viel mehr Chancen gehabt, als ihr – als du. Als eure Generation.

Zurück in Hamburg.

Ordnen, nachlesen, Briefe. An Archive und Ministerien, den Pfarrer und andere Leute. Julia übersetzt, Julia ist schnell. Ich besuche Anna und Osip, gebe Bericht. »Jakob war ein lieber Mensch, wollte es sich mit niemandem verderben«, sagt Anna. Die Familie sei dir sehr wichtig gewesen, Marcels Tod eine Katastrophe. Vielleicht deshalb deine Bemühungen um France? Anna setzt auf deine liebenswerte Seite.

Mond im Wassermann, zehntes Haus, einer der gefallen möchte, sagt die Astrologin. Sie hat sich deine Sterne zur

Geburtsstunde – in der Metzer Urkunde – angesehen. Ich lasse nichts aus! Ziemlich widersprüchlich, die ganze Konstellation, sagt sie. Großes Potential in zwei Richtungen. Es brauchte schon eine starke Persönlichkeit, um das auszuhalten. Empfindsam, sensibel, aber auch äußerst rebellisch, möglicherweise brutal. Außerdem der Wille, ein Retter der Welt zu sein. Überhaupt Krebs, ein hierarchisches Zeichen. »Das ganze Leben also schon bestimmt, von der Geburtsstunde an?« frage ich. Alles hänge davon ab, was der einzelne daraus mache, sagt sie.

Ich sagte mir, die Umstände treiben dich voran, ohne daß es dir möglich sein wird, ihnen auszuweichen oder sie zu umgehen. Als sich die Zellentür hinter meinem Rücken schloß, stiegen die Bilder vor meinem geistigen Auge noch einmal auf, und ich tat das Geträumte kommentieren. Was soll ich mich quälen, das war in meinem Schicksal vorgesehen, hast du an einen der Basler Träume angefügt, die *Erleuchtungen* waren.

Allgemein die Tendenz, *sich von der Wirklichkeit abzuwenden, in Traumwelten zu flüchten* – auch das typisch Krebs. Dazu dein ausgeprägtes Interesse an *Enthüllungen.* Vornehmlich über Spione, Geheimagenten und *Nazi-Schweine.* Alles, was du zu diesen Themen nur auftreiben konntest, hast du dir ins Hirn gezogen. Pures Gift, für einen wie dich. Ausgerechnet in die Zeit deiner Sicherheitsverwahrung in der Psychiatrie, Hamburg-*Ochsenzoll,* platzte die *Stern*-Serie über die Verhaftung Adolf Eichmanns in Argentinien, sein Kidnapping, seinen Prozeß in Jerusalem. Fasziniert hast du dieses *Weltmonster* von weitem begafft, voller Abscheu, aber auch Neid ob der ihm von der gesamten Weltöffentlichkeit entgegengebrachten Aufmerksamkeit. Sein Auftreten, seine Diktion nachgeäfft. *Eichmann, dem Wichtigtuerei und Angeben offenbar früh zur lieben Gewohnheit geworden waren,* wie Hannah Arendt schrieb. Nachgeäfft bis in seine endlosen Wiederholungen.

Voll Begeisterung über diese einmalige Gelegenheit, alles, was ich weiß, von mir zu geben, hatte sich Otto Adolf Eichmann fünfunddreißig Tage lang *in Hochstimmung* von Avner Less verhören lassen, und außerdem seiner *Lieblingsbeschäftigung, dem Memoirenschreiben* gefrönt: *Schwerlich hätten meine Eltern sich gefreut, als ich am 19. März 1906 um fünf Uhr morgens* – in Solingen – *in das irdische Leben als Erscheinungsform Mensch eintrat, (...) hätten sie damals die Kummer- und Leidfäden jener Unglücksnorne sehen können, die sie, der Glücksnorne wohl zum Trotz, in mein Leben wob.* Auch bei ihm alles sehr schicksalhaft-bedeutend, er ein *Geheimnisträger* wie du. Auch er einer, der – allein für die große

Schlußpose im Blitzlichtgewitter – der geifernden Öffentlichkeit seine Abgründe genüßlich zum Fraß vor die Füße warf?

Dir hat man das leider versagt, dich – samt deinem *Geheimwissen* und deinen *Toten* – in die Psychiatrie gesteckt. Weggesperrt. Selbst dem Polizeihauptmann Avner Less schien deine, ihm von dir zugeschickte *Akte* offenkundig nicht weiter bemerkenswert. Er hat keinerlei Korrespondenz mit dir geführt, aber auch nichts zurückgeschickt. Auf die Weise steht *Meine Akte* jetzt im Zürcher *Archiv für Zeitgeschichte*, in Avner Less' Nachlaß – zusammen mit Unterlagen von Rudolf Mengele, Elie Wiesel ... Immerhin!

Eichmann wurde von einem der vielen Psychiater, die man zur Erforschung seiner *Erscheinungsform* berufen hatte, attestiert, *normal* zu sein. *Jedenfalls normaler, als ich es bin, nachdem ich ihn untersucht habe,* wie dieser festhielt. Am 31. Mai 1962 hat man Adolf Eichmann in Jerusalem gehängt.

Und du? Was war mit dir? Der Gefängnisarzt in *Santa Fu* hielt selbst deine angebliche Geisteskrankheit für Simulation. Dieser widerliche Kerl, der dir diese *metallischen Substanzen* injizierte, mittels deren du ... aber das hatten wir schon.

Ihr Vater sei schon seit vielen Jahren tot, sagt mir seine Tochter am Telefon. Gerade vor ein paar Monaten habe ihre Mutter seine sämtlichen Unterlagen aus dem Keller geräumt. Äußerst intensiv habe er sich mit seinen Patienten und deren Schicksal auseinandergesetzt und sei wegen seiner ablehnenden Haltung den Nazis gegenüber während des Krieges nicht *ein* Mal befördert worden. Hörst du? Wer sich deiner angeblichen Leiden nicht in der von dir gewünschten Weise annahm, muß deswegen noch lange kein *Nazi-Schwein* sein – vorausgesetzt, es stimmt, was die Tochter sagt.

So viele Fäden, *Kummer und Leid.* Neunzig Jahre! Wege und Umwege. In welchem Verhältnis zueinander stehen persönliche Biographie und Zeitgeschehen – lebt man oder wird man gelebt?

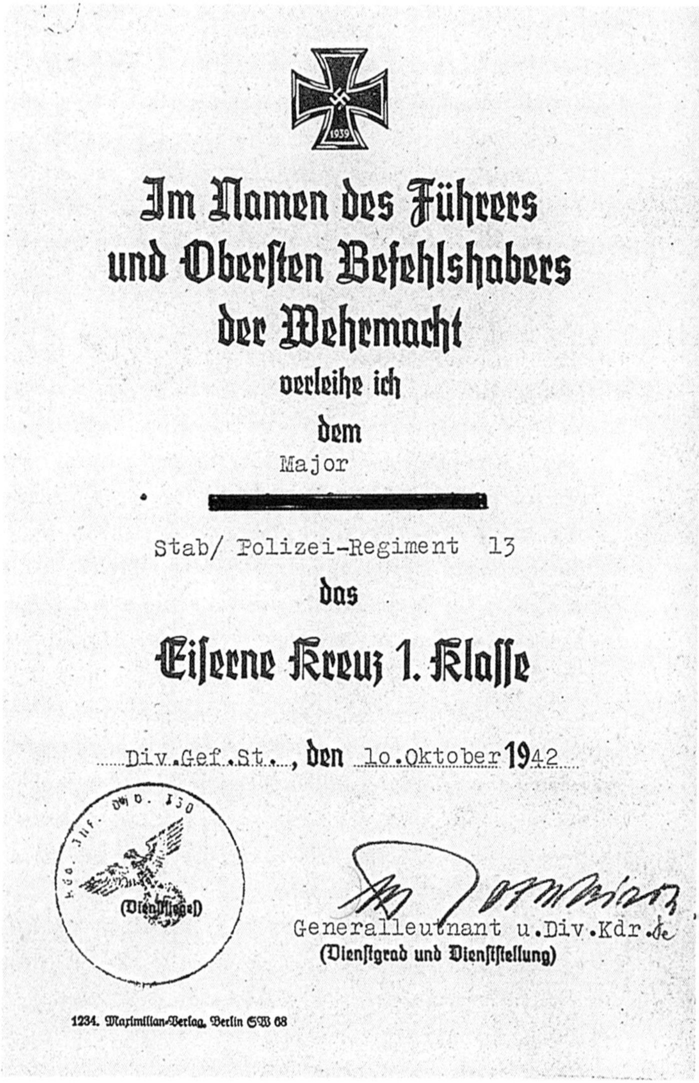
1939

Im Namen des Führers
und Obersten Befehlshabers
der Wehrmacht
verleihe ich
dem
Major
[redacted]
Stab/ Polizei-Regiment 13
das
Eiserne Kreuz 1. Klasse

Div.Gef.St., den 10.Oktober 1942

(Dienstsiegel)

Generalleutnant u.Div.Kdr.
(Dienstgrad und Dienststellung)

1234. Maximilian-Verlag, Berlin SW 68

APRIL

Streifzüge zweiter Teil: Hamburger Adressen. Von dir insgesamt acht. Die erste Ende der zwanziger Jahre, Hannes Zeit, Anfang der Fünfziger gleich drei-, nach 57 insgesamt viermal umgezogen. Zum letzten Mal, Mitte der Siebziger, in die Genossenschaftswohnung Altona. Zwei Adressen von Hanne, eine für ledig, Berliner Tor, die zweite galt bereits für Heinrich Schlossers Frau, Rotherbaum. Und dein Sohn Ellart? Nein, er hat ihn nicht adoptiert, den kleinen Halbjuden, Hannes wackerer *Hauptmann der Schutzpolizei* aus Sachsen, zwanzig Zentimeter größer als du und überhaupt aus völlig anderem Holz geschnitzt. Gleich am 1. Januar 1933 in die NSDAP, sozusagen ein Mann der ersten Stunde. Aber eine ledige Schneiderin konnte nicht wählerisch sein, und Heinrich Schlosser war, was man eine Bombenpartie nennt. Posthum allemal. Oberstleutnantwitwenrente, bis zu ihrem letzten Tag. Gezahlt bereits ab 1953, als endlich aktenkundig war, daß *die Iwans* ihren vom Führer dekorierten Heinrich im Sommer 46 *irgendwo auf dem Territorium der SU* umgelegt hatten. Die Urkunde der Medaille für die *Winterschlacht 1941/42* und für das *Eiserne Kreuz Erster Klasse* hat ihre Nichte in Berlin aufbewahrt. »Der Heinrich war doch kein Nazi!« Ohne Zweifel. Im nachhinein also doch eindeutig Hannes Glück, daß du dich wahrscheinlich schon vor Ellarts Geburt im Dezember 28 von Hamburg nach Berlin abgesetzt hast. Bei dir wäre sie niemals so blendend versorgt gewesen.

Später werde ich noch etlichen Freundinnen von dir nachspüren. In Hamburg und anderswo. Gutbürgerlichen Witwen, leichten Damen. Mit deren Nachbarn oder Steuerberatern telefonieren. Und mit einem Missionar.

Zunächst jedoch deine Hamburger Adressen! Wie ich gerade Lust habe, unchronologisch. So viel wie in den letzten Wochen bin ich auch hier, in Hamburg, schon lange nicht mehr herumgekommen. Und wenn man viele Stunden allein im Auto zubringt, werden Erinnerungen wach, eigene. Auch ich habe schließlich eine Vergangenheit in dieser Stadt. Stell dir vor! Wir haben uns vielleicht einmal gesehen, ohne zu wissen, wen wir sahen. Vielleicht unten an den Landungsbrücken – gleich bin ich da. 1951 hatte Jakob Grau hier ein Zimmer, bei Ehepaar C. Direkt neben der Schwedischen Kirche. Dort habe ich als Kind eine Zeitlang Schwedischunterricht gehabt, und das *Lucia*-Fest, am 13. Dezember, gehörte zum Familienritual. Rührend! Da ziehen Mädchen mit Kränzen und Kerzen im Haar in die Kirche ein, es gibt Julklapp und Kekse. Warst du auch mal dabei? In der Pubertät waren dann eher St. Pauli, der Fischmarkt und die Jugendherberge *Stintfang* dran, alles gleich um die Ecke – aber zu der Zeit gab es Jakob Grau schon lange nicht mehr, und Jakob Birnbaum war nach *Santa Fu* und von dort weiter nach *Ochsenzoll* verzogen. Vom Ehepaar C. ins Zuchthaus, von dort in die Psychiatrie.

Für einen Neubeginn in Hamburg nach dem Krieg war die Gegend um die Landungsbrücken ja geradezu ideal! Raus aus der Haustür, einmal unter der U-Bahn-Brücke durch, freier Blick auf den Hafen, die großen Schiffe. Weite! Nach all den Jahren in *Fresnes* und den anschlie-

21

ßenden, eigentlich unnötigen, fünf Monaten in der sicher engen Schaffhauser Zelle. Einmal die Straße hoch – und auf der Reeperbahn!

Wer nach Hamburg zieht, sollte an der Elbe wohnen oder an der Alster. Wie sonst eigentlich sollte diese Stadt mit ihrem mörderischen Klima auszuhalten sein? Jakob Grau hatte das richtige Gespür. Landungsbrücken/Elbe bei Ehepaar C., Uhlenhorst/Alster bei Witwe Else Schramm. Dort mit Gewerbe. Hinzu kam noch ein Zimmer in Horn, bei der *vielfach abwesenden* Familie M., wie der Richter am *Hamburger Landgericht* Ende 53 festhielt. Also auf ziemlich großem Fuß gelebt, der schmucke Herr Grau, von dem keiner so recht etwas wußte, was, außer: *Gewerbe A VI, Diebstahl, Urkundenfälschung, Falschaussage* … und Frauen. Die Horner Wohnung vielleicht ein stilles Plätzchen für schöne Stunden – während *vielfacher Abwesenheit* – mit dieser und jener. Inger K., via Kopenhagen, und Witwe Schramm auf der Uhlenhorst, werden nicht deine einzigen Frauen in der Zeit gewesen sein.

Es ist schon spät, nach einer Lesung in der Evangelischen Akademie habe ich den Heimweg via Landungsbrücken gewählt. Deine Straße: Kneipen, Tabakläden, Waschsalon und etliche Friseure. Dazwischen ein dunkles Haus. Die übliche Vorgehensweise: Die Namen neben den Klingeln notieren und ein bißchen herumgucken. Gegenüber *Bei Susi* – »Na, junge Frau?« – sind alle längst über den Berg. Musikbox, Daddelautomat. Muß das Leben schön sein! Nee, hier wisse keiner mehr was vom andern, höre ich, Nachbarschaft gebe es schon lange nicht mehr. »Zu viele Ausländer.« Schnell wieder raus, die Elbchaussee entlang, vorbei an der Straße, in der damals meine Geigenlehrerin …, der Ecke, wo vor vierzig Jahren mal ein kleiner Reitstall … Kinderzeit. Ja, ich habe es gut gehabt, Jakob. Meine Mutter hatte sich nach dem Krieg gewünscht, daß wenigstens eins ihrer fünf Kinder mal friedlich, mit nackten Füßen, auf einem Rasen … So ein Kind bin ich dann wohl gewesen – alles ganz friedlich. Ungerecht, die Welt.

Vormittags war ich – schon zum dritten Mal – in einem anderen Haus. Die erste deiner vier Adressen nach 1957. Uni-Gegend. Viele Treppen, drei Ausgänge, endlose Kellerflure, aber auch dieses Mal keinen Hausmeister aufgetrieben – und im Kiosk gegenüber endlich erfahren, daß das Haus, nach dem ich eigentlich suchte, ein jüdisches Stift gewesen und bereits Mitte der Achtziger abgerissen worden sei. Tabak- und Zeitungsläden, die wahren Stadtteilarchive!

Aber immerhin: Heute zwei Adressen endgültig abgehakt. Ich bin müde, Jakob. Hundemüde. Und die Lesung? Überhaupt, Literaturbetrieb? Was eigentlich ist absurder: auf einem unbequemen Stuhl zu sitzen und zuzuhören, wie eine bedeutende Kollegin älteren Damen lange Passagen über kopulierende Riesenschildkröten vorliest, oder einem unbekannten Toten nachzugehen, in fremden Häusern herumzustehen, Namen von Klingelschildern abzuschreiben? Müßig, die Frage, es gibt kein Zurück. Schon über ein Vierteljahr – wir haben uns verstrickt.

Wußtest du, daß es ein *Amt für zentrale Meldeangelegenheiten* gibt? Klingt gut Deutsch, ist aber praktisch. Denn dort kann man erfahren, wer wann in dieser Stadt gewohnt hat und wohin er verzogen ist. Seit 1946. Und welcher Jahrgang der oder diejenige war. Aber es dauert! Beziehungsweise, es hängt davon ab, wer meine Anfrage entgegennimmt. Von Frau A. bekomme ich die Antwort noch am selben Tag, per Fax, kostenlos. Von Frau B. nach etwa zwei Wochen, per Nachnahme.

Ehepaar C., längst verstorben. Familie M., auch tot, Witwe Else Schramm? Jahrgang 1902. Mit ihr kann also auch nicht mehr gerechnet werden. Übrigens schmucke Villa, sonst gar nicht dein Stil – mit Telefonanschluß. Für Gewerbe *A VI* zu deiner Verfügung.

Außer diesem Amt: *Hamburger Adreßbücher.* Auch nützlich. Bestand der *Staats- und Universitätsbibliothek.* Einen ganzen Nachmittag stöbert der hilfsbereite Leiter der Handschriftenabteilung mit mir im Magazin. In denen kann man nicht nur nach Namen, sondern auch nach Straßen und Hausnummern vorgehen, und auf die Weise erfahren, wer wann unter einem Dach ... jeweils mit Berufsangabe, inklusive Familienstand. In Hannes Haus, Berliner Tor, sind 1928 fast ausschließlich Witwen gemeldet, sie selbst leider nicht. Also hat auch sie nur zur Untermiete gewohnt, wie du damals. Und auch schon vor dem Zweiten Weltkrieg Witwen en masse. Die, bei der du Ende der Zwanziger unterkamst, hat jedenfalls ab und zu wohl ein Auge zugedrückt, damit ihr beide, deine Hanne und du ... Ende 1928 wurde Ellart geboren. In deinen Anträgen auf *Wiedergutmachung* hast du, außer den Schäden an *Leib und Leben* in *Oranienburg* und *Gurs* und den verlorenen sechs Millionen von Boulogne auch noch den Verlust des Mobiliars aus zwei Zimmern in Hamburg 1928 geltend gemacht. Ohne *Schutz und Aufsicht* habest du alles zurückgelassen, zurücklassen müssen, *über das Schicksal der Gegenstände* sei dir nichts bekannt. Wenn man ganz plötzlich in einer anderen Stadt im Gefängnis sitzt, kann man sich nicht mehr um Haus und Hof kümmern, geschweige denn um eine Schneiderin samt kleinem Sohn. Hanne jedenfalls – was anderes wäre ihr übriggeblieben? – hat im Offiziers-Kasino an der Alster rasch ihrem Heinrich schöne Augen gemacht. Und die Witwe wird dein Mobiliar vielleicht zur Deckung ausstehender Miete versetzt haben.

So frage ich mich durch, höre »Das kriegen wir schon«, oder »Ich mach' das für Sie«. Jedem, dem ich von dir erzähle, imponierst du. Gute Menschen seien langweilig. Hörst du?

Nur die Witwe deines Schneiders von 1950 weigert sich. Ihr Mann hat sie verlassen, Jahre vor seinem Tod, erfahre ich, und war nicht mal in der Innung. Was war das denn für einer! »Unauffällig, vielleicht ein bißchen fremdländisch«, beschreibt ihn der Zahnarzt, der im selben Haus seine Praxis führt, und faxt mir die Namen sämtlicher Besitzer und Mieter zu. So telefoniere ich zum Beispiel mit einer Pelzhändlerin, die immerhin weiß, daß dieser Schneider Ostjude war, und ihr Schwiegersohn empfiehlt mir ein Buch, in dem ich nachlesen könne, wie *die Juden* es geschafft hätten, ins Hamburger Geschäftsleben *einzudringen*. Von dem gebe es allerdings eine geschwärzte und eine ungeschwärzte Fassung. Sieh einer an! Häuser ... Geschichten ...

Im Auktionshaus, in dem du – laut Gerichtsurteil – Anfang der Fünfziger etliche Möbel jeweils schon bald nach deren Erwerb zum Verkauf feilgeboten hast, erinnert sich niemand mehr an dich. Sämtliche Seniorchefs sind längst unterm Rasen. Ich muß mich beeilen, Jakob.

Mit einem der Namen von den Klingelschildern, Haus Landungsbrücken, neben der Schwedischen Kirche, habe ich Glück. Die freundliche Dame am Telefon kann mir zwar nichts mehr »von damals« erzählen, dafür ist sie zu jung, aber als Bibliothekarin im *Hamburger Oberlandesgericht* kennt sie sich bestens mit Richtern und Staatsanwälten aus, zwei Namen aus deinem Urteil von 1953 sagen ihr noch was. Vielleicht ... mal sehen ...

Inzwischen hört sich auch ein mit mir befreundeter Rechtsanwalt bei der *Staatsanwaltschaft* Hamburg um, wegen weiterer möglicherweise noch vorhandener Strafakten. Außerdem beim *Amtsgericht* wegen *Vormundschaft* und *Pflegschaft,* deine späten Jahren betreffend – deinen

Ruhestand. Viele Spuren – *Kummer und Leid.* Auch von Ellart könnte es noch etwas geben, Mitte der Achtziger hast du selbst nach Papieren von ihm gesucht, seinetwegen Anträge bei Behörden gestellt. Wie ist ein lediges – halbjüdisches – Kind, geboren 1928, durchs *Dritte Reich* gekommen?

Deine beiden noch ausstehenden Hamburger Adressen bringen nichts, keine weiteren Hinweise, keine Geschichten. Abgesehen von deinen vielen Reisen bist du zuletzt – über zwanzig Jahre lang – in der Genossenschaftssiedlung Hamburg-Altona dann ja geradezu seßhaft gewesen. Mit schönen Möbeln, Bildern, Teppichen und kleinem Kellerraum als Braustube für dein *Tonikum* und Versandabteilung. Auf einer Plastikfolie, die du als Buchhülle verwendet hast, finde ich den Poststreifen einer Firma in Württemberg, *Alina, Atomizers & Accesoirs.* Was soll ich mir darunter vorstellen? »Zerstäuber«, sagt die Besitzerin, persönlich am Telefon. Bestellungen nur über Katalog. Von einem Kunden in Norddeutschland wisse sie nichts, sie habe alle im Kopf. Und wie, frage ich, kommt jemand von hier oben dazu, ausgerechnet bei Ihnen, da unten, einen Katalog zu bestellen? *Alina* sei eben *marktführend*, *totaler Begriff!* sagt sie und legt auf. Ganz klar: Für dein *Tonikum* wären allein *marktführende* Flakons in Frage gekommen.

Ostern.

In diesem Jahr fallen *Ostern* und *Passah* fast auf denselben Tag. Auch seltsam – Juden wie Christen wissen bald nicht mehr, was sie tun. Als frohe Botschaft – abgedruckt im *Hamburger Abendblatt* – fordert Ovadia Jossef, Führer der *Schas-Partei,* in seiner Predigt am hohen Feiertag: »Mit den Arabern darf man kein Mitleid haben, man muß mit Superraketen auf sie einschießen und sie vernichten.«

Was soll werden, Jakob, ist es vielleicht besser, nicht mehr auf der Welt zu sein – Leben, Überleben, ein Fluch? Auf dem *Deutschen Patent- und Markenamt* in München lerne ich, daß man bei zweitausend Mitarbeitern keine Auskunft darüber erwarten könne, wer noch im Hause, die *Kernarbeitszeit* jedoch täglich von neun bis fünfzehn Uhr sei.

Kernarbeitszeit, auch so ein schönes deutsches Wort. Stell dir vor, du hättest dein Leben lang täglich sechs Stunden, pünktlich und gewissenhaft, auf einem Bürostuhl verbringen müssen! Dann doch lieber selbständiger Kaufmann, *Reisender Einschleichdieb, Klingelfahrer, Falschmünzer, Juwelenkurier.* Was auch immer. Auch der Bauunternehmer Jacques Prout in Boulogne und *Monsieur Je sui seul ce soir* in Suresnes waren ja nicht gerade Büromuffel. Und im hohen Alter noch *Erfinder,* Hersteller und Vertreiber eines eigenen *Tonikums.* Selbst ist der Mann – und sicher nur das Risiko!

Zunächst *Neue Konzentrate-Kosmetik,* dann *Bio Konzentra,* weiter mit *Goldsiegel* oder *Sana Vital.* Flotter Namenswechsel eines florierenden Unternehmens. *Seit 1876!* also Tradition, brauchtest du nicht, war nicht dein Stil.

Die neue Konzentrate-Kosmetik

Qualität des Produkts voll garantiert allein durch dich, einen Mann des Vertrauens. Verkauf zunächst direkt, von Angesicht zu Angesicht – *Mazal,* sagen die Diamantenhändler zur Besiegelung des Geschäfts –, für rasche Verbreitung sollten Mundpropaganda und Direktvertrieb sorgen. Offenbar hat es jedoch nicht so recht funktioniert – weder Heilung noch Gewinn. Auch der Enkel deiner einsamen Nachbarin hatte sein Angebot, beim Ausbau des Vertriebsnetzes behilflich zu sein, plötzlich zurückgezogen.

Patentansprüche

Der Erfindungsmässige Anspruch besteht in einem kosmetischen Tonikum das das Zellgewebe der Gesichtshaut von den Schadstoffen reinigt die das Zellgewebe denaturieren und ~~auf~~ der äusseren Gesichtshaut unesthetische Pickel entstehen lässt, die das Gesicht verunzieren

Die Entstehungswurzel dieser Anomalie und Defizienz im ~~das~~ Gesichtshautgewebe ~~ist bis dato unbekannt geblieben~~, das deren zufolge unesthetische Pickel auf der Aussenhaut im Gesicht entstehen lässt, ist bis dato unbekannt geblieben.

Dieses Tonikum reinigt nicht nur das Gewebe der Gesichtshaut ~~[illegible]~~ von Schadstoffen, sondern ~~[illegible]~~ es regt auch den Stoffwechsel und die Fibrillenbildung an, die zur Erneuerung des ~~[illegible]~~ Gewebes und ~~[illegible]~~ sowie ~~auch~~ zur Verjüngung der Haut führt

~~Die Zusammenstellung dieses Tonikums~~

Autologen biologische
Heterologen Kollagene
Heteroproteine

[illegible] x histologisch biologische Kollagene
Autologen Heteroproteine ~~[illegible]~~ erbringen in der
Heterologisch Wirkung
Stimulierung eine regenerierende Wirkung
die zu einem Erneuerungsprozess führt

Zwei Produkte waren im Angebot: *Tonikum* und *Bio-Öl. Reklamepreis 59,90.* Anzuwenden wie folgt: *Das Tonikum in die Hand träufeln und wie Katzenwäsche über das Gesicht verteilen, drei Minuten einwirken lassen, mit klarem Wasser abspülen und dann das wertvolle Bio-Öl auftragen. Kräftig einmassieren – das Gesicht blüht!* Sogar dein letzter Hausarzt hat dir Kunden verschafft, also muß doch was dran gewesen sein an dem Zeug. *Wenn Sie überzeugt und zufrieden sind, schreiben sie uns einen Anerkennungsbrief. Dankeschön!* Höflichkeit, eine deiner besonderen Stärken.

Mit einem der Sachbearbeiter im *Patentamt* habe ich schließlich Glück, erreiche ihn nicht nur während der *Kernarbeitszeit,* sondern er schickt mir auch noch einen *Rollenauszug* zu. Den gesamten Vorgang mit Daten, vom *Antrag,* 1991, bis zur *Rechtskraft des Zurückweisungsbeschlusses,* 1993. Sogar die Gebührenrechnung für die abgelehnte *Auslandsbescheinigung* legt er bei.

Zurückweisungsbeschluß. Beleg für das vorzeitige Ende eines groß und eigentlich doch wasserdicht geplanten Erfolgs.

Bereits im Februar 1985 warst du als *selbständiger Kaufmann für Kosmetik* vor Mielkes Hof gezogen, Normannenstraße, Berlin Ost, und hattest – wild entschlossen zur Ausreise aus der BRD – um Einreise in die DDR ersucht. Tag und Nacht vom MAD verfolgt, habest du jetzt alles hinter dir gelassen, deine insgesamt sechs Koffer mit geheimen Unterlagen seien per Bahn unterwegs. Kenntnis von deiner geplanten Übersiedlung hätten allein der Hamburger Bürgermeister Klaus von Dohnanyi und zwei Professoren des Universitätskrankenhauses Hamburg-Eppendorf. Zuletzt habest du in deiner Firma keine Mitarbeiter mehr beschäftigt, weil ein Eindringen des MAD – und also die Entdeckung sämtlicher Firmengeheimnisse – dann nur noch eine Frage der Zeit gewesen sei. Außerdem stehe es in deiner Absicht, von der DDR aus *politisch gegen die BRD ins Feld zu ziehen.* Akteneintrag nach Audienz: *Hochgradig schizophren, Maßnahmen einleiten, daß er nicht wieder zum MfS kommt.* Die Genossen kannten mit einem in ihren Augen eindeutig verrückten Juden keine Gnade.

Über die geschwärzten Stellen auf deinen Karteikarten, die mir *Die Bundesbeauftragte für die Unterlagen des Staatssicherheitsdienstes der ehemaligen DDR* vier Monate nach Antragstellung zuschickt, können mir keine weiteren Auskünfte erteilt werden.

Ich schalte eine Anzeige, Samstagsausgabe *Hamburger Abendblatt.* Gar nicht mal groß, aber irre teuer: *Wer weiß noch etwas über J. B.? Adresse ... Tonikum gegen Rosacea ...* Vergebens! Nur drei Anrufe, ob das Zeug noch zu haben sei. Geradezu flehend, die Stimmen. Muß ja ein gräßliches Leiden sein. Die letzte Anruferin ist sich ganz sicher, zum Ankauf des *Tonikums* zusammen mit ihren Eltern in deine Wohnung gekommen zu sein. »Sehr skurril und garantiert schwul.« Also völlig daneben. Schwul – das steht nun wirklich fest – bist du nicht gewesen.

MAI

Die ersten vierzehn Tage sind für die Reha-Klinik vorgesehen, Nähe Freiburg. Geht leider nicht anders, der Rücken, die Gelenke überhaupt machen mal wieder Probleme. Vor meiner Abreise markiere ich im Atlas sämtliche Orte, von denen ich bisher weiß, daß sie im Zusammenhang mit dir und deiner Familie von Bedeutung sind, schreibe Stichworte auf Klebezettel. Wie kleine Fähnchen flattern sie außen am Rand. Nur nichts vergessen! Das einzig Gute an dieser Reise ist, daß ich von Freiburg aus die Wochenenden für Ausflüge nach Metz, Audun-le-Tiche und Basel nutzen kann.

Hamm/Nizza: Vater, St. Martin: Geburtsort Jacqueline Jones, Suresnes: Claire Marini, Boulogne: *La Construction Nouvelle,* Fresnes: Gefängnis und Hochzeit, *Gurs* unweit Oloron, Pyrenäen: KZ, Genua: Pepe. Antwerpen, Chicago, Teneriffa, und so weiter. Wo überall du herumgekommen bist, wo sie alle her- oder wohl hingekommen sind, die anderen Mitglieder deiner großen Familie. Fäden – *Freude und Leid* – gespannt über Europa, die ganze Welt. Von Metz aus.

Metz. Audun-le-Tiche.

Gern, sagt die Gräfin am Telefon, ein kleiner Ausflug nach Metz mache ihr Spaß. Sie trenne sich gerade von

ihrem Mann, von Schloß und Park – habe also Zeit. Und holt mich mit dem Auto ab. Wir kennen uns von einer meiner Lesereisen.

Viel Gelb – Sandstein – und Türkis – Anstrich der Fenster und Türen. Farblich mutet sie fast orientalisch an, die Garnisonsstadt Metz, zu Beginn deines Jahrhunderts größte Festung der Welt, bei den Kelten Sitz der Götter. So ändern sich die Zeiten. Legendärer Bahnhof, hatte jemand geschwärmt, und Julia meinte, man spreche hier Deutsch. Und dann stehe ich in der *Rue de la Petite Boucherie,* und keiner versteht meine Frage, ob diese Straße vor dem Ersten Weltkrieg wohl die *Metzgergasse* gewesen sei. Auch in einem Geschäft auf der *Place Saint Louis,* über dessen Tür dein Nachname steht, nur Schulterzucken. Den alten Herrn, den mir die Jüdische Gemeinde

in Straßburg vermittelt hat und der angeblich Deutsch spricht, treffe ich erst morgen. Heute ist Sabbat.

Jakob Birnbaum, in der *Metzgergasse 38*, als siebtes Kind von Lazarus und Estelle Birnbaum, am 30. Juni 1906 geboren. Jetzt schreiben wir das Jahr 2001, und da, wo vielleicht einmal das Haus mit der Nummer 38 stand, steht heute das *Centre Saint Jacques,* ein Konsumklotz. Ganz sicher nicht nach dir benannt. Einer dieser architektonischen Irrtümer, mit denen man alte Städte kaputtmacht. Aber die Kathedrale – ihr gotisches Gezwirsel – überragt alles! Von jeder Gasse aus ist sie zu sehen, läuft man entweder auf sie zu oder entfernt sich von ihr. Auch für den kleinen Jakob wird sie Zentrum und Orientierung gewesen sein. Bist du jemals drinnen gewesen? Wie orthodox mag es im Haus von Lazarus Birnbaum zu-

gegangen sein? Die Synagoge haben die Deutschen nach dem Krieg neu gebaut, werde ich hören. Wir photographieren sie. Ihr gegenüber, am anderen Ufer eines Seitenarms der Mosel, hast du – laut Meldebuch – zuletzt gewohnt. 1938. Bei Witwer Lazarus. Heute Neubaugebiet, 1944 ist hier alles in Flammen aufgegangen.

Weitere Adressen von euch, in den Vorstädten. Longville, oder St. Martin. Dort, in der *Rue de la Ronde* starb 1932 deine Mutter Estelle – während ihr siebter Sohn in einem Berliner Gefängnis saß. Der christliche Friedhof liegt fast direkt nebenan, der jüdische weit weg. Wie auch der Bahnhof. Bist du 1937, nach deiner Entlassung – aus Deutschland ausgewiesen und keine fünf Reichsmark in der Tasche – zunächst hierher zurückgekehrt? Wie hat dein Vater dich aufgenommen – den verlorenen Sohn?

In deiner Berliner Strafakte von 1933 – *Diebstahl und Diebstahl im Rückfall* – werde ich die *Eidesstattliche Er-*

klärung einer Frau Uriel finden, dich, im Falle deiner sofortigen Entlassung aus dem Untersuchungsgefängnis *Moabit,* bei sich aufzunehmen, da du ihr *nach menschlichem Ermessen* sehr leid tätest, *ein mit den Nerven total zerrütteter Mensch* seiest und *die vorgefallenen Handlungen* allein durch *wirtschaftliche Notlage und Haltlosigkeit* ausgelöst worden seien. *Durch den Herrn B. bietenden Halt meinerseits wird derselbe, soweit ich ihn kenne, nicht wieder mit dem Gesetz in Konflikt kommen, da er in meiner Person das findet, was er in seiner verstorbenen Mutter verloren hat.*

Bereits die siebte Haft, in Hamburg wartete die ledige Schneiderin samt Sohn. Aber Frau Uriel, *ein menschliches Wesen,* bürgte für dich. Umsonst. Vier Jahre hast du gekriegt und dann, nach deiner Entlassung und kurzem Zwischenstopp bei Vater Lazarus in Metz, nolens volens, ab zur Armee. Für einen seit 1921 guten Franzosen längst fällig. In der *Fremdenlegion* gedient, heißt es 1953 im Hamburger Urteil.

Fremdenlegion, Strafregiment oder eher *Spahis* – wie Monsieur R. deiner Uniform nach tippt? Wie auch immer, du wolltest weder für eine *Grande Nation* in *Afrique* noch für ein *Drittes Reich* in Stalingrad oder sonstwo im Dreck liegen. Oder Orden tragen. Das hast du anderen überlassen, solchen wie Heinrich Schlosser. Und von denen gab es ja reichlich. Du hattest es auf ein ganz anderes Leben abgesehen, in das man sich allerdings – wenn man weder in Berlin noch in Metz ein Kaufhaus erbt und auch sonst keinerlei Chance hat – nur eigeninitiativ Zutritt verschafft. Dafür hast du sogar *Zersetzung der Wehrkraft* auf dich genommen und dich 1939 zunächst in die Schweiz abgesetzt. In so einem reichen Land mußte doch unter irgendeinem Tisch eine Krume, in irgendeinem Wäscheschrank ein Kollier zur Belebung deiner Reisekasse für die geplante Auswanderung nach Venezuela übrig sein.

Das Haus in Longville, das ihr 1922 nach eurer Rückkehr aus *Deutsch-Ott* 1922 bewohnt habt, gibt es noch. Verwahrlostes Anwesen, Berge von Mülltüten und Blech im Hof. Schade, daß ich nicht einfach zur Tür gehen, klingeln und mit dem, der öffnet, ein paar Worte wechseln kann. Julia wird später einen langen Brief an alle Hausbewohner schreiben – aber keiner wird uns antworten. Auch hier will offenbar niemand mehr etwas mit dir und deiner Familie zu tun haben.

Wir fahren zurück in die Innenstadt, außer der Kathedrale gibt es in Metz auch noch die älteste Kirche Frankreichs und eine achteckige Templerkapelle zu sehen – geradezu grotesk, das kleine Ding, inmitten der Arsenale. Ein bißchen was möchte die Gräfin schließlich auch von ihrem Ausflug haben. Und bevor es dann in Richtung

Audun-le-Tiche weitergeht, bekommt sie zur Krönung ein paar echte Metzer Männerpopos zu sehen. Denn ausgerechnet heute, an diesem kühlen Maitag, an dem wir hier herumlaufen und nach einem Jakob Birnbaum und seiner Familie fragen, werden – nach deftigem, typisch Metzer Ritual – auf allen großen Straßen und Plätzen die Erstsemester zu Akademikern geweiht. Man säuft, läßt die Hosen runter, beziehungsweise bekommt sie heruntergelassen. Ein deutsches Auto, zwei Frauen – ein gefundenes Fressen! Man stoppt uns, und erst nachdem sich einer nach dem anderen der grölenden Meute vor uns auf der Motorhaube von seiner besten Seite präsentiert hat, dürfen wir passieren.

Ab nach Audun!

Industrieanlagen, Schlote, Smog. Dann endlich: Ein weiter Himmel, Licht, endlose Rapsfelder. Links an Thionville vorbei, damals Diedenhofen. Ausschilderung mangelhaft. Gerade als der Tabakhändler von Audun-Roman – es ist jetzt später Samstagnachmittag – seinen Rolladen schließen will, erstehe ich bei ihm eine Straßenkarte, auf der auch Audun-le-Tiche eingezeichnet ist. Und dann sind wir schon fast in Belgien.

Bei Sonnenuntergang finden wir die Stelle, an der du als kleiner Junge vielleicht täglich und dann noch einmal in deinem Basler Traum gestanden hast. Verfallene Förderanlagen, auf den Dächern der Gebäude wächst Gras. Ein hoher Zaun, am Tor eine Klingel, ob es da drinnen noch irgendwo schellt, wenn ich auf den Knopf drücke? Und da, wo – vielleicht – die Mühle stand, ist heute ein Fußballplatz. Haben dein Vater oder einer deiner Brüder in dieser Mine Arbeit gehabt?

Später wird mich der Deutschlehrer aus Audun darüber aufklären, daß die Gesellschafter heute in Luxemburg ansässig, sämtliche Unterlagen der Mine also dort, und

die Leute, die damals in der *Eisenerzgrube Saint Michele* gearbeitet hätten, entweder aus dem Saarland oder aus Italien gekommen seien – nicht aus Metz. In Audun habe es lediglich ein paar jüdische Kaufleute gegeben, die aber nie lange geblieben seien. Einer habe einen Kleiderladen gehabt. Mit so was habe man damals schnell reich werden können. In seiner Chronik sei der Laden abgebildet, die nächste Synagoge war in Thionville, also etwa fünfzig Kilometer entfernt.

Etliche Dokumente in seiner Chronik sind zweisprachig. Anzeigen, amtliche Bekanntmachungen. In einer Verordnung von 1908, *Die Verwendung von Hunden als Zugtiere betreffend,* werde ich lesen, daß diese *mindestens die Größe und Gestalt von Metzger- oder Schäferhunden besitzen und mindestens zwei Jahre alt* zu sein hätten. Auf einem deiner vergilbten Photos sitzt neben deinem Vater ein Schäferhund – vielleicht mehr als nur ein weiterer Mitesser in einer armen Familie?

Ich stelle mir einen kleinen Jungen mit schwarzen Knopfaugen vor, etwa siebenjährig, als seine Familie 1913 nach Audun kommt. Sein Vater, ein Deutscher aus Hamm – vielleicht Tuchhändler? –, mit damals sechsundvierzig wohl schon zu alt für Kaiser Wilhelms Heer. Er soll dich viel geschlagen haben, hast du Anna erzählt. Aber das behaupten viele Söhne von ihren Vätern. Macht sich immer gut, vor allem Psychologen gegenüber. Die Mutter Metzerin, eine mächtige, auf den Photos nicht gerade gütig wirkende Frau. Wie mag sich ein Kinderleben hier abgespielt haben? Haben Lazarus und Estelle den Kleinen und seine sechs Brüder auf eine Schule oder gleich auf die Straße geschickt? In der Chronik sind ausschließlich Photos von Mädchenklassen zu sehen – und durchaus nicht nur ärmliche Unterkünfte, wie auf deinen verknickten Abzügen. Prächtige Bürgerhäuser, ein Rathaus, Bahnhof – Jugendstil –, und immer wieder die Grube *Saint Michele.* Sechs- bis siebentausend Einwohner in Audun zu deiner Zeit. Wie viele wohl in Verdun gefallen sind?

Jesus! Maria! Joseph! Auf dem Felde der Ehre... unser einziger, innigst geliebter Sohn... am 22. April 1916. Etliche solcher Anzeigen werde ich in der Chronik finden. Sind auch Mitglieder deiner Familie auf diesem *Felde der Ehre* geblieben?

Einen Möbelhändler Birnbaum wird der eifrige Chronist noch nachtragen. Der soll damals regelmäßig Ware von Metz nach Audun geliefert haben. Ein Verwandter? Es gebe im heutigen Metzer Telefonbuch übrigens noch etliche mit deinem Namen, wird er mir mailen. Und da werden schon acht Monate seit meinem niemals beantworteten Brief an diesen Emile Birnbaum in Metz

R F
LIBERTE
ECALITE
FRATERNITE
HOTEL DE VILLE
Koto
CONCERT

vergangen sein. Heute, am Abend dieses kühlen Maisamstags in Audun, wo uns das Benzin ausgeht und weit und breit keine Tankstelle zu sehen ist, weiß ich noch nicht, wie alles weitergehen wird – nichts von dem, was hier einmal war. Immerhin findet die Gräfin dann doch noch einen Ersatzkanister im Kofferraum, sonst wären wir hier hängengeblieben – ein Ort wie ausgestorben. Wir fahren zurück. Dein Mond hoch über den Rapsfeldern.

Unruhige Nacht.

Was soll werden, Jakob? Wie soll ich weiterkommen, wo erfahren, warum du wann wohin gegangen bist? Die Logik deines Lebens. Falls es eine gab. Für alles, was dir selbstverständlich war, muß ich Erklärungen finden, Gründe. Vielleicht, wo ich nicht weiterkomme, Daten und Fakten wie Kulissen auf deine Lebensbühne stellen und dich, mit allem, was ich von dir weiß, davor agieren lassen – lieben, leiden. Dann muß es sich doch zeigen, was zusammenpaßt – und was nicht. Wo deine Aussagen mit dem historischen Hintergrund im Einklang sind, und wo es hakt. Ja, vielleicht so?

Am nächsten Morgen steht, wie verabredet, Herr M. in der Rezeption. Ein alter Herr, etwa so groß wie du. Er sagt, er habe noch zwei Freunde mitgebracht, drüben im Bistro am Bahnhof warteten sie.

Seit Jahrzehnten kennen sie sich, der ehemalige Rahmenhändler M., der ehemalige Rechtsanwalt P., im Ersten Weltkrieg General, und der ehemalige Lehrer V. Mindestens zweimal die Woche treffen sie sich, spielen Bridge, reden von alten Zeiten und von heute, und was der eine weiß, wissen die beiden anderen auch. Dich kennen sie nicht, aber um deine Modell-Photos beneiden sie dich. Auch davon trage ich jetzt immer ein paar mit mir herum. Das wäre was, Aufnahmen dieser Art von den dreien – Bilder für Götter!

Und dann im Galopp und atemberaubenden Deutsch durch die Metzer Geschichte. Wer überlebte und wen es erwischt hat – in Auschwitz. Den einen hat die Polizei gewarnt, den anderen hat sie verpfiffen, der eine hat beim *Maquis…*, Väter, Mütter, Geschwister… Die Frau von Herrn M. hat Auschwitz überlebt. »Über jede Familie hier könnten Sie einen Roman schreiben«, sagt der ehemalige Lehrer, steht auf – inzwischen ist es Mittag –, nimmt sein Baguette, das er quer auf den Tisch gelegt hatte, und verabschiedet sich. Er ist sich ganz sicher, daß der Tabakhändler an der Ecke X zu deiner Familie gehört, und für diese Information erwarte er, gleich vorne im Buch genannt zu werden. Herr M. lacht, wir machen uns auf den Weg. Aber der Tabakladen wurde schon vor etlichen Jahren verkauft, und wer die Vorbesitzer waren, weiß niemand mehr. Herr M. bittet mich in seine Wohnung, um im *Buch der Deportierten* nachzusehen – darin stehe alles! –, und will mir nicht glauben, daß ich *Klarsfelds Kalender* schon im *CDJC* in Paris durchgesehen habe.

Herr und Frau M. besitzen sogar die bebilderte Ausgabe dieser Bibel aller jüdischen Haushalte in Frankreich, und wir sehen – ich also zum zweiten Mal –, daß dein Vater von Nizza…, dein Bruder samt seinem kleinem Sohn aus Paris… Herr M. ist enttäuscht, daß er mir nichts Neues bieten kann, verspricht aber, sich weiter in Metz umzuhören. Da müsse doch noch was zu finden sein. »Nur Gebirge treffen sich nicht«, sagt er. Im Lager selbst sei es eigentlich weniger schlimm gewesen als auf der Flucht, sagt seine kleine Frau, dort habe endlich diese schreckliche Angst, geschnappt zu werden, aufgehört. Was geholfen habe zu überleben? »L'espoir fait vivre, Madame!«

Warum, Jakob, hast du eigentlich nie Kontakt zu Serge Klarsfeld gesucht, dem Pariser Rechtsanwalt, Fürsprecher aller Opfer, der gemeinsam mit seiner Frau Tausende von Dokumenten gesammelt, veröffentlicht und etliche der Täter vor Gericht gebracht hat? Klaus Barbie, zum Beispiel. Mit zig Leuten hast du korrespondiert! Ob Klarsfeld die Spur von dir kennt, die du mit deiner *Akte* im *CDJC* bei France und überall sonst zu verwischen versucht hast? Sie könnten mir nicht weiterhelfen, werden mir die Klarsfelds auf meine Anfrage hin schreiben. »Leider!«

Ich schlendere Richtung Bahnhof, verlasse diese französische, immer noch deutsche Stadt. Alte Schilder *Tabak* oder *Presse* sind keine Seltenheit. Bis heute hat sich offenbar niemand an ihnen gestört. Was soll denn auch das ständige Entweder-Oder? Mit Sowohl-als-Auch läßt es sich durchaus gut leben. Warum nicht sowohl Deutscher als auch Franzose, sowohl Jude als auch Christ, sowohl in der *Résistance* als auch bei der *Gestapo* gewesen sein? Das haben etliche praktiziert. Hast du von Joinovici gehört, Vorname Josef? Rumäne. Geboren 1903. Der hat es, wie ich gelesen habe, vom Lumpenhändler zum angesehenen Geschäftsmann in Paris gebracht. Mit *Arier-Ausweis.* Zum *WWJ, wirtschaftlich wichtigen Juden,* wie man sagte. Ein Büro zum Schutz gegen Widerständler aufgemacht, den Fluchthelfer für jüdische Familien gespielt und gleichzeitig den Herbergsvater für englische Fallschirmspringer. Acht verschiedene Rollen, hieß es während seines Prozesses nach dem Krieg, habe er durchgezogen – und von den fünf Jahren, zu denen er verurteilt war, hat er nur lasche zwei abgesessen. Sogar ein Film wurde über ihn gedreht. Ein Zeitgenosse, gerade drei Jahre älter als du, ohne weiteres hättet ihr euch in Paris über den Weg laufen können.

Das kommt alles noch ins Fernsehen.

Wer hat dich fallengelassen, damals? Wer hat dich nach dem Krieg in Paris vor Gericht gebracht?

Sie müssen die Ankläger finden.

Wie weit darf man gehen, was ist erlaubt, wenn man friert oder Hunger hat? Kohlen klauen oder Brot? In Deutschland hieß das nach dem Krieg *fringsen,* nach dem Kardinal Frings in Köln. Der hat seinen Schäfchen Silvester 1946 von der Kanzel aus grünes Licht zum Diebstahl aus Not gegeben. Aber bei Geld, Schmuck und so weiter hört der Spaß auf – auch wenn man ein verfolgter Jude ist.

Basel.

Gegen Abend treffe ich in Basel ein – fünfzehn Monate wegen *Einfuhr und Inverkehrbringen gefälschter Waren.* Inklusive Untersuchungshaft fast zwei Jahre hast du hier gesessen, 1969 bis 71.

Gern Zelle 20, hatte ich nach Basel gemailt, und die freundliche Dame am Empfang des *Au Violon* hatte tatsächlich, um meinen Wunsch zu erfüllen, die Architekten befragt. Der Umbau des Untersuchungsgefängnisses *Lohnhof* in ein Musikmuseum samt Hotel ist schon einige Jahre her. *Au Violon, Zur Geige,* und *aller au violon* bedeute *ins Kittchen gehen,* hatten meine Basler Freunde am Telefon gesagt. Wer wohl auf diese *kreative Namensgebung* gekommen sei?

Man bringt mich hinauf. Das Zimmer 12 müßte, den alten Plänen nach, die Zelle 20 gewesen sein. Genauer gesagt 20 und 21 – jeweils zwei Zellen ein Zimmer. Sonst wäre es ein bißchen bedrückend hinter diesen dicken Mauern. Ich bücke mich und trete über die Schwelle, für dich wird die niedrige Tür hoch genug gewesen sein.

Fünf mal drei Meter, mit Naßzelle, super gestylt. Ob es wohl zu deiner Zeit hier schon Komfortableres als einen Wasserkrug samt *Leibstuhlgefäß* gab, wie in *Tegel* 1928. Und ob wohl geheizt war? Im Gegensatz zum Pariser Gefängnis *Fresnes,* Anfang der Vierziger. Da hat ein deutscher *Wehrmachtsrichter* den Angeklagten vor den Verhandlungen in der primitiven Baracke auf dem Gefängnishof zunächst eine halbe Stunde in der Nähe des Ofens gegönnt, um sie *aufzutauen.*

Hier also hast du geträumt! Und von Spinnen, Höllenhunden und deinen sieben Dämonen verfolgt, nachts häufig so lange gegen die Tür geschlagen, bis der rothaarige Aufseher die kleine Klappe geöffnet und beruhigend auf dich eingesprochen hat.

Es darf angenommen werden, hat ein dir wohlwollender Gutachter zu bedenken gegeben, *daß für Personen, die sich in der Intensität wie B. verfolgt glauben, das Leben in einer Zelle besonders qualvoll ist.*

Bis nach Basel sind sie dir also gefolgt, *der Rußlandkämpfer, der Antisemit, die Nutte (Ilse Koch)... Die* waren treu. Und Püppi, eine deiner vielen Freundinnen. Sie allerdings von Hamburg aus. Obwohl du Püppi, wie alle anderen auch, schamlos belogen und an der Nase in deinem Leben herumgeführt hast. Hättest du denn nicht wenigstens ihr gegenüber ehrlich sein können? Aber die Lügen waren dir anscheinend *zur Lebensform* geworden, wie ein anderer Gutachter festhielt. Arme Püppi.

Basel, 10. November 1970.

Liebe Püppi, Du weißt, daß wir uns nicht belügen, und so will ich Dir versichern, mich nicht schuldig zu wissen. Befolge meinen Rat und mache Dir nicht so viele Gedanken. Auf dem Wege der Telepathie schicke ich Dir kraft unserer seelisch-geistigen Verbundenheit all meine suggestiven Kräfte...

Und Püppi ist – kraft eurer *seelisch-geistigen Verbundenheit* – für dich gelaufen und gerannt, hat während deiner Abwesenheit den Umzug aus dem Stift organisiert, mit der Jüdischen Gemeinde verhandelt, deinen Schneider hingehalten. *Da ich zur Zeit leider in der Schweiz in Gips liege, muß der Anzug noch geraume Zeit auf mich warten,* hattest du ihm schriftlich mitgeteilt und als Absender lieber die Adresse des Pförtnerhäuschens angegeben, anstatt *Lohnhof.* Sicher ist sicher, und Maßanzüge sollten es auch in Zukunft sein. Bella figura!

Auch Päckchen hat Püppi für dich gepackt.

Nun bitte ich Dich noch, mir folgendes zu schicken: Die Collegemappe, mit den Adressen französischer Widerstandsbewegungen während der Kriegszeit, den Antwortschreiben von Rudolf Augstein und Marion Gräfin Dönhoff und den Unterlagen meiner Baufirma in Paris. Dazu folgende Nummern des »Spiegel« ... Außerdem benötige ich eine Plastikdecke, da ich zum Essen an einem Tisch sitzen muß, der nicht gerade ästhetisch ist. Und das wenige, das ich esse, möchte ich wenigstens mit etwas appetitlichem Anblick verzehren – Kümmiwurst, Fleischvogel –, *aber füge bitte keinen Tee bei ...* Plastikdecke, schön und gut, du hattest eben Stil, aber Tee? Einige deiner Briefe – zum Beispiel an deinen italienischen Freund Pepe – hat man augenscheinlich nicht *spediert.* Aber deine Wunschliste an Püppi hat locker die Zensur passiert.

Von dem *Veranstaltungsplan* in Annas Kiste weiß ich nicht nur, was es hier Weihnachten 70/71 zu essen gab, sondern auch, welche Filme du möglicherweise gesehen hast – *Blow up* oder *Die grüne Minna* – und wann der Gottesdienst stattfand, der evangelische, der katholische. Außerdem, daß *Handtücher nicht zum Schuheputzen zu benutzen sind, sondern dafür, wofür sie bestimmt sind.* Unterzeichnet: *der Oberaufseher.* Und wie der aussah, weiß ich jetzt auch: Blaue Uniform, rote Streifen am Kragen, schwarze Mütze. Er steht im Restaurant, aus Pappmaché. *Insbesondere verboten ist, mit dem Zellennachbarn über die Gasse zu schwatzen ...* lese ich in der auf dem Flur ausgehängten alten Hausordnung.

Ich schlafe wie ein Stein, träume nichts. Morgens Migräne. Kein Wunder. Wer hier ... Lachst du? Das habe ich nun von meiner Zelle, hundertzwanzig Franken die Nacht! Aber den Staatsanwalt kann ich nicht sitzenlassen, er kommt heute nur meinetwegen her. Mit Privatflugzeug. Ja, er kann fliegen und macht, wie er am Telefon sagte, gerade noch einen weiteren Flugschein. Trotzdem stelle ich mir einen älteren Herrn vor, Anzug, Krawatte, etwas umständlich, steif – Jurist eben. Statt dessen sitzt zur verabredeten Stunde im Restaurant *Teufelshof* ein sportlicher, braungebrannter Mann, im Sweatshirt, die Ärmel hochgekrempelt. Er sieht sich die Photos von dir an – den *Formelkopf*... zuletzt den *Bankdirektor!* –, lacht und läßt sich plötzlich ganz ungeniert per Handy zu einem Freund am Basler *Strafgericht* durchstellen, »Du hör mal ...« Ob wohl noch Akten von damals greifbar sind? An den Tischen um uns herum verstummen plötzlich die Gespräche über Wetter, Erbschaft und Börsengeschehen. Dann zeichnet er: einen kompletten Gerichtssaal. Erklärt, wer wo sitzt, beziehungsweise steht. Wer welche Rechte, vor Prozeßbeginn die Strafakte gelesen und wann das Wort hat. Für dich keine Neuigkeit, ich weiß. Aber für mich. Wie überhaupt die ganze Juristerei. Du, sein letzter Fall! Zwei Monate Urlaub sind deinetwegen draufgegangen. Wahnsinnig genervt hast du ihn, mit deinen dreisten Lügen, deiner aufgesetzten Untertänigkeit und Besserwisserei! Keine Ruhe hat es ihm gelassen, dich – einen *Kollaborateur* – zu überführen. So einen bekam man schließlich nicht alle Tage zu Gesicht. Seinen ganzen Unmut über die Deutschen hat der damals dreißigjährige Schweizer an dir ausgetobt.

Ob im Laufe des Prozesses mehr zum Thema *Kollaboration* ans Licht gekommen sei, frage ich. Keine Erinnerung.

Mir ist jedenfalls klar geworden, daß der Staatsanwalt mich verleumden tut, weil er mich für einen Kollaborateur hält... Dein Kommentar zu einem Traum, in dem dir ein *schweinsköpfiges Untier* direkt auf den Fersen war.

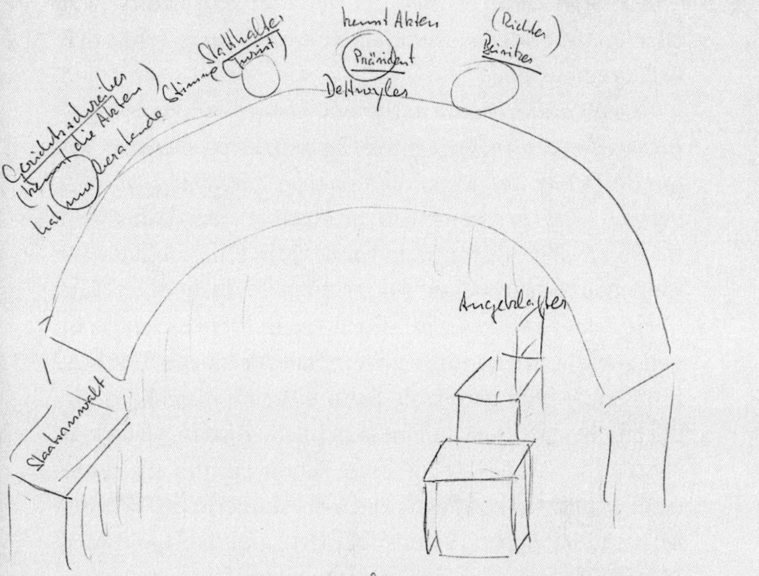

1. Verlesung der Anklageschrift durch Staatsanwalt
2. Beweisverfahren (nach Beweisliste die der Präsident vorher erstellt hat,)
   a) zur Person
   b) zur Sache (etwaige Zeugeneinvernahmen / Verlesen von Aussagen)

? 3. Plädoyers mit Strafantrag

für Roswitha Quadflieg

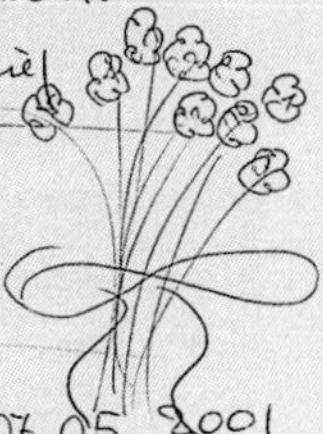

4. " Verteidiger
5. Schlusswort des Angeklagten
6. Urteilsberatung (in BS geheim)
7. Urteilsverkündung

07.05.2001
Urs Hachmann

8. Erklärung des Angeklagten über Annahme oder Weiterzug des Urteils an die 2. Instanz oder Bedenkzeit von 10 Tagen

Zunächst habe er dich als gebildet eingestuft, Arzt oder so. Aber dann – »vor allem dieser Quatsch mit den Geheimdiensten.«

Es wäre vielleicht auch angebracht, über schweizerische Regierungsstellen dem eidgenössischen Geheimdienst mitzuteilen, wie der BND hier auf neutralem Schweizer Territorium mich betreffend aktiv ist, werde ich in einem deiner damaligen Briefe an den Staatsanwalt lesen. Mit Hilfe deines persönlichen Notizbuches hat er dich endlich überführt, deine Safes in Antwerpen öffnen lassen. Wie unprofessionell von dir, Safenummern in ein Notizbuch zu schreiben. Hübsch *separiert* hätten sie darin gelegen, die echten wie die falschen Münzen – deine angebliche Ahnungslosigkeit also endlich widerlegt! Zuletzt habest du ihm allerdings doch irgendwie leid getan, denn der numerische Wert der Münzen sei höher gewesen als der effektive Goldwert. Heute würde man dich laufenlassen. Im Grunde genommen seiest ja allein du der Geschädigte gewesen.

Vom *Lohnhof* ins *Schallenmätteli* – selbst Gefängnisnamen klingen doch irgendwie noch freundlich in der Schweiz – für fünfzehn Monate.

Zum Abschied signiert mir der Staatsanwalt seinen Gerichtssaal, mit Blumenstrauß. Im Sommer, zur Akteneinsicht, werden wir uns wiedersehen. Kannst du dir das vorstellen, Jakob, dein *Untier* und ich?

Über Auggen, Heitersheim – da steigen sogar welche aus, wundern sich die Leute im Abteil – fahre ich mit dem Regionalzug zurück in die Klinik.

»Na, haben Sie noch was über Ihren Jakob rausgekriegt?« fragt Esther, meine Tischgefährtin.

Nun bin ich schon zum dritten Mal hier, und diesmal, ausgerechnet … Zufall oder *Vorsehung.*

Esther ist gläubig. Hundert Prozent. Sie erklärt mir alle jüdischen Feste – so, wie sie sie versteht. Ihr Judentum ist ein freudiges, selbstgewähltes. Einfaches. Gleich nach dem Krieg hat sie dem Christentum ihrer Mutter abgesagt und ist zur Religion ihres Vaters übergelaufen. Mit fliegenden Fahnen, Leib und Seele. »Wir sind, was das Erbe in uns ausmacht«, sagt sie. Ihr Vater wurde gleich 1933 – neues Beamtengesetz – aus Deutschland vertrieben. Da gab es also einiges nachzuholen, für beide. Nun hat sie die zehn Gebote, mehr brauche sie nicht. Und auch wenn sie gesündigt habe, verlasse Gott sie nicht, stehe immer hinter ihr, sie müsse sich nur umsehen.

Ich werde beobachtet, auch hier, die können mich hier sehen.

Und wenn sie einmal sterbe, sagt Esther, gebe sie ihren Atem an Gott zurück. Wozu also spekulieren, ob sie noch einmal lebe? Sie lebe jetzt und hier – und gerne. Vor allem in ihrer Gemeinde. Die Christen mit ihrem dauernden Sündenbekenntnis, ihrer Angst vor dem Fegefeuer, entsetzlich! Damals, als dieser Papst an seinem Schluckauf gestorben sei, habe sie sich richtig gefreut. »Muß ich mich deswegen schämen?« Ihre geistliche Führung überläßt sie dem Rabbi, der sei weise.

Immer wieder spekuliert Esther darüber, warum Judentum und Christentum sich getrennt hätten. »War das nötig?« Eigentlich ahmten die Christen doch nur die Juden nach. So sind die Grenzen verwischt, die Gräben zugeschüttet. Keiner weiß mehr so recht, an was er eigentlich glaubt, glauben soll. Sowohl in jüdischen als auch in christlichen Gemeinden wird gebetet, werden Kinder und Alte betreut, werden Feste gefeiert, herrlich! Ob Mazze oder Nudelsalat … Hauptsache gläubig. Gottes Sohn, Auferstehung? Geschenkt.

Du hattest ja, laut Anna, deine eigenen Philosophien. Aber damals, in Suresnes? Deinen Sohn taufen lassen, die Messe besucht …? Ich weiß, daß es auch Spitzel in den Kirchen gab … Schon ein leiser patriotischer Ton in der Predigt konnte einen Pfarrer den Kopf kosten.

Wer sind sie, deine Toten, Jakob?

In *Neuengamme* hast du erzählt, bei den Yogis in Indien in die Lehre gegangen zu sein. Das habe dir Kraft verliehen, alles durchzustehen. Sei aber schwierig zu vermitteln, weil eine völlig andere geistige Dimension. Ein anderer *Planet*. Aber wohl auch nützlich fürs Hier und Jetzt, oder? Jeden Morgen Yoga, Kopfstand, Bürstenmassage. Total fit, meinen die, denen du nicht – wie Tanja zuletzt – als *wimmernder Greis* unter die Augen gekommen bist.

Zurück in Hamburg habe ich sie endlich am Telefon. Du habest sie immer mit Kopfstand begrüßt, sagt die junge Frau. Peinlich? Nein, bei dir sei alles grundsätzlich anders gewesen.

Als ihr euch damals im Kaufhaus kennenlerntet, sei sie ganz unten gewesen, totale Krise. Schnell hast du deine – frauenspezifische – Diagnose gestellt: *Seelenverwandt,* und damit, auch bei ihr, voll ins Schwarze! Getröstet, geborgen gefühlt habe sie sich. Du, ein Grandseigneur, vor dem Krieg garantiert reich und, wenn sie nicht ganz falsch liege, adelig. Sie lasse sich schließlich nicht mit jedem ein.

Aber nicht nur Kopfstand zur Begrüßung. Auch dein mit rotem Samt und großen Spiegeln ausstaffiertes Schlafzimmer habest du ihr und ihrer Freundin jedesmal vorgezeigt. Immer zu zweit seien sie bei dir gewesen, mit Kuchen. Du solltest es gut haben. Dann habe sie photographiert. Nein, an die Wäsche seiest du weder ihr noch ihrer Freundin gegangen. Obwohl, wenn sie sich das jetzt so überlege, vielleicht doch – so 'n paar Frühlingsgefühle? Ach, Jakob.

JUNI

Pfingsten/*Shavuot.* Der *fünfzigste Tag* – nach Ostern. Eigentlich dauert dieses Fest drei Tage, das kann man schon bei Goethe nachlesen. Aber wer weiß das heute noch?

Was hat Esther gesagt? *Shavuot* wird sieben Wochen nach *Passah* begangen, eigentlich ein Dankgottesdienst, Ende der Gersten-, Beginn der Weizenernte. Für drei Tage stehe der Himmel offen – über Jerusalem.

Ich soll aufhören, ich weiß, du wolltest mit alldem nichts zu tun haben. Zwar bist du Mitte der Fünfziger zum Judentum zurückgekehrt und ein Jahrzehnt später offizielles Mitglied der Jüdischen Gemeinde in Hamburg geworden – aber was besagt das schon. Schluß! Gemeindemitglied übrigens fast zur selben Zeit wie Sozialhilfeempfänger. Von der Gemeinde dies, vom Staat das, dann kommt ein Sümmchen zusammen.

Ob es was gebracht hätte, wenn du mal in dich gegangen wärst, im *Kleinen Betsaal, Reihe zwei, links, Platz 5*? Wäre doch einen Versuch wert gewesen. Psalmen gegen Dämonen... Die Kopie deiner Platzkarte werde ich in der Akte deines Hamburger Rechtsanwalts finden. Du, ein Mitglied, von dem man in der Verwaltung der Gemeinde heute offiziell nichts mehr weiß. Und für deine Brüder und Schwestern warst du – über dreißig Jahre lang

JÜDISCHE GEMEINDE IN HAMBURG

HAMBURG 6 · SCHÄFERKAMPSALLEE 29

AUSWEIS NR. 3527

INHABER DIESES AUSWEISES:

[redacted], [redacted]

GEB. AM: [redacted] in Metz

WOHNHAFT IN: Hamburg 13, Bundesstr. 35

IST MITGLIED DER JÜDISCHEN GEMEINDE IN HAMBURG.

HAMBURG, DEN 16. Mai 1967

JÜDISCHE GEMEINDE IN HAMBURG

SYNAGOGE

HAMBURG – HOHE WEIDE 34

PLATZKARTE FÜR 5729 / 1968/69

KLEINER BETRAUM — REIHE 2 LINKS — № 5

– nur der *Spinner.* Selbst von dort also nichts als Verleumdungen, kein Beistand. Um dein Ansehen zu retten, hast du dann gerade hier ganz schweres Geschütz aufgefahren.

In den Unterlagen des *Zentralarchivs zur Erforschung der Geschichte der Juden in Deutschland* finde ich einen *Hilferuf aus der Folterkammer* an den *Präsidenten der Jewish Agency for Israel, Genf,* geschrieben 1968 in *Santa Fu,* von deiner Hand. Sieben Seiten auf liniiertem Papier: *Beschwöre ich Sie inständig, Herr Doktor und weise darauf hin, daß ich hier in gesetzwidriger Weise in staatlicher Beobachtung gehalten werde, was ein himmelschreiendes Unrecht darstellt, das im Vergleich zu den Verbrechen des Tausendjährigen Reichs um nichts nachsteht ...* Du, der Nabel der Welt, alle nur denkbare Grausamkeit allein verübt an dir. Nach den üblichen Beschreibungen der Beobachtungsapparate fährst du fort: *Gestatte ich mir, Ihnen zu suggerieren, daß Sie sich durch die Ihnen zur Verfügung stehenden Möglichkeiten, die mir nicht zur Hand sind, vom israelischen Geheimdienst aufklären lassen mögen. Gegebenenfalls, daß dieser negieren würde, diese Beobachtungsapparate zu besitzen, wäre ich gezwungen anzunehmen, daß er, der GD, wie in allen anderen Ländern auch, eher geneigt ist, ein Menschenleben zu opfern, als ein derartiges Staatsgeheimnis preiszugeben.*

Wer schreibt so was – ein *Spinner?* Jakob Birnbaum war nicht koscher, habe einer, der angeblich Kontakte zum *Mossad* besaß, einmal zu Osip gesagt.

Nicht koscher, Jakob?

Also, drei Tage offen, der Himmel, über Jerusalem. Aufgeklärte Juden sagen mir, New York sei die Hauptstadt von Israel. Oder, noch schlimmer, Israel sei ein faschistischer Staat. Aber wir wollen nicht die israelische Regierung und das Judentum in einen Topf werfen. Wie überhaupt viel zuviel in einen Topf geworfen wird. Wer heute in Deutschland etwas gegen Israel sagt, gerät rasch in den Ruf, Antisemit oder ein Leugner des Holocaust zu sein. In vierzehn Tagen werde ich während einer *Jüdischen Woche* in Leipzig einen Vortrag von Avi Primor hören. Und sehen, was der – zu allem – sagt.

Die Bibliothekarin aus dem *Oberlandesgericht* hält Wort: Entree bei der Richterin. Übrigens könnten, wenn es nach ihr ginge, unten bei den Landungsbrücken noch viel mehr Ausländer wohnen, sagt sie, vor allem die Schwarzafrikaner fehlten ihr. Die seien nämlich besonders nett, sie reise viel in diesem Kontinent herum. Da sei man gegenüber *Bei Susi* aber ganz anderer Meinung, sage ich. »Ach die!« sagt sie.

Stimmen, Jakob.

Ich schicke ihr zum Dank ein Buch.

Hamburger Oberlandesgericht.

Zunächst Kaffee und Kuchen in der Bibliothek, dann, ein Stockwerk höher, Audienz. Direkt mit dir zu tun hatte die Richterin nicht, aber als *Mitglied im Entschädigungssenat* habe sie ähnlich undurchsichtige Fälle erlebt, sagt sie. Im Zweifel habe man immer für den Antragsteller entschieden. Besser zehn Leuten zu Unrecht etwas geben, als einem, dem es wirklich zustehe, etwas zu versagen.

Also auch hier wieder die Spur derer, die sich nicht scheuen, Honig aus dem Leiden anderer zu ziehen? Was für Geschichten! Jedoch habe so ein Film wie *Holocaust* selbst das Erinnerungsvermögen von Opfern und Zeugen beeinflußt, sagt die Richterin. Erstaunlich, wovon nach dessen Ausstrahlung im Fernsehen in einigen Fällen plötzlich die Rede gewesen sei. Sie selbst habe diesen Film nicht angesehen – das liege außerhalb dessen, was sie ertragen könne.

Das Zimmer, der Tisch, die Aktenberge, eigentlich alles viel zu hoch, zu groß, zu zentnerschwer für diese zarte kleine Frau. Überhaupt, das Gebäude! *Erbaut als palastartige Anlage in Formen deutscher Renaissance,* steht am Portal zu lesen. Hinter jeder Tür, hinter jeder Säule, jedem Erker, das Säbelgerassel staatlicher Macht. Credo: Gesetze & Paragraphen. Wer hier eintritt, wird – so oder so – zum armen Würstchen. Ob Richter, Rechts- oder Staatsanwalt, Angeklagter, Antragsteller oder Kläger, alle sitzen im selben Boot, tanzen gemeinsam um dasselbe goldene Kalb – die Tat oder den Fakt. Stell dir vor, alle Roben, Barette und Talare an die Haken, wenn es solche wie dich nicht gäbe, Jakob! Lohn und Brot für Tausende dahin. Ihr, in deren Köpfen sich die Welt andersherum dreht, seid unverzichtbar.

Ursprünglich, sagt die Richterin, habe sie Strafverteidigerin werden wollen, um zu Unrecht Angeklagten beizustehen, genau besehen sei ihr aber während der Ausbildungszeit kein einziger untergekommen – oh, schnöde Welt! –, und sie habe dann eine andere Laufbahn gewählt. Sie will mir helfen, und in ein paar Wochen werde ich tatsächlich sowohl deine *Wiedergutmachungsakte* in der *Behörde für Arbeit, Gesundheit und Soziales* als auch deine *Gerichtsakte* einsehen. Außerdem wird sie die Adresse deines damaligen Rechtsanwalts ausfindig machen. Heute wohl so um die Achtzig, schätzt sie.

Aber jetzt muß ich erst mal nach Köln.

Köln.

Eigentlich wegen einer Hörbuchproduktion. Zwischendurch ist auch mal wieder mein Leben dran – *Armer Poet?* Aber ganz abgesehen davon gibt es hier noch eine wichtige Adresse. Von deinem Sohn Ellart. Seine letzte. *An St. Magdalenen,* Altstadt. Am *20. März 1959* wurde er hier tot aufgefunden – das Röhrchen neben sich auf dem Nachtschrank. *Evangelisch, nicht verheiratet, Stunde des Todes unbekannt, eingetragen auf schriftliche Anzeige der Kriminalpolizei, Köln. Beruf: Musiker,* steht in seiner Sterbeurkunde.

Am ersten Abend photographiere ich das Haus – rot gestrichen, schmale Fenster. Drei Stockwerke. Kein einziger Name an der Klingelleiste. Und zwei Tage später, vor meiner Abreise, lese ich beim Frühstück im Hotel in einer Zeitung, daß Wolfgang Niedecken in der Straße *An St. Magdalenen* aufgewachsen ist, und daß Wim Wenders dort vor ein paar Wochen einen Film über ihn und seine Band gedreht hat.

Die Auskunft nennt mir unter Niedecken: Käthe, und ich rufe sie an. Ja, sie sei seine Mutter – sofort hilfsbereit, vielleicht könne sie ja vor Ort für mich ..., direkt an der Ecke *St. Magdalenen* habe sie in den Fünfzigern ihren Laden gehabt. Außerdem solle ich unbedingt auf einen Kaffee kommen, wenn ich das nächste Mal in Köln sei.

Ellart, geboren am 10. Dezember 1928 im *Allgemeinen Krankenhaus Sankt Georg,* Hamburg, ab 1933 *Halbjude.* Hat Hanne ihn gleich weggeschafft, in ein Heim gesteckt? Wo sollte sie hin mit ihm, ledig, allein in einer fremden Stadt, du im Berliner Knast? Sie mußte doch Geld verdienen. Du hast ihn wahrscheinlich nur auf den Photos gesehen, die deine Hanne dir nach *Moabit, Plötzensee* oder wer weiß wohin geschickt hat. Während des Krieges soll er im *Haus Kinderschutz* gewesen sein, einem Berliner Waisenheim. Und nach 45? Wußte er, wo du warst? Hat er seinen Vater gesucht, in Paris, in *Fresnes* oder in *La Santé?*

»Det war ja vielleicht 'n Früchtchen«, wird der nette Archivar am Berliner *Landesarchiv* sagen, der, ganz wider Erwarten, auch noch etwas über deinen Sohn Ellart in seinem Bestand entdeckt. Eine kleine Latte von Haftstrafen, zunächst eher Bagatellen: *Grenzvergehen, Nichtführen einer*

Kennkarte, Ausweislosigkeit, aber dann, leider, auch *Diebstahl.*

Straffällig ist immer gut, dann findet man was.

Anfang der Fünfziger soll Hanne ihn auf ein Konservatorium in Berlin geschickt haben. »Er sollte doch spielen wie Zacharias«, wird ihre Nichte, Ellarts Cousine, sagen. Statt dessen? »Fassadenkletterer.« Erst nach ein paar Andeutungen über dich wird sie mehr rauslassen über diesen schrägen Vetter. »Denn hatte der det ja wohl von dem.« Sonst sei in der ostpreußischen Familie *so wat* nämlich nicht vorgekommen. Als Beruf werde ich in seinen Papieren außer *Musiker* auch noch *Dolmetscher* finden – und nebenbei dann also auch noch *Fassadenkletterer* gewesen. Vielseitig, wie du. *Denn hatte der det ja wohl von dem.*

Leider wird von Käthe Niedeckens Vertrauensleuten keiner etwas über deinen Sohn Ellart herausfinden. Weder die Fischfrau *An St. Magdalenen,* der Dachdecker, die Karnevalssängerin noch jemand im Pfarrbüro. Nicht einmal der Beerdigungsunternehmer K., und dabei – Käthe denkt mit, wir telefonieren viel – mußte das Kerlchen doch irgendwie zurück nach Berlin transportiert worden sein. Auf dem *Heilandfriedhof,* wie ich erfahren werde, hat Hanne ihn – evangelisch – begraben. Wedding.

Nur einer findet etwas, und zwar schnell. Der Chef der *Abteilung Leichenauffindung/Mord* der Kölner Kriminalpolizei. Im Keller. Kaum fünfzehn Minuten nach meinem Anruf ist er wieder am Telefon: »Drei Wochen war *Ihr Mann* in der Stadt, Zimmer *An St. Magdalenenstraße* von der Obdachlosenfürsorge, Motiv: Schwermut.« Verstehe, wer frohen Mutes ist, schluckt keine Schlaftabletten.

Was mag der Grund für seinen Freitod gewesen sein? Bewerbung geplatzt? Eine Frau? Er hatte doch schon einiges erlebt, der junge Mann, bittere Erfahrungen gesammelt – sein Leben von Anfang an kein Zuckerschlecken. Oder war er lediglich zum Karneval nach Köln gereist – just for fun – und dann plötzlich *schwermütig* geworden. Als man ihn fand, war Passion, neun Tage vor Ostern. »Der war eben komisch.« Wie, komisch? »Ick wees nich«, wird seine Cousine sagen.

Aber schlau eingefädelt. Mit dem Zimmer. Warum Geld ausgeben für etwas, was man bei der Obdachlosenfürsorge umsonst bekommt? Von einer Mutter in Westberlin, Oberstleutnantwitwenrente, Wohnung samt Geige mußte in Köln ja niemand etwas wissen.

Wegen Ellart telefoniere ich noch viele Wochen herum. *Jugendämter,* Hamburg und Berlin, *Suchdienst des Deutschen Roten Kreuzes,* München.

Und dieses *Haus Kinderschutz* in Berlin? Von 1943 bis 45 soll dein Sohn dort untergebracht gewesen sein. Anfang des Jahrhunderts als *Erziehungsanstalt,* vom *Verein zum Schutz der Kinder vor Ausbeutung und Mißhandlung e.V.* gegründet, während des *Tausendjährigen Reichs* vollgestopft mit *Hurenkindern* und anderem *Abschaum,* eingewiesen über das Jugendamt. Kinder, die bereits alles hinter sich hatten, vor allem die Mädchen. »Ein armes Häuflein«, sagt mir eine ehemalige Erzieherin – brüchige Altfrauenstimme – am Telefon. Sie selbst sei damals kaum älter als ihre Schützlinge gewesen. Von einem Ellart weiß sie nichts. Wahrscheinlich ging sie, kurz bevor er kam. »Wilde Truppe«, meint der Archivar im *Landesarchiv,* in den Parks – er sei in der Gegend aufgewachsen – habe man sich von den Kindern des *Hauses Kinderschutz* ferngehalten. Und der Direktor des *Heimatmuseums Zehlendorf* erzählt: »Wat meinen Sie, wat hier los war, als im Mai 45 die Russen –« *In den letzten Tagen des Krieges etwa achtzig Kinder, um die vierhundert Flüchtlinge, 1500 Mann Panzertruppe in Baracken,* lese ich im Bericht des damaligen Direktors der gegenüberliegenden *Südschule. Ein kaum mehr zu überblickendes Chaos. Wir fingen ein herumstreunendes Pferd, schlachteten es im Hof, verteilten das Fleisch roh, plün-*

derten am Teltowkanal ein Magazin. Unmengen von Trockenkartoffeln und Puddingpulver. Leider hat das in russischer Sprache verfaßte und am Haupteingang angebrachte Plakat *»Rotes Kreuz! Eintritt verboten«* die betrunkenen plündernden Soldaten nicht abhalten können. *Noch am Donnerstag, dem 10. Mai (Himmelfahrt) trieben sie es besonders toll und gaben der Unterkunft und meiner Wohnung den letzten Rest.*

Hanne war zu der Zeit unterwegs – zu Heinrich – nach Warschau. Vor mir liegt die Kopie ihres Passierscheins zum Jahreswechsel 1943/44, mit Verlängerung. Heinrich, Heinrich über alles! Längst ausgezeichnet und befördert *für seine Tapferkeit im Kampf gegen polnische Truppen und Banden.* Ein Mann *weit über dem Durchschnitt, Führerpersönlichkeit, unbedingt, zuverlässig.* Nachzulesen in den

Deutsche, verteidigt Euch
gegen die jüdische
Greuelpropaganda,
kauft
nur bei Deutschen!
Germans defend
yourselves against jewish
atrocity propaganda
buy only at German shops!
Deutsche!
Wehrt Euch!
Kauft nicht bei Juden!

Akten, die über das *Document Center* des Berliner *Bundesarchivs* eingehen. Neidisch, Jakob? Du kannst lediglich mit einem Intermezzo bei der Berliner SA aufwarten. *Für eine Suppe* seiest du eingetreten, hast du auf dem Video in Neuengamme erzählt. In dem Lebenslauf in deiner Hamburger Strafakte von 1953 lese ich diese Episode so: *1933 in die SA eingetreten, in Unkenntnis meiner Eigenschaft als Halbjude, deshalb von der Gestapo in ein Verfahren verwickelt, Schlägerei vor jüdischen Geschäften. Rausschmiß!* Kurz nach deiner Entlassung, am 1. April 33, riefen die Nazis zum Boykott jüdischer Geschäfte auf, es kam, wie man weiß, zu heftigen Diskussionen, sogar Schlägereien. In Berlin sollen ordengeschmückte Generäle demonstrativ bei Juden eingekauft haben. Auf welcher Seite warst du, Jakob? Vielleicht hat deine Herkunft dich sogar vor Schlimmerem bewahrt? Abgesehen davon, daß du 1933 nirgendwo auf der Welt sicherer hättest sein können als in einer Gefängniszelle. Vielleicht sogar vor dir selbst ...

Berlin.

»Schiffsreisen, Bücher, dicke Rente – und dann dieser Tod!« En detail malt mir Hannes Hausmeister ihre letzten Stunden aus, so, als sei alles gerade erst gestern passiert und nicht bereits vor zwölf Jahren. Sogar, auf welchem Friedhof sie liegt, weiß ich jetzt. Mit dem Ärmel ihres Perlonmorgenrocks sei sie ohne es zu merken auf die Herdplatte gekommen, und dann ... still und leise in ihrem Wohnzimmer ... Schwelbrand, Dämpfe. Als er es gerochen habe, sei es zu spät gewesen. Total schwarz, der Kopf. Die ist hin, habe der Feuerwehrmann gesagt. Ja, eine Nichte gebe es noch.

»*Er* wollte«, sagt die Nichte, aber als die Tante dann den Rabbi gesehen habe, sei es ihr plötzlich wie Schuppen von den Augen gefallen. Rückzug!

Ist das wahr, Jakob, hast du deine Hanne wirklich heiraten wollen? War sie es, die dir einen Strich durch die schöne Rechnung gezogen hat?

Wieder ein Wohnzimmer. Dieses Mal Cord-Sitzgruppe, Kacheltisch. Nähe Bahnhof Zoo. Wieder Kuchen mit Sahne. Wo überall ich in den letzten Monaten deinetwegen Kuchen mit Sahne gegessen habe! Ein heißer Tag. Meinetwegen sind sie aus dem Schrebergarten in die Stadt gekommen, Hannes Nichte, ihr Mann und die Schwägerin. Wollen alle drei doch mal sehen, wie eine aussieht, die Bücher schreibt. Ich stelle mich dumm, weiß noch nicht viel von der Tante und ihrem Heinrich. Über dich mache ich lediglich ein paar Andeutungen.

Hanne und du! Ihr zwei habt euch gefunden. Zwei, die ganz hoch hinaus und etwas Besseres sein wollten, als ihnen in die Wiege gelegt war. Weg von Eltern und Geschwistern. Du sechs davon in Metz – nicht in Berlin, Hanne neun in Ostpreußen, achthundert Kilometer von Berlin. Drei Tage dauerte die Reise mit dem Bummelzug. Hanne habe sich die Augenbrauen mit Zichorie gefärbt, sich ins Gras gelegt und Bücher gelesen, sagt die Nichte, sich weggeträumt, anstatt mit anzupacken auf dem Hof. Und dann allein nach Hamburg! Nähen konnte sie. Aber dann habe sie es ja zu was Besserem gebracht.

Ob sie wirklich oben im *Atlantic Hotel* als Schneiderin gearbeitet hat oder doch eher unten, im *Offizierskasino,* am Alsterufer? In der Hotelchronik – mit Widmung vom freundlichen Empfangschef überreicht – werde ich von einer eigenen Nähstube lesen. Aber die Personallisten reichen nicht zurück bis in die Vorkriegszeit, hier geht es nur um große Gäste. Eine kleine Schneiderin aus Ostpreußen? Völlig uninteressant.

Das *Atlantic Hotel!* Tor zur Welt. Wer Schluß machen wollte mit Ostpreußen oder einer jüdischen Sippe, der mußte hier ansetzen. Hier, oder unten im *Kasino.* So habt

ihr euch kennengelernt. Zwei Versprengte, an einem Ort, an den sie eigentlich nicht gehörten. Vielleicht hast du Hannes Herz als Erbe eines Kaufhauses in Berlin gebrochen und dringende Geschäfte dort vorgeschoben, als sie schwanger war? Irgendwann jedenfalls wird die Wirklichkeit sie eingeholt haben und sie im *Kasino* wieder auf Pirsch gegangen sein. Später war det ja 'n richtjer Puff, habe die Tante während eines gemeinsamen Hamburgbesuchs beim Spaziergang um die Alster gesagt.

Ellart wurde getauft, *evangelisch* steht in seinem Totenschein. Vielleicht aus Wut auf dich? Oder zum Schutz vor den Nazis? Darüber wissen Hannes Nichte, ihr Mann und die Schwägerin nichts. »Fragen durftest du ja nicht«, bestätigen sie sich gegenseitig.

Also doch! Ein Riß durch die Familie, wegen dieses Kindes – dieser Schande? Als er klein war, durfte Ellart zwar noch die Sommer in Ostpreußen verbringen, mit seinen zahlreichen Vettern und Cousinen auf dem Hof spielen, aber im Haus der Großeltern wohnen durfte er nicht. Da sei zu wenig Platz gewesen, sagt die Nichte. Und sie muß es ja wissen. Außerdem sei Ellart eben irgendwie komisch gewesen. Aber später in Berlin, bei Familienfeiern ... Geigenspiel ... wie Zacharias. Da sei die Tante richtig stolz auf ihn gewesen.

Erst ihr Kind im Stich gelassen, nach dem Krieg wieder zu sich geholt – und dann ab damit ins Rampenlicht! oder wie sonst soll ich mir Hanne vorstellen?

Von Warschau aus sei die Tante dann direkt nach Sachsen, zu Heinrichs Eltern. Wo Ellart abgeblieben sein mag, weiß seine Cousine nicht. Oder sie sagt es nicht. Ob der tapfere Heinrich überhaupt von dem süßen Geheimnis seiner Frau gewußt hat? *Die Kinderlosigkeit meiner Ehe ist darin begründet, daß meine Frau infolge einer vor sieben Jahren notwendig gewordenen Operation nicht mehr zeugungsfähig ist. Heil Hitler!* hatte er 1943 auf Anfrage einem Vorgesetzten schriftlich mitgeteilt. Er soll ein guter Stratege gewesen sein, sagt die Nichte, nichts weiter, und ihre Tante habe sich »*Meinem Heinrich*« auf ihren Grabstein gewünscht. Also gut: Hanne aus Ostpreußen liebte zwei Männer – einen Juden, der überlebte, weil er kein Held war, und einen Nazi, der starb, *weil* er ein Held war – so einfach ist das.

Hast du gewußt, wie Hanne umkam, hast du sie je in Berlin besucht? »Einmal war er bei ihr«, sagt Hannes Nichte, aber darüber habe die Tante nicht sprechen wollen, auch später nicht, mit niemandem. »Wie lange braucht man denn für so 'n Buch?«

Anfang 1984, genau fünfundzwanzig Jahre nach Ellarts Tod, hast du dir von Hanne eine *Eidesstattliche Erklärung* bezüglich deiner Vaterschaft geholt, um für deinen Sohn zu Felde ziehen, genauer, um notariell *beeiden* zu können, daß auch er Opfer der Geheimdienste gewesen, von *Denen* in den *blanken Tod* getrieben worden sei.

Nur wenige Monate zuvor war groß und breit der Tod Lutz Eigendorfs durch die Presse gegangen, dieses Fußballchampions aus der DDR, der 1979 nach einem Spiel im Westen geblieben war. Es wurde gemunkelt, daß er – wie andere übergelaufene Prominente auch – von der Stasi auf westdeutschem Boden... Für dich ein klarer Fall – und anwendbar für persönliche Zwecke.

Ich telefoniere mit einem Geigenprofessor aus dem damaligen Konservatorium, aber auch er hat nie von einem Ellart gehört, den *Heilandfriedhof* gibt es nicht mehr, und der Pfarrer, der ihn beerdigt hat, wurde schon vor vielen Jahren suspendiert, weil er mit einer Konfirmandin durchgebrannt sei, sagt der Küster – aber danach hatte ich gar nicht gefragt. Wochen später werde ich in alten Taufbüchern Hamburger Kirchen stöbern, aber nicht einmal dort den Namen deines Sohnes finden. Dafür häufig das *häßliche Spuriuszeichen*, wie die nette Dame im Kirchenbüro St. Georg es nennt. Das Zeichen für *Hurenkind.*

Landesarchiv Berlin.

Eine Stunde mit der U-Bahn vom *Bundesplatz,* wo ich bei Freunden wohne, bis *Eichborndamm.* Eigentlich ist das Archiv nach dem Umzug noch geschlossen, aber ich darf – wieso eigentlich? – trotzdem kommen. Die Gänge voll mit Kartons. Der nette Archivar hat mir deine Akte rausgelegt. Auf einen blanken Konferenztisch, in einem großen, sonst noch völlig leeren Raum.

Deine Strafakte von 1933, stell dir vor! *Straffällig ist immer gut.* Schon der Deckel ein Vergnügen. Verwischte Zeilen auf einst rostrotem Grund, Wasserflecken, Brandspuren, Risse – fast siebzig Jahre darüber hinweggefegt. Wo überall sie wohl gelegen haben, verschüttet und wiedergefunden worden sein mag. Titel: *Staatsanwaltschaft beim Landgericht, Birnbaum im Rückfall.* Große Signatur, darunter Kalendarium: *Eröffnungsbeschluß, Berufungsinstanz …* Letzte Zeile: *Aufzubewahren bis …*, ein längst verstrichenes Datum. Hab ich ein Glück! Rechts oben quer, mit flotter Hand: *Ausländer.* Hinter *Kosten* die Bemerkung *Arm!* Ein zweihundert Seiten typographisch-kalligraphisches Feuerwerk: Fraktur, Antiqua, Schreibmaschine, diverse Handschriften, Ziffern und Stempel. Manche Ränder sind mit kleinen Schnörkeln, Mustern oder Fratzen verziert. Wirklich hübsch! Neben einer offenkundigen Lüge von dir im Verhörprotokoll steht mit Ausrufungszeichen: *Schwein!*

Atemlos blättere ich. Nach ein paar Stunden bringt mir eine freundliche Sekretärin Früchtetee.

Die arme Witwe F.! Nicht nur ihre *letzten vier Goldringe, die Perlmuttmanschettenknöpfe ihres verstorbenen Gatten und die Emailledose mit Gravur – Wert sechshundert Reichsmark* – hast du ihr gestohlen, nachdem deine Freundin –

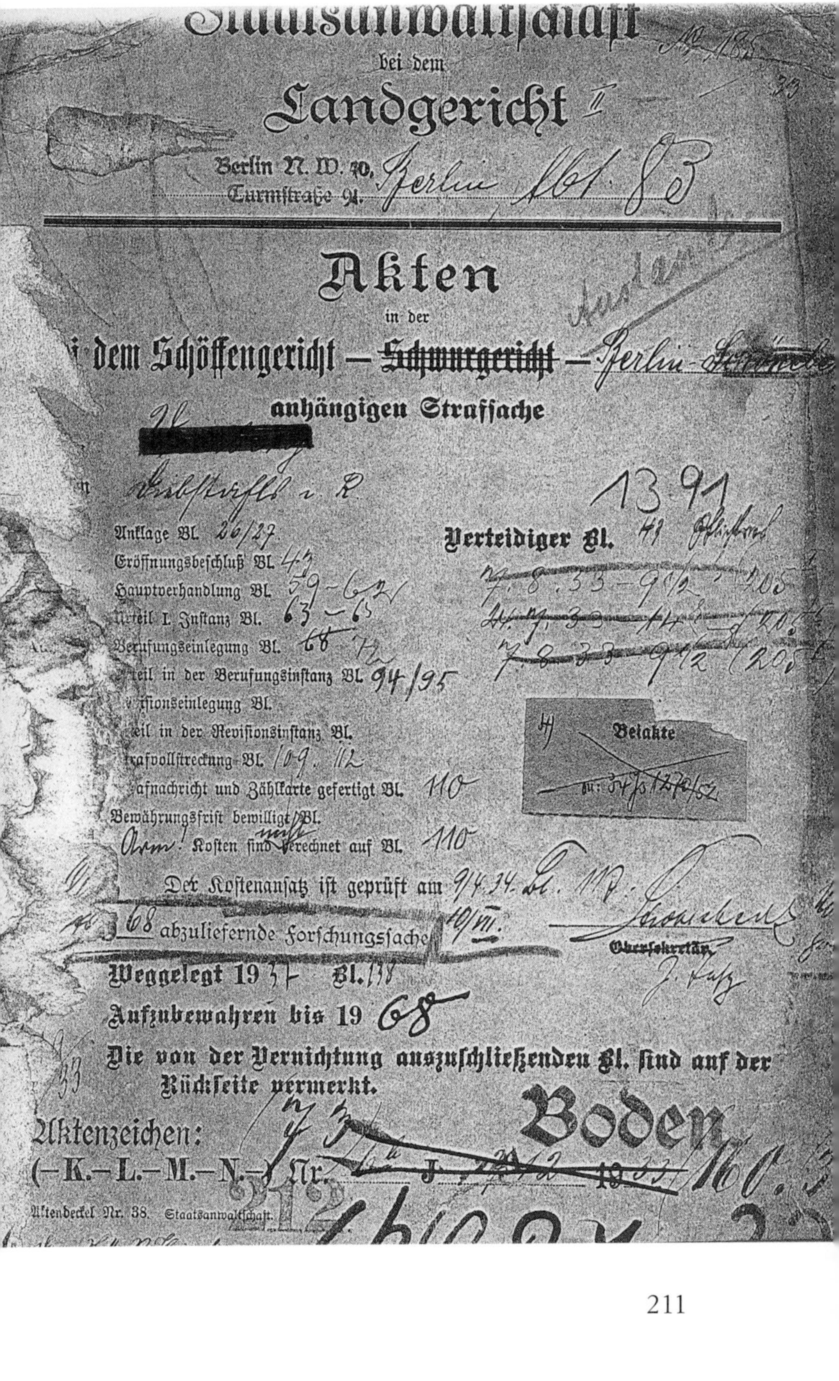
Staatsanwaltschaft

bei dem

Landgericht II

Berlin N.W. 40, Turmstraße 91.

Akten

in der

bei dem Schöffengericht — ~~Schwurgericht~~ — Berlin

anhängigen Strafsache

[redacted]

Anklage Bl. 26/27

Eröffnungsbeschluß Bl. 43

Hauptverhandlung Bl. 59–62

Urteil I. Instanz Bl. 63–65

Berufungseinlegung Bl. 68

Urteil in der Berufungsinstanz Bl. 94/95

Revisionseinlegung Bl.

Urteil in der Revisionsinstanz Bl.

Strafvollstreckung Bl. 109. 112

Strafnachricht und Zählkarte gefertigt Bl. 110

Bewährungsfrist bewilligt Bl.

Kosten sind berechnet auf Bl. 110

Verteidiger Bl.

Beiakte

Der Kostenansatz ist geprüft am 9.4.34.

abzuliefernde Forschungssache

Obersekretär

Weggelegt 1937 Bl. 138

Aufzubewahren bis 1968

Die von der Vernichtung auszuschließenden Bl. sind auf der Rückseite vermerkt.

Boden

Aktenzeichen:

(–K.–L.–M.–N.–) Nr.

Aktendeckel Nr. 38. Staatsanwaltschaft.

besagte, für dich so opferbereite Frau Uriel – sie aus dem Haus gelockt hat, nein! Ein skrupelloser angeblicher *Schwager* brachte ihr, als du eingelocht warst, auch noch zwei Ringe zurück und ließ die gute Seele den Erhalt schriftlich bestätigen, nur, um – für den nächsten Betrug – ihrer Unterschrift habhaft zu sein: sie nämlich unter eine *Erklärung* zu setzen, *inzwischen den Differenzschaden* von einem deiner Verwandten bar in Reichsmark erhalten zu haben und also *an deiner weiteren strafrechtlichen Verfolgung nicht mehr interessiert* zu sein. Wie plump! Ebenso wie die *Bittschrift zum Ausführen zwecks Kautionsbeschaffung* zu einem Kaufmann Rosenstock. Dieser sei bereit, dir Geld zu leihen, allerdings nur, wenn man dich mit höchstens zwei Begleitpersonen zu ihm führe – und diese in Zivil. Als eindeutiger Fluchtversuch aufgeflogen, und auch dein *Schwager* festgenommen. Ein langer Brief von ihm in deiner Akte. Voll Reue über die gemeinsam begangene Tat und guter Ratschläge. Reinste Kalligraphie. *Was du erstrebt trefflich gelinge, was du vollbracht, Segen dir bringe.* Segen, Jakob. Er sei ans *große Reinemachen* gegangen. *Und wie das ausfallen mag, wissen die Götter.* Anrede: *Mein lieber Jakki.*

Die Götter, das trostlose Leben und Jakki. Deine Akte führt dich mir als 27jährigen vor. Nach eigenen Aussagen *seelisch und körperlich eine Ruine.* Einer, dem kein Aufenthalt gewährt war, der aber auch kein Geld besaß, *um Deutschland zu verlassen.* Schuld an allem sei seine Rauschgiftsucht. Opium, Kokain. 1933 also noch kein Wort von einem vergeblichen Versuch, in die SA einzutreten. Ob nun für eine Suppe – oder aus wer weiß welchen Gründen.

Sämtliche Angaben des Angeschuldigten tragen den Stempel der Lüge an der Stirn, er sei alles andere als ein *durch Not oder politische Verhältnisse Verfolgter und dadurch gestrauchelter Mensch,* sondern *ein mit allen Wassern gewaschener Verbrecher, mehr als eng mit der Verbrecherwelt verwurzelt.* Hübsche

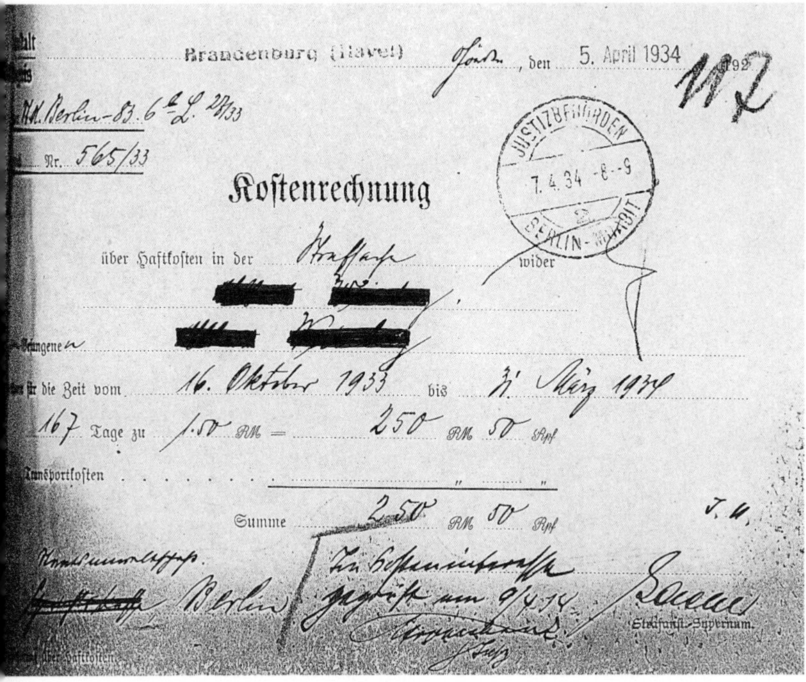
Brandenburg (Havel), den 5. April 1934

Nr. 565/33

Kostenrechnung

über Haftkosten in der Strafsache wider

[redacted] [redacted]

Gefangenen [redacted] [redacted]

für die Zeit vom 16. Oktober 1933 bis 31. März 1934

167 Tage zu 1.50 RM = 250 RM 50 Rpf

Transportkosten . . . . " "

Summe 250 RM 50 Rpf

Berlin

Prosa, die man 1933 in deutschen Amtsstuben verfaßt hat.

Siebenundzwanzig Jahre gelebt, vierundsechzig lagen vor dir, eine noch unbefleckte Landschaft. Hätte es nicht auch ganz anders kommen können? Mußte es so weitergehen, wie es dann weitergegangen war – die vielen *Kummer- und Leidfäden?* Hättest du nicht auch ganz andere Chancen gehabt – bei deiner Begabung, deinem Witz, deinem Charme!

Justizvollzugsanstalt Tegel.

Erinnerst du dich? Dein erstes Gefängnis in Berlin. Januar 1929 bis April 33. Hat man dich, wie alle anderen Gauner auch, mit dem Zellenwagen der *Berliner Pferdeeisenbahngesellschaft* vom Zentrum aus hierhergebracht,

C

Transportgebühr pro Kilometer eine Mark? Dich, einen kleinen Dieb, mosaischen Glaubens, dem Rauschgift verfallen, Franzose, zweiundzwanzig, Sohn Ellart gerade mal sechs Wochen alt.

Vor dem Tor wartet ein Herr der *Senatsverwaltung für Justiz* auf mich, mein Geleiter durch die Unterwelt. Schleuse, Ausweis abgeben, Besucherpaß. Über den Hof hinein in die *Verwahrhäuser.* Auch der Leiter der Anstalt geht mit.

Fast wie auf einem großen Schiff. Kommandobrücke, Umgänge, Treppen, alles aus Metall, hoch, offen, einsehbar, keine Zwischenböden, kleine Kajütentüren. Wir steigen die Stufen hinauf, es hallt, wenn hier einer schreit, der muß sich vorkommen wie Tarzan.

Häftlinge jeder Hautfarbe. Wir gehen aneinander vorbei, ohne uns in die Augen zu sehen.

Tegel 1929: Eine Druckerei, eine Schlosserei, Schweinezucht. Und die Bibliothek, auch heute noch gut bestückt. Von hier wirst du deine Bildung bezogen haben. Motto: Erziehung statt Vergeltung. Durch Ordnung und Arbeit Rückführung zur Sittlichkeit. Kleinkriminelle, Arbeitsscheue und Landstreicher unter sich, Schwerverbrecher saßen woanders ein, *Politische* gab es noch nicht, Machtergreifung, *Heimtückegesetz,* Judenverfolgung weit entfernt. *Dreiviertel sechs Wecken mit dem Glockenschlag,* Essen, Arbeit, eine Stunde Bewegung im Freien durch *paarweises Laufen im Kreis, 20.30 Uhr Lampenlöschen.* Nicht nur Gewalt stecke an, sondern auch menschliches Empfinden, gibt ein Gefängnisseelsorger in der Broschüre *100 Jahre Justizvollzugsanstalt Tegel* zu bedenken. Die Kirche über dem *Verwaltungsflügel* ein großer Raum, Holzgiebel, die Orgel über dem Altar. Auch während des Abendmahls keine Fluchtgelegenheit. Hast du daran teilgenommen? Oder brachte es damals noch keinerlei Vorteil, Christ zu sein?

Am Haupteingang zwei Gedenktafeln, zwei Namen, deren *Tegel* sich gleichermaßen schämt, wie es sich mit ihnen schmückt. Dietrich von Bonhoeffer und Carl von Ossietzky. Elf, zwölf Jahre nach dir waren sie hier inhaftiert. In einer Zeit also, in der aus dem Juden Jakob Birnbaum der katholische Bauunternehmer Jacques Prout – aus dem rauschgiftsüchtigen Kleinkriminellen ... ja was eigentlich geworden war?

Abends sitze ich mit meinen Freunden in einem Straßencafé und wir reden bis Mitternacht. Jetzt fragt mich keiner mehr, warum ich mich denn für so einen wie dich interessiere. Allmählich bist du auch für andere interessant geworden, mehr als nur ein irgendwie spinnerter Rentner, der sich während seiner letzten Monate als Modell ein paar Mark zur Hamburger Sozialhilfe dazuverdient hat. Wir fragen uns, ob wir nicht vielleicht auch so geworden wären wie du, wenn wir zu einer anderen Zeit, an einem ganz anderen Ort ... in einer völlig anderen Familie ...

Leipzig. *Jüdische Woche.*

Nach dem Ende seines Vortrags überreiche ich Avi Primor, dem ehemaligen Israelischen Botschafter, den Artikel aus *Jediot Achronot: Hier gibt es keine Geretteten, nur Opfer.* Er liest, stutzt, ist aber interessiert, kenne sogar den Korrespondenten. Lockere Stimmung an langen Tischen im Hof des *Museums für Druckkunst* zur Mittagszeit, Bier und Bratwurst nach schwerer Kost zum Thema *Verständigung und Verstehen.* Nur die Verzweiflung der Israelis habe Sharon an die Macht gebracht, hieß es da. Und weil wir in Deutschland sind, sagen wir dazu – wie zu vielem anderen auch – selbstverständlich nichts. Warum werfen die Schatten der Vergangenheit kein Licht auf die Gegenwart – warum fallen den Menschen immer nur Mord und Tod zur Konfliktbewältigung ein anstelle von *Verständigung und Verstehen?*

Avi Primor erzählt launige Geschichten aus seiner Studentenzeit in Deutschland, und anschließend – während seines Rundgangs durch den Museumstrakt – trägt er dich mit sich herum. Den Artikel, dein Photo. Alle sehen dich, Jakob! In Avi Primors Hand. Sicher lästig für ihn. Ich werde auch nie wieder etwas von ihm hören. Aber dennoch hat es sich gelohnt. Öffentlichkeit für dich – einen ganzen Nachmittag!

[redacted]
Avocat à la Cour
[redacted] *Avenue Hoche*
75008 PARIS

Tel. [redacted]
Fax. [redacted]
Toque A.778

7 Août 1991

Monsieur [redacted]
23, rue Wildacker
2000 HAMBURG 54 - (ALLEMAGNE)

LCD/JD DOSSIER 7
Aff : [redacted]G

Monsieur,

Je fais suite à mon courrier du 24 Juillet.

Vous trouverez en annexe la photocopie de la réponse que je viens de recevoir de la Direction du Casier Judiciaire national à NANTES.

Pour vous permettre de vous faire une opinion sur le fond de cette réponse, je vous remets en annexe la photocopie de l'article 769, 777 et 775 du Code de Procédure Pénale.

Comme vous le constaterez, il est exact que la peine prononcée étant de 5 ans d'emprisonnement est supérieure aux deux années prévues par l'article 777 du Code de Procédure Pénale.

Toutefois comme l'indique mon correspondant, vous avez la possibilité de solliciter la dispense d'inscription au bulletin numéro 3 de la condamnation prononcée le 27 Août 1940, confirmée par la Cour de PARIS le 22 Novembre suivant, le pourvoi formé contre cette décision ayant été rejeté le 26 Février 1941, soit voici plus de 50 ans.

Je suis à votre disposition pour déposer une requête en vue d'obtenir cette dispense d'inscription ce qui vous permettrait de fournir à vos éventuels cocontractants un extrait de casier judiciaire vierge.

Si vous deviez me charger de cette procédure, je solliciterai un complément de provision de 3.500 Francs H.T. soit 4.151 Francs TTC.

Merci donc de me faire connaître votre décision pour me permettre de vous faire parvenir la facture correspondante et de préparer la requête à présenter à Monsieur le Procureur Général près la Cour d'Appel de PARIS.

JULI

Nicht nur Ellarts Papiere, auch eigene hast du in den Achtzigern zusammengesucht und sie, von dir kommentiert, der Kategorie Beweise zugeführt. Beweise dafür, daß *Die* nicht von dir wichen, dir immer mehr zusetzten, dich quälten – dein Leben die Hölle auf Erden. Neben einem Bericht aus der Notaufnahme eines Krankenhauses in Berlin-Wilmersdorf lese ich: *In der Nacht vor meinem Termin beim Notar* – an dem du den Mord an Ellart *zu beeiden* gedachtest –, *wollten Die mich fix und fertig machen.* Du warst auf offener Straße zusammengebrochen, die Ärzte hatten *Rechtsseitige Pneumonie* diagnostiziert. Als aber 1988 – wie ein Sonnenstrahl aus düsterem Himmel – die Zeit mit Anna und Osip anbrach, war es dir auch darum zu tun, das eine oder andere Zeugnis der Vergangenheit zu vergolden oder, noch lieber, zu tilgen. Besser dazustehen. Der Briefwechsel mit einem Pariser Rechtsanwalt belegt deine Anfrage, ob es möglich sei – und, wenn ja, was es koste –, dein französisches Strafregister zu säubern, genauer, in den Zustand der *Jungfräulichkeit* zurückzuversetzen. *Oui,* Dreitausendfünfhundert! Du liebe Güte, woher nehmen, wenn nicht mehr stehlen? Und das in deinem Alter! Also hast du die Dinge stehenlassen müssen, wie sie nun einmal dastanden. Allerdings vor Gottes, Annas und Osips Augen in zwei Brüsseler Safes verborgen. Rein juristisch gesehen war alles doch längst abgesessen, also gesühnt – oder verjährt? Wozu eigentlich der ganze Aufwand, diese Wichtig- und Geheimnistuerei?

»Kannst du dir den Rest denn nicht einfach ausdenken?« fragt Pit.

Pit ist Maler, hat einige Jahre in Venedig studiert, und manchmal erzähle ich ihm von dir, damit er neugierig wird und mir vielleicht die auf italienisch verfaßte *Eidesstattliche Erklärung* deines Freundes Pepe übersetzt.

»Und was wäre der Rest?« Deine Baufirma in Boulogne, die *Beobachtungsapparate, weit ab in den Stellungen... am Atlantikwall,* deine vielen Freundinnen ... deine Konten in Antwerpen ... Juwelenhandel ... Falschmünzerei. Deine sieben Toten?

Ich muß noch viel mehr wissen, um mir *den Rest* ausdenken zu können, Pit.

Deine Baufirma *La Construction Nouvelle:* Wußte Pepe, wer dieser Jacques Prout eigentlich war? Hat auch er es – wie wahrscheinlich du – mit den *Boches* getrieben, den braunen Schweinen? Dann aber hätten ihn seine roten Genossen gewiß gleich nach dem Krieg gehängt, sie oder die guten Franzosen, und er wäre nicht Mitte der Achtziger ganz friedlich in Casella gestorben – wie mir das Deutsche Generalkonsulat in Mailand mitteilt.

In der *Eidesstattlichen Erklärung,* das Geschäft zusammen mit dir geleitet zu haben – sämtliche Formulierungen eindeutig von dir –, steht, Pepe sei in *Yerres (Italien)* geboren. Vielleicht deine Schreibweise für *Genova* oder *Gênes?* Selbst mit guter Schulbildung kann italienische Orthographie problematisch sein. Er jedenfalls hat den Wisch unterschrieben, großzügig wie er nun einmal war. Solltest du armer Teufel dir doch von den Deutschen holen, was von den Deutschen zu holen war, *Wiedergut-*

Io,sottoscritto [redacted],nato l' 11 9 1899 a Yerres (Italia),assicuro con questa dichiarazione di conoscere da più di trent'anni il signor Albert Weinberg nato il 29 6 1907 a Metz e domiciliato ad Amburgo 19,Wiesenstr.32.

Il signor [redacted] é ebreo,so che ha vissuto a Parigi durante la guerra dal 1942 fino alla fine del conflitto,sotto il nome di Albert P r o u t nato il 5 4 1912. Con l'identità di Albert Prout fu mio socio e comproprietario della nostra Ditta a Parigi,denominata "La Construction Nouvelle".Questo negozio fu trascritto negli atti con questa denominazione e col numero del Registro 49396-B.

Mi è noto,che il signor [redacted],alias [redacted] Prout,dal 1942 fino alla fine della guerra ha preso parte attiva nella Resistenza/FFI,ha combattuto nelle file della resistenza francese,di cui facevo parte anch'io.

Il signor [redacted],nella nostra Ditta,occupava il posto di Direttore Amministrativo ed in tale qualità si interessava della riscossione delle fatture esterne.

La nostra Ditta venne a suo tempo requisita dalle truppe di occupazione tedesche e trasformata in modo che il materiale tecnico da costruzione,servisse unicamente per i lavori edili del presidio.

Dopo l'entrata delle truppe alleate in Francia,l'esercito tedesco si ritirò battuto fino al Reno,senza saldare i conti presentati dal nostro imprenditore per i lavori edili prestati. Perciò il nostro imprenditore venne a trovarsi in grandi difficoltà finanziarie. In conseguenza l'esercizio,malgrado la cessione del materiale da costruzione di notevole valore,rimase attivo solo per spianatoi a vapore e malgrado ciò ancora in deficit. Poi non fu più in grado di funzionare.

Dottor Armando Castiglione Notaro

Sottoscritto [redacted]

Genova 30. Novembre. 1972

=================== AUTENTICAZIONE DI FIRMA =====================

L'anno millenovecentosettantadue il giorno trenta del mese di novembre in Busalla. -

Io sottoscritto Dottor ARMANDO CASTIGLIONE - Notaro iscritto nel ruolo dei distretti notarili riuniti di Genova e Chiavari per la residenza di Busalla, attesto e certifico che il signor: - - - -

ONVO LUIGI, nato a Ronco Scrivia il giorno 11 settembre 1899 e residente a Busalla in Via Roma 5, - - - - - - - - - - - - - - -

della cui identità personale io notaro sono personalmente certo, ed il quale ha rinunciato ai testimoni, ha sottoscritto la sopraestesa Dichiarazione alla mia vista e presenza.- - - -

PROCURA DELLA REPUBBLICA [illegible]

Per delega del Ministero di [illegible]

Giustizia si legalizza la firma del signor

dott. Armando Castiglione

notaio alla residenza di Genova

Genova, 13.12.1972

IL SOST. PROCURATORE DELLA REPUBBLICA

VISTO al CONSOLATO GENERALE DELLA REPUBBLICA FEDERALE DI GERMANIA a G e n o v a per la legalizzazione della firma del Signor Dott. Luigi Francesco MELONI, Sost.Procuratore presso la Procura della Repubblica a Genova.

Genova, lì 14 Dicembre 1972

p. IL CONSOLE GENERALE

(Löffler)

No. di reg.: 132/72

Tariffa : 11a

Diritti : Lire 600,-

GENERALKONSULAT DER BUNDESREPUBLIK DEUTSCHLAND GENUA 2

machung. Übrigens teilt meine Informantin im Mailänder Konsulat meinen Verdacht, *Erklärung* samt *Beglaubigung* eines gewissen *Notario* seien hausgemacht. Der hier unterschreibende *Console Generale* war 1972 nämlich gar nicht mehr im Amt. Wer aber, wie du, die Wirren eines 20. Jahrhunderts überlebte, der wußte, wie man mit Stempeln und Siegeln Papiere und Lebensläufe umstrickt. Wie man den Nornen und Göttern kräftig die Suppe versalzt. Wäre doch pure Dummheit gewesen, sich dieses Handwerks nicht auch hier zu bedienen.

Der flotte Pepe: 1899 in Ronco Scriva, also nicht weit von Genua, geboren, 1984 in Casella, auch nicht weit davon, gestorben.

Also los und weiter in der Wirklichkeit!

Pit wählt ein paar Telefonnummern in der Region Genua, holt Informationen ein, und anschließend schreiben wir einen Brief nach Casella, legen Photos von dir bei. Und es klappt. Ein paar Wochen später wird sie sich tatsächlich bei uns melden, Pepes Tochter Viviana, eine temperamentvolle Signora, jetzt um die Siebzig. Und was sie zu erzählen weiß, hätte sich wirklich niemand ausdenken können. Das wird sogar Pit zugeben.

So ist das mit der Wirklichkeit, der Wahrheit und Geschichten – durchaus ambivalent. Damit kanntest du dich bestens aus. Dein Fachgebiet. Einem deiner Basler Gutachter hast du dadurch Respekt abverlangt, den *ganzen Wirrwarr* noch im Kopf zu haben, während der Gerichtsschreiber festhielt, der Angeklagte habe im Lauf der Verhandlung *ständig alles zerzaust, selten zur Sache gesprochen.* So beurteilt jeder die Dinge nach seinem Horizont. War ja auch nicht gerade leichte Kost, was du den Schweizern damals aufgetischt hast. *Geheimwissen, Beobachterteam*, *geistig-seelische Verbindungen* – wenn auch letzteres nur mit einer Püppi. Trotzdem, ganz schön happig.

Auch Julia schreibt und telefoniert nach wie vor viel für mich. Langwieriges, nervenaufreibendes Hin und Her zwischen Hamburg und diversen Abteilungen des Pariser *Nationalarchivs.* Mißverständnisse, überflüssige Empfehlungen, Absagen. Die Hoffnung, deine französische Strafakte von 1947 einzusehen, schwindet immer mehr. Wahrscheinlich befindet sie sich im *Militärarchiv,* und dort komme, wie ich höre, nicht einmal mehr der Staatspräsident an sie heran. Wie also sollte ich ...

Wir schreiben, es gehe nicht um die »Verurteilung« einer Person, sondern um Annäherung an ein Phänomen, Transparenz, Verständnis für eine gewisse Zeit des vergangenen Jahrhunderts – kurz, um Grautöne, weil ich das ganze Schwarzweiß satt habe.

Monsieur R. und der Generalstaatsanwalt geben weitere Tips – und wollen natürlich auch wissen, wie weit wir inzwischen gekommen sind. Ich fürchte, ich werde allmählich verrückt, faxe ich.

Und aus Metz? Von Herrn M. nichts.

Lieber Jakob, anbei endlich das Photo vom Rosenmontag. Hast du in Bonn etwas erreicht? Hoffentlich bist du inzwischen wieder (einigermaßen) gesund. Herzliche Grüße ...

Eine von Hand geschriebene Karte, dazu ein Photo aus dem *Club*-Kuvert. Du mit kleinem Papphütchen in einer Bar, Faschingsdekoration. *2. März 1983,* steht auf der Rückseite. Das Frühjahr, in dem du mit wehendem Haar, deine Thesen um den Hals, vor dem *Bundeskanzleramt* auf und ab marschiert bist und dein *Tonikum*-Patent zurückgewiesen worden war.

Auch die aktuelle Adresse dieser *Club*-Freundin erfahre ich über das *Meldeamt,* Nähe Friedhof Ohlsdorf. Erst fahre ich zu deinem Grab, anschließend zu ihr.

Schon an der Fahrstuhltür empfängt sie mich, hakt sich bei mir ein, führt mich durch ihre drei Zimmer, trägt selbstgebackenen Kuchen auf und redet los. Achtes, im Krieg mißbrauchtes Kind, Schreibkraft, Mutter, betrogene Ehefrau. Seit über zwanzig Jahren Witwe. Sie habe jedoch durchaus Verständnis für ihren Mann gehabt. Letztlich sei alles nur eine Sache von Bedürfnis und Gelegenheit, wenn sie irgendwo Kuchen sehe, müsse doch auch sie naschen. Du? Geradezu sexbesessen seiest du gewesen, eigentlich also völlig falsch im *Agi-Club*. Auf Große, Üppige hättest du es abgesehen – aber keine für ewig. »Sie verstehen, was ich meine?« Jude? Ja schon, aber im *Club* habe man gedacht, wir schließen ihn nicht aus – jeder habe seine Eigenheiten. Vor dem Krieg seiest du Bauunternehmer in Berlin gewesen, dann im KZ, freigekauft und ab in den französischen Untergrund. Wohlhabend, viel gereist, Indien. Zwei Wohnungen auf Teneriffa, eine in Amsterdam. Oft seiest du monatelang wie vom Erdboden verschluckt gewesen. Immer Gentleman. »Manchmal etwas *overdressed,* oder wie sagt man?« – »Beruf?« – »Keine Ahnung, vielleicht Künstler.«

Ich erzähle dies und das von dir, um sie aus der Reserve zu locken. Sie meint: »Schlitzohr!« Bei dem Wort *Sozialamt* allerdings hört der Spaß für sie auf. »Das ist ja doll! Ich mein', ich gönn's ihm ja, aber...« Eigentlich schon von Anfang habe sie es geahnt, daß mit dir irgend etwas nicht ganz in Ordnung sei – auch hier Ahnungen, Jakob –, und irgendwann habe sie es dir direkt auf den Kopf zugesagt: Du warst Agent!

»Deine Antwort?«

Wer seinen Feind besiegen will, muß sich mit ihm gut stellen.

O-Ton Video Neuengamme.

»Oder Doppelagent! Und jetzt passen Sie auf!« Es folgt eine lange Geschichte darüber, wie du ihr eines Tages geraten habest, von jetzt ab ihre Träume nicht mehr nur als Schall und Rauch anzusehen, sondern sie ernst zu nehmen, wenn möglich, zu notieren. Und prompt in der darauffolgenden Nacht habe sie dich im Braunhemd vor sich gesehen. Äußerst intensiv. Dein Kommentar: Jetzt beobachten sie auch dich! Wegen der andauernden Observierung habest du ja auch in Bonn demonstriert, sogar ein Buch verfaßt. Ihre Tochter habe etliche Seiten davon getippt, gerade vor wenigen Monaten habe sie das ganze Zeug weggeschmissen. Wie schade!

Zum Abschied schenkt sie mir ein Photo von dir mit Badekappe – hatten wir noch nicht, Jakob –, und während sie mich zurück zum Fahrstuhl bringt, fällt ihr noch ein, daß du ihr mal eine Einladung gezeigt hast, für *Professor Birnbaum, Atlantic Hotel*. Leider habest du nicht sie gebeten, mitzugehen. *»Ball über den Wolken?«* frage ich. Das Wort *Kundenwertigkeit* fällt mir wieder ein. »Schon möglich«, sagt sie. Vielleicht galt die Einladung einem Professor, der ständig zwischen Hamburg und Teneriffa hin und her flog, um auf der Insel gelangweilten Touristinnen sein neu entwickeltes *Tonikum* anzudrehen? Ob sie wisse, wo genau auf Teneriffa deine Wohnungen gewesen seien, frage ich deine muntere *Club*-Freundin. »Puerto de la Cruz, Nähe *Columbus Bar*«, antwortet sie, bevor sich die Fahrstuhltür schließt.

Vielleicht sollte ich mich mal vor Ort umsehen? Im Dezember, wenn es in Hamburg schüttet, eisige Winde den Mantel blähen, in Puerto de la Cruz auf der Kaimauer sitzen, aufs Wasser blicken – und über alles nachdenken? Das wär' was!

In der Akte deines Hamburger Rechtsanwalts werde ich die *wahrheitsgemäße* Erklärung einer Dame finden, daß in dem Augenblick, als sie dir eines Tages beim Frühstück die Frage gestellt habe, warum du denn die ganze Nacht hindurch wieder so gestöhnt habest, lautes Knacken in ihren Ohren zu vernehmen gewesen und gleichzeitig heftig auf sie eingesprochen worden sei. Den Wortlaut im einzelnen habe sie allerdings nicht verstanden. Aber auch noch viele Jahre später, nachdem ihr euch längst getrennt hättet, sei sie nach zufälligen Begegnungen mit dir jedesmal in tiefste Depressionen verfallen. Das alles sei allein der Tatsache zuzuschreiben, daß du *ein vom Geheimdienst unter Beobachtung Stehender* seiest. Auf Wunsch sei sie bereit, *sämtliche Angaben zu beeiden.*

Also ganz eindeutig schon in früheren Jahren hast du deine Freundinnen mit *Ahnungen* und *Beobachtungen* verrückt gemacht – nicht allein deine letzte einsame alte Nachbarin.

Die bereitwillige Gefährtin mit dem knackenden Ohr soll im Alter selbst dem Verfolgungswahn erlegen, von ständigen Einbrüchen überzeugt, einsam und völlig verarmt in ihrer Badenweiler Wohnung gestorben sein, werden mir ihre letzten Nachbarn am Telefon berichten. Aber immer das Näschen hoch getragen habe sie, ganz große Dame. Pelze.

– Stimmen, Jakob. –

Ihrer Steuerberaterin hat sie, wie ich hören werde, eine Zimmerlinde *in erbärmlichem Zustand und einen bleischweren Ficus Benjaminus* vererbt, den jene nur unter Aufbietung sämtlicher Kräfte in ihrem Cabrio habe wegschaffen können. Allerdings gieße ihr Vater die Pflanzen noch heute, wird sie mir lachend gestehen. Wohl aus Einsamkeit und Not habe ihre sonderbare Klientin Kontakt zu dubiosen Institutionen gesucht, regelmäßig, für ihr schmales Konto viel zu hohe Beiträge an den *Hamburger Tierschutzverein* und ein *Missionswerk Clauseburg* gezahlt. Einmal neunhundert!

Der *Missionar* erinnert sich nicht mehr genau *an diese Dame,* außerdem stehe er unter Schweigepflicht und gebe grundsätzlich nur persönliche Erfahrungen mit Gott weiter.

– Stimmen, Jakob. –

Den, sagt er am Telefon, könne man ja nicht einfach so links liegenlassen und ihm dann sämtliches Unglück der Welt in die Schuhe schieben. Bei ihm landeten übrigens alle, die hungrig aus den Kirchen gehen.

Jeder braucht Jesus! steht auf der Website seines *Missionswerks* im Internet.

Kann ein Mensch so einsam werden, daß ihm Phrasen Trost verleihen?

Alles kann der Mensch entbehren, nur den Menschen nicht. Immer und immer wieder hast du dir diesen Satz von Ludwig Börne auf kleine Zettel geschrieben und in deine Bücher gesteckt. Mantra gegen die Einsamkeit? Ich finde sie wie Lesezeichen in deiner Restbibliothek. In *Was gestern noch als Wunder galt,* in *Einsteins Universum, Operation EVA.*

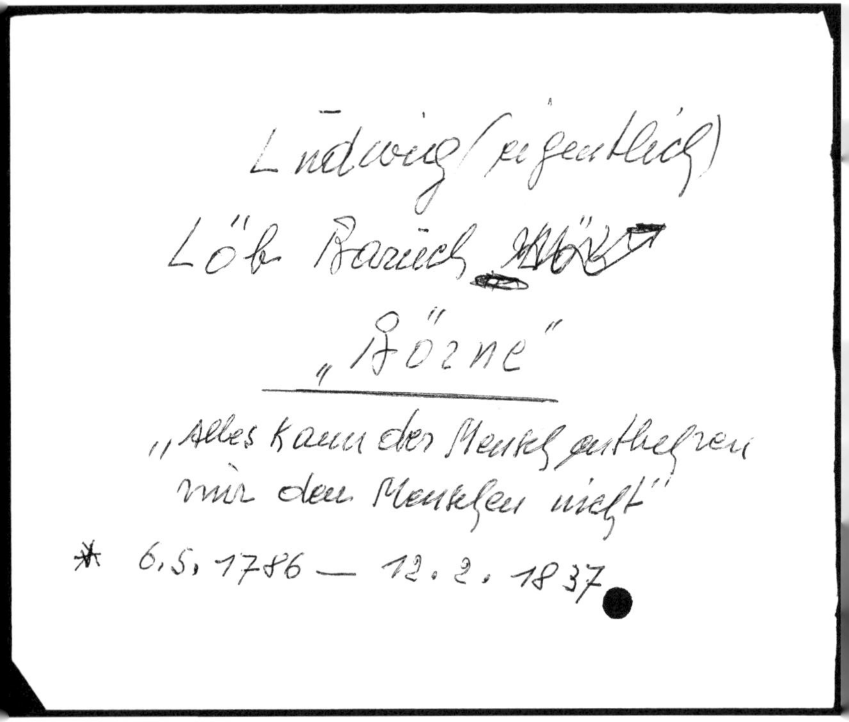
Ludwig (eigentlich)
Löb Baruch
„Börne"

„Alles kann der Mensch entbehren
nur den Menschen nicht"
* 6.5.1786 — 12.2.1837 †

Tulpenbeete, Pekingenten. Endlich mal ein wirklich warmer Sommertag. Um die Wasserspiele lagert das Volk. Eine Wiese Türken, eine Wiese Ukrainer, eine Wiese deutsch. Picknickkörbe, Kindergeschrei. Dennoch scheint in *Planten un Blomen* die Zeit stehengeblieben zu sein. Über allem noch der Fünfziger-Jahre-Geruch. Im Schatten des *Rosengartens* und der *Eulenschenke* sitzen die älteren Herrschaften. Einsame Damen, deine Klientel.

Würde ihr auch mal Spaß machen, *retscherschieren* sagt die, die dich nicht gekannt hat, aber gern kennengelernt hätte, nachdem sie dein Photo lange betrachtet hat, und empfiehlt mir, auf jeden Fall noch zum Kiosk direkt unten am Wasser zu gehen. Die Besitzerin kenne jeden. Eine wirklich nette Frau, hätte dir gefallen.

»Tot?« fragt die Kioskverkäuferin, das tue ihr leid – sofort hat sie dich erkannt –, und reicht mir das Photo über den Ausschank zurück. So einen wie dich könne man gar nicht vergessen. Ganz hinten, am letzten Tisch, habest du immer gesessen und deine Geschichten erzählt. Irre Geschichten. Und stundenlang. Sie setze aber auf solche Stammkundschaft, habe auch Sympathie für die Leute, die nur eine Kugel Eis bestellten und vier Stunden sitzen blieben. »Wenn schon Kioskverkäuferin, dann mit Art.« Ob du vielleicht Schauspieler gewesen seiest? Jedenfalls Charakterkopf. An deine Begleiterinnen erinnere sie sich nicht im einzelnen. Das seien zu viele und wohl eher Zufallsbekanntschaften gewesen. Auch die Damen von *Planten un Blomen* werden bald genug gehabt haben von deinen *Physio-Psycho-Apparaten,* dem BND und der ganzen Quälerei. Erst recht von deinen Toten.

Vorn am Tor hält ein Penner eine Rede an das Volk. »Eins sag ich euch, diesen Winter gehe ich in den Knast mit Wolldecke und freß mich voll, wie jeder anständige Bürger.« Die Kinder kreisen ihn mit ihren Rollerskates ein. »Ey Typ, du nervst!«

Alles kann der Mensch entbehren, nur den Menschen nicht. Während *Planten un Blomens* Geselligkeit werden *Die* stumm gewesen sein.

Bei 32 Grad Richtung Nordosten quer durch die Stadt. Ein Hotel an der Mellingburger Schleuse. Doch in der Telefonkette bis hierher muß etwas schiefgegangen, irgendein Wort falsch verstanden worden sein, die Hausdame weiß absolut nichts mit dir und der großen dunklen Dame auf dem Photo anzufangen – *Ball über den Wolken* oder *Juristenball.* Und sie wäre wohl die einzige, die damit noch etwas hätte anfangen können. Jahrzehntelang hat sie die Feste im *Atlantic* organisiert. Zum Trost spendiert sie mir einen Kaffee und zeigt mir die Anlage, Golf- und Fitneßbereich. Und dafür einen halben Tag!

Zum Glück wohnt Malermeister P. gleich um die Ecke, ein Hausbesuch bei ihm steht auch noch auf dem Plan. Auf der Rückseite deiner Eintrittskarte für das *Maskenfest* der *Carneval-Gesellschaft Klimperkasten – bitte auf Verlangen vorzeigen* – prangt seine Anzeige: *Anstriche aller Art.* Längst hat er sein Geschäft verkauft.

Er sitzt in seiner Hollywoodschaukel und legt mir vor: Chronik *100 Jahre Klimperkasten, Mitgliederverzeichnisse, Geburtstagslisten.* Was ich durch dich noch alles kennenlerne! Satzung, Hierarchie und Brauchtum eines *Deutschen Spaßvereins* – übrigens schon immer contra jede Obrigkeit, ob Kaiser oder Führer. *Uronkel, Großonkel, Beckmesser, Kassenbienen, Schirmgeister, Ceremonienkäfer.* Was will man mehr? Aber auch hier, wie ich leider feststellen muß, bist du nicht hervorgetreten. Nicht einmal in einem deutschen *Spaßverein* hast du Karriere gemacht. Also nur einen Abend lang Spaß gehabt?

Ob es noch Photos gebe, frage ich. »Im *Ratssaal*«, sagt er, »Ottensen.« Wenn der derzeitige *Großonkel* einverstanden sei, könne ich dort die Alben einsehen. Er will

sich kümmern. Ehrlich gesagt interessiert es mich wenig, welches Kostüm du getragen hast, dafür um so mehr, ob ich eine Begleiterin ausmachen kann. Könnte noch unter den Lebenden und muß doch was ganz Tolles gewesen sein! Warum sonst hättest du die Eintrittskarte vom Februar 1977 bis zuletzt aufbewahrt?

Endlich! Post aus Paris. Ein größerer Umschlag. Absender: *Direction des Services d'Archives.* Anruf bei Julia. Wir treffen uns.

Schlanke sieben Seiten für zwei Verurteilungen in Paris 1940, samt Kopie eines Formulars *Revision,* 1941. Alles wegen *Diebstahls* und *Diebstahls im Rückfall* – also auch hier die alte Leier. *Rückfall* im Sommer 1939 am Zürichsee. Deine letzte Großtat vor dem Krieg, nach kurzem

Aufenthalt bei Vater Lazarus in Metz und baldigem Ausschluß aus der Armee.

Knapp gefaßt im Vergleich zur Berliner Amtsprosa. Wie ein in saubereren Spalten geführtes Einnahmebuch, Sünder und deren Sünden fortlaufend untereinander eingetragen, täglich etwa ein Dutzend. Tat und Tatort, Namen der *Geschädigten,* Paragraphen – *wer auch immer sich in hinterhältiger Weise einer Sache bemächtigt, die ihm nicht gehört, ist des Diebstahls schuldig –,* Auflistung des Diebesguts, Gerichtskosten, Strafmaß. Bei dir zwei Einträge: Dreizehn Monate und fünf Jahre. Anschließend zehn Jahre Aufenthaltsverbot an Orten, *die dem Verurteilten vor der Entlassung mitgeteilt werden.* Punkt!

Die *Revision*: *20. Februar 1941. Abgelehnt!* Das war der Tag vor deiner *Deportation,* wie du über vierzig Jahre später diesem Rechtsanwalt in Paris (im Zusammenhang mit der Frage nach Wiederherstellung der *Jungfräulichkeit* deines Strafregisters) mitgeteilt hast.

Das erste Urteil gesprochen im März 1940, sechs Monate nach Kriegsausbruch – also noch kein Deutscher in Paris –, das zweite im Oktober, fast genau auf den Tag vier Monate, nachdem die Regierung das Handtuch geworfen und *Le Führer* mit ausgestrecktem Arm über die *Champs-Élysées* gefahren war. Vielleicht deshalb so hart ausgefallen? Fünf Jahre!

Und jetzt – wie weiter? Was fange ich mit deinen Verurteilungen an? Was bringen sie mir letztlich ein? Die *Geschädigten!* Wenn sich wenigstens einer von denen finden ließe … Ich gebe den Namen einer Dame aus Rapperswil ins elektronische Telefonbuch Gesamtschweiz ein. Treffer: ein Enkel! Nachdem er mich gründlich befragt, sozusagen auf Herz und Nieren geprüft hat, faxt er mir einen alten Zeitungsartikel aus *Paris-soir-Dimanche,* vom 10. Juni 1939. Ein Erbstück. So was bekommt schließlich nicht jeder zu sehen, einfach so.

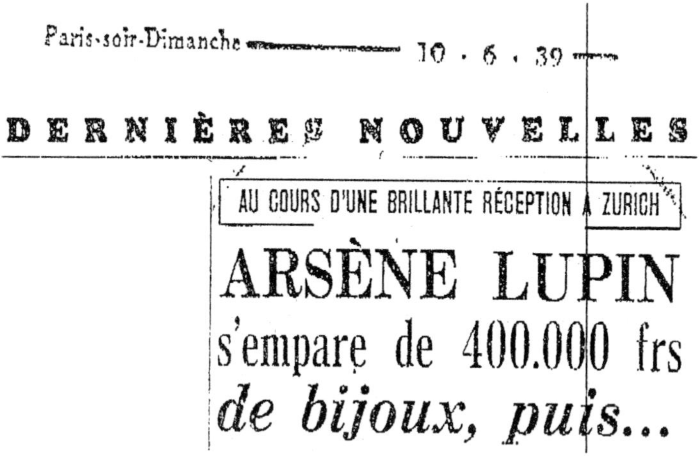
Paris-soir-Dimanche 10 · 6 · 39

DERNIÈRES NOUVELLES

AU COURS D'UNE BRILLANTE RÉCEPTION À ZURICH

ARSÈNE LUPIN
s'empare de 400.000 frs
de bijoux, puis...

Letzte Neuigkeiten: Arsène Lupin schnappt sich 400 000. Anschaulich schildert der Artikel, wie am Tag zuvor in einer der prächtigsten Villen am Zürichsee – alle Türen anläßlich des Empfangs zur *Nationalausstellung* weit geöffnet – ein Gentleman erschienen, mit einer Saffianaktentasche unter dem Arm, das zahlreiche Personal freundlich grüßend, seelenruhig die Treppe zum ersten Stock hinaufgestiegen sei und dort zunächst ein unter der Wäsche verborgenes Kollier (Wert 27 000) entwendet, anschließend mit dem am selben Ort verborgenen Schlüssel den Safe geöffnet, alle darin verwahrten Armbänder, Ringe und Brillantnadeln an sich genommen habe und dann – wieder freundlich grüßend – die Treppe hinab und hinausspaziert sei. Allerdings, und das sei allgemein aufgefallen, ohne sich der Hausdame genähert und auch nur einen Blick auf das üppige Buffet geworfen zu haben. Erst in den Abendstunden habe man den Diebstahl entdeckt, Straßen und Bahnhöfe gesperrt. Zu spät! *Gesamtschaden Vierhunderttausend.*

Welch hübsches Dokument eines – Straftat hin, Straftat her – doch irgendwie sympathischen Schlitzohrs!

Ob du das Kollier deiner in Genf auf dich wartenden Tänzerin wenigstens einmal um den Hals gelegt hast, zum Beweis deiner Liebe? Vielleicht hinter verschlossenen Türen des *Hôtel Strasbourg?* Weiß France davon, daß schon ihrem Schwiegervater, sogar öffentlich, der Ehrenname aller Diebe verliehen worden, Marcel so gesehen, also nicht nur in beruflicher Hinsicht ein Nachfahre von *Arsène Lupin* war? Vielleicht hättest du den Artikel damals am liebsten herumgereicht. Seht her, so einer bin ich!

Offenbar gemeinsam mit französischen Kollegen – *internationaler Haftbefehl* – haben die fleißigen Kantonspolizisten ihr Netz ausgeworfen und langsam zugezogen, dich in Genf geschnappt und per *Landesverweisung* nach Paris zurückgereicht. *Kein Grund für deine Anwesenheit.* Mit einem Ausländer wollte kein Schweizer Richter etwas zu tun haben. Schon in deinem Genfer Hotel sollst du mehrfach unangenehm aufgefallen sein. Von lautstarken Streitigkeiten und Schlägereien ist in dem Polizeibericht die Rede. Bloß weg mit so einem. Die Tänzerin samt Venezuela konntest du dir abschminken. Vielleicht war ja auch bei der Umwandlung der Steine in Geld irgend etwas schiefgelaufen, einer deiner Mittelsmänner nicht ganz koscher gewesen. Vielleicht einer deiner Brüder, mit dem du angeblich in Paris ein Maklerbüro betrieben hast, *Rue de Clery?* Du hättest dich in Erwartung einer größeren Geldsumme für deine Auswanderung länger als geplant in Genf aufhalten müssen, hast du irgendwo behauptet. Egal wie: Fünf Jahre Haft!

Also auch in Paris – wie schon in Berlin – wieder fünf Jahre lang nichts mitgekriegt? Wieder nur dünne Knastsuppe gelöffelt und nachts die Hunde im Hof gehört, während draußen die neue Welt anbrach? Und wieder keine Frauen? Wie trist, wie unerträglich für einen 33jährigen, dem eigentlich gerade *der* Coup seines Lebens gelungen und der eigentlich mit seiner Tänzerin auf dem Sprung nach Venezuela gewesen war.

Julia und ich sind wütend. Nun warten wir schon so lange auf dieses Dokument, und dann schickt man uns keine saubere Kopie. Eine Randbemerkung auf dem Formular für deine *Revision* ist, bis auf das Datum, *30.10.41,* abgedeckt. Was ist an diesem Tag geschehen?

Fest steht: Im Oktober 1940 hat man Jakob Birnbaum wegen *Rückfall* fünf Jahre aufgebrummt, aber bereits Ende 41 stieg er als Jacques Prout in die Baufirma *La Construction Nouvelle* ein, war zwischendurch angeblich noch ein paar Monate in *Gurs* interniert, floh und zeugte 1942 ein Kind – also doch Frauen in der Zeit, Jakob, zumindest eine? *Irgendwie können Ihre Zeitangaben nicht stimmen,* Monsieur Prout oder Birnbaum. Von Paris nach *Gurs* wurde erst ab 1942 deportiert, bestätigte die Historikerin.

Und wie sah es im Oktober 41 – außerhalb von Gefängnismauern – in Paris aus? Attentate, Razzien, *Sühnemaßnahmen.* Ein Graben zwischen Besatzern und Bevölkerung. Längst war vorbei, was zunächst so friedlich, so versöhnlich angefangen hatte. Seit Juni – seit Einmarsch der deutschen Truppen in Rußland – Demonstrationen der Kommunisten, Anschläge auf Synagogen. Mit Sprengstoff aus Deutschland. Der eigentliche Terror jedoch war nach dem ersten Attentat auf einen Wehrmachtsangehörigen am 21. August entflammt: Todesurteile im Schnellverfahren, Massenverhaftungen von Juden – den angeblichen Drahtziehern des Widerstands –, Internierungen in das *Lager Drancy,* östlich von Paris. Und so fort. Und wenn für ein bestimmtes *Kontingent* an Geiseln keine entsprechende Anzahl gerade Verhafteter zur Verfügung stand, griff man auf Häftlinge in den Gefängnissen zurück. Kriminelle, kriminelle Juden, auch französische. Viele Monate vor der *Wannseekonferenz,* lange vor Beschluß

« Ils » levaient le poing en attendant de lancer la bombe.

LE T

A Potelle, près d'Avesnes, c communistes armés ont attaq la ferme de M. Delfosse. Apr avoir torturé le fermier et femme, âgés l'un et l'autre de 72 a avec des torches de papier enflamm qu'ils leur ont appliqué sur les jamb les bandits sont partis en emporta 90.000 francs.

A Reims, le docteur Jolicœur est assa siné par un terroriste alors qu'il éta en train de rédiger une ordonnance po ce bandit qui s'était fait passer pour un malade.

A Varennes-le-Grand, à la suite d'un acte de sabotage sur la voie ferrée, train de voyageurs déraille : 50 morts, 136 blessés.

Etc., etc.

Le terrorisme est devenu, aujourd'hui, un fait courant. Les quotidie tiennent maintenant une rubrique des assassinats et des pillages comm nistes comme ils tenaient jadis une rubrique de « chiens écrasés ».

On aurait tort cependant de croire que le terrorisme est un phénomè récent. En fait, il est d'importation bolchevique, d'importation juive.

Bien avant 1900, alors que Lénine et ses amis n'étaient que des révoluti naires professionnels illégaux, déjà le terrorisme sévissait en Russie. Po faire vivre les cercles clandestins, pour assurer à ces illégaux l'argent leur était nécessaire, pour imprimer des tracts, des journaux et des liv pour acheter des armes et des explosifs, les communistes tiraient pillaient déjà.

Point n'est besoin d'évoquer l'exemple d'un des plus célèbre terroris bolcheviques, Semeno Archakovitch Ter-Petrossian, alias Senko, alias pri Tzulukidzé, alias Mirski, alias Kamo qui, dès l'âge de quinze ans, entre relation avec Gori Djougachvili, communiste géorgien qui dirigeait al le « Naoulazadevi », nid révolutionnaire de Tiflis, avant d'être plus co sous le nom de Staline et comme dictateur sanglant de toutes les Russi

Kamo est l'un des auteurs du vol de 200.000 roubles à la trésorerie Kviril, vol devant servir à acheter des armes, puis est l'un des dirigea des groupes de partisans qui fonctionnaient déjà en Russie à cette époq

Il fait la guerre des partisans sur l'ordre de Lénine, cette guerre comme l'avouait déjà Vladimir Illitch Oulianov « rapprochait le prole riat conscient des bas-fonds, des gueux, des ivrognes » (1) mais qu'il av néanmoins organisée.

En 1907, Kamo organise à Koutaïs une expédition où il pille 15.000 r bles. Or, peu de temps après il dirige l'attaque contre un train où l'on tra portait de l'argent pour l'armée russe, puis à Tiflis, le 23 juin 1917, l'atta à main armée et à la bombe contre le caissier de la banque d'Etat Kour

(1) Lénine, Œuvres complètes, tome X, pages 135 à 137.

EST L'ARMI

98

ERRORISME
ES JUIFS
L'ACTION
T LEUR ŒUVRE
DES JUIFS

der *Endlösung,* haben die Deutschen mit Hilfe der guten Franzosen auch in Frankreich *Tacheles* reden können. Konjunktur für Spitzel und Denunzianten.

Also was? Am *31.10.41* – also einen Tag nach dem Ereignis, das irgend jemand an den Rand deiner abgelehnten *Revision* gekritzelt hat – kaufte Jacques Prout in Valognes einen Peugeot. Das steht in deinen Geschäftspapieren. Wie und wovon eigentlich? Von dem Kapital für den Einstieg in eine Baufirma, dem Bezug von Benzingutscheinen etc. mal ganz abgesehen.

Es ist zum Aus-der-Haut-Fahren! Wie lange soll das noch so weitergehen – mit uns? Entweder ich bekomme gar keine Auskünfte oder nur schlampige Kopien – und von dir nur Lügengeschichten. Während der Verhandlung in Basel, fast dreißig Jahre später, bist du sogar so weit gegangen, Narben an den Stellen deines Körpers vorzuzeigen, wo angeblich deine KZ-Nummer eingebrannt war.

Julia schreibt einen weiteren Brief, bittet um eine bessere Kopie. *Hochachtungsvoll ...*

Geduld!

Post aus Basel.

Genehmigung zur Akteneinsicht 69/70 im *Staatsarchiv.* Nachsatz: *Was die Strafsache 1950 angeht, so dürfte es sich wohl um jene gehandelt haben, welche im Kanton Schaffhausen dokumentiert ist.* Das Schaffhauser *Kantonsgericht* antwortet schnell. Also los. Eine kleine Rundreise durch die Schweiz, Rückweg über Tübingen. Zum Professor. Der einzigen von den dich begutachtenden Koryphäen, die deinen Befürchtungen Glauben geschenkt hat. Auch er erinnert sich an dich. »Ein faszinierender Mann, wann kommen Sie?«

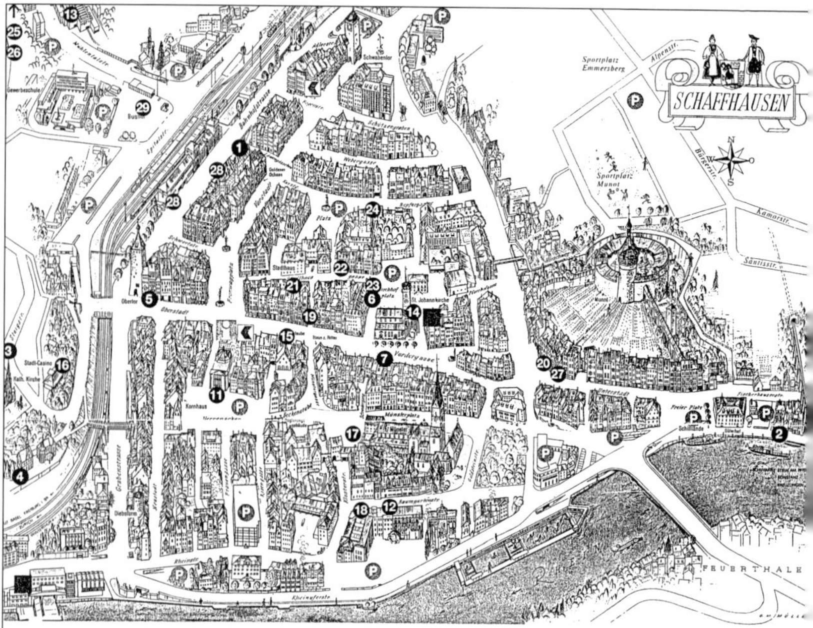

HOTELS
1 Bahnhof ****
2 Relais + Château Fischerzunft
3 Promenade ***
4 Park Villa ***
5 Zunfthaus zum Rüden
6 Kronenhof ***
7 Zum Sittich

KIRCHEN / CHURCHES
St. Maria
St. Johann
Münster

KULTUR / CULTURE
11 Stadttheater
12 Kulturzentrum Kammgarn
13 Veranstaltungshalle Stahlgiesserei
14 St. Johann
15 Rathauslaube
16 Casino

MUSEEN / MUSEUMS
17 Allerheiligen
18 Hallen für Neue Kunst
19 Museum Stemmler

KINO / CINEMA
20 City/Cityclub
21 Orient

TANZLOKALE / BARS
21 Orient
22 CubaClub
23 Eckhaus
24 Domino
25 Transit
26 Voice
27 Kursaal Schaffhausen

BUSABFAHRT
28 Städtische Busse
29 Regionale Busse

■ Städtische Werke

Schaffhauser Kantonalbank

Schaffhausen.

Ich steige nicht bereits in Basel, sondern erst in Zürich um, aber auf die Weise sehe ich ihn, den *Rheinfall,* gewaltig, flaschengrün – manchmal sind die umständlichen die schöneren Wege. Wahrer Trost am frühen Morgen nach jämmerlicher Nacht im Zugabteil, *Dame double.* Wie oft du dieses Naturschauspiel wohl gesehen hast beim vielen Hin und Her im beschaulichen Alpenland, damals. Überhaupt warst du ja ständig unterwegs. Wie hast du das bloß ausgehalten?

Über den *Fronwagplatz* zum *Herrenacker.* Das *Kantonsgericht*, ein schmuckes Bürgerhaus mit Blumenkästen. Mein Gepäck habe ich am Bahnhof eingestellt, so wie du – *zwei Koffer, einen Mantel,* lese ich in deiner Akte. Die kleine Bude vielleicht der einzige Ort auf deiner Spur, an dem sich seit damals, einundfünfzig Jahre ist es her, nichts verändert hat – Türklinke, Regale, das Blech, über das man den Koffer schiebt, Stempel, Pfandzettel –, wohl auch nicht der Geruch.

Deine Fahrkarte war ausgestellt in Paris, Ziel Stockholm. Und mit der bist du – ungeachtet deiner 1939 verhängten und nach wie vor gültigen *Landesverweisung* – im Oktober 1950 hier angereist, bis zur Aufdeckung deiner wahren Identität Pariser Lampenfabrikant, Name Jean Jugieu, ledig, katholisch, in der *Oberstadt* in eins der prächtigsten Häuser spaziert – und gleich wieder reingefallen. Auf dem Verhöramt jedenfalls bezweifelte man von Anfang an deine Aussage, du habest dem Besitzer des Hauses, einem Spengler, lediglich deinen Prospekt vorlegen wollen – was sollte ein Spengler denn mit Lampen? Die Frau des Hauses beschwor, dich, gerade als du das Portefeuille ihres Gatten aus dessen Jackett am Garderobenhaken entwendetest, bemerkt und durch lautes Geschrei andere auf dich aufmerksam gemacht zu haben. Ausführliche Schilderung des Vorgangs durch weitere Zeugen.

Ich stelle ihn mir vor, diesen kleinen, zierlichen 44jährigen, wenige Tage zuvor gerade mal wieder aus einem Gefängnis entlassen – zuletzt gesessen in Paris wegen wer weiß was –, leidlich gekleidet, in der Brieftasche gestohlene und gefälschte Papiere, im Koffer Prospekte einer Lampenkollektion. Er will jetzt rasch wieder auf die Füße kommen, am liebsten nach Stockholm, er braucht also Geld, mehr als er hat. Flugs über die Schweizer Grenze in das beschauliche wohlhabende Städtchen Schaffhausen am Alpenrand. Ein vielversprechendes Haus, Stuck, Reliefs, Erker, eine offene Tür, an der Garderobe ein Jackett, in dessen Innentasche ein Portefeuille, welch ein Glück! Doch dann schreit eine Frau – und ein Mann stürzt ihm nach. Rasende Flucht, in den gegenüberliegenden Hof eines Coiffeurs, hinein in dessen Waschküche. Doch sein Verfolger kennt das Versteck, dreht den Schlüssel im Schloß. Jetzt haben wir ihn. Panik – allein das Geräusch! Von Schlüsseln, die sich von außen in Schlössern umdrehen, hat der Kleine ein für allemal genug. Irgendwann muß damit Schluß sein, irgendwann muß auch für ihn das Leben weitergehen. Ein schmales Fenster – wie günstig, nur 1,67 Meter groß zu sein. Schwupp und hinaus! Aber draußen steht schon ein nächster Verfolger, schnappt sich den Kleinen, will ihn am Ohr auf die Straße ziehen, inzwischen sammelt sich Volk. Mein Herr, ich bitte Sie, was fällt Ihnen ein? Überhaupt, was für ein Ort: *Gerade schlug mich eine Frau, als ich höflich um Wegauskunft bat,* und jetzt dies! Machen Sie, um Himmels willen, doch keinen solchen Aufstand. Der andere stutzt, ein Moment lang läßt seine Aufmerksamkeit nach. Nichts wie weg, hinein in das nächste Haus und dort unter die Werkbank. Der Atem rast, der Rücken schweißnaß. Allmächtiger Gott, Erbarmen! Aber nichts da, zwei gerade vorbeischlendernde Kantonspolizisten schnappen sich das japsende Bündel.

Auf Weisung des Hauptmanns um 14.20 Uhr in Haft gesetzt. Lese ich. *Abgenommene Effekten: Fr. 200, 100 Dollars, 300 franz. Francs, 5 Lire, 1 Edelstein, 2 Portefeuille, 1 Messer.* Was du alles mit dir herumgeschleppt hast. *Mantel und zwei Koffer aus der Gepäckaufbewahrung der Bahnhofspolizei übergeben.*

Fahndung über *Interpol Bern.* Dein Auftreten, dein Ausweis – alles verdächtig. Man wurde fündig, und siehe da – welch ein Fang!

1.

Kant.
Polizei-Korps

Schaffhausen

RAPPORT

Nr.

Schaffhausen, den 17. Oktober 1950

HAFT

An das
Polizeikommando
Gesch.-Nr. 4907
18. OKT. 1950

kant. Polizeikommando

1

Schaffhausen

Betrifft: Inhaftierung wegen zweifelhaftem Benehmen, ev. Versuch des Einschleichediebstahls, des:

Personalien: [redacted], des [redacted] und der [redacted] geb. [redacted], geb. 7.7.1908 in Paris, fanzösischer Staatsangehöriger, Fabrikant, verh., wohnhaft in Paris, [redacted] rue de Poitou, angebl. nicht vorbestraft.

Zeit & Ort: Dienstag, den 17. Oktober 1950, 1235 Uhr.

Zeugen: [redacted], geb. [redacted] von Schaffhausen, [redacted] wohnhaft Schaffhausen, [redacted]

[redacted], geb. [redacted] von Schaffhausen, Hausfrau, whft. Schaffhausen, [redacted],

[redacted], geb. [redacted], [redacted] z.Zt. bei Renovationsarbeiten am Haus der [redacted] beschäftigt, whft. in Thayngen/SH, [redacted]

Sachverhalt: Heute mittag um 1240 Uhr brachten Pol. [redacted] und [redacted] von der Stadtpolizei den Obgenannten auf unsern Posten. Sie äusserten sich, dass ihnen derselbe von Herrn [redacted] übergeben worden sei. Herr [redacted] habe ihnen gesagt, der Unbekannte habe seine Wohnung be-

./.

Von deinen zurückliegenden damals insgesamt acht Haftstrafen, aufgelistet im rasch eingetroffenen Strafregister, gestehst du zwei. *Handel mit Betäubungsmitteln,* Frankfurt und Düren, *eine Jugendsünde, meine Herren,* und die Verurteilung als *Collaborationist,* in Paris nach Kriegsende. Per *Ausnahmegericht.* Anschließend seien die Verhältnisse in Frankreich so gewesen, daß du nicht länger hättest bleiben können. Nirgends hättest du eine Chance gehabt, Arbeit zu finden und Geld zu verdienen.

Also mal wieder die Verhältnisse? Und abgesehen von den beiden Verurteilungen als Dealer und *Collaborationist* ein unbescholtener Mann? *Von den Vorstrafen in Deutschland hatte ich bis jetzt keinerlei Kenntnis.*

Die Aussage des Spenglers – vor Gericht Diplom-Installateur – leider wasserdicht, 150 Tage für Diebstahl *im Zusammentreffen mit Verweisungsbruch.* Verkündet am 1. Dezember 1950.

Collaborationist, Ausnahmegericht! Wozu sitze ich hier in dem kleinen Zimmer des Schaffhauser Strafgerichts, lese von deinen läppischen Diebereien und dummdreisten Lügen, deinem Versteckspiel mit Spenglern und Polizisten, Rechtsanwälten und Richtern? Doch nur weil ich wissen muß, was Jacques Prout während der Okkupationszeit in Paris … – und wer Jakob Birnbaums Tote sind.

Ausnahmegericht! Deswegen vielleicht bisher keine genaueren Auskünfte aus Paris? Vielleicht der entscheidende Splitter in deinem schillernden, sich ständig neu formenden Lebens-Kaleidoskop.

Einer deiner, laut Schaffhauser Polizeibericht, damals noch in Metz lebenden Brüder soll auf Befragen ausgesagt haben, mit dir auf Grund deines *schlechten Verhaltens* keinerlei Kontakt mehr zu pflegen. *Schlechtes Verhalten,* Jakob, was soll ich mir – in der Sicht deiner Familie – darunter vorstellen?

Immerhin eine Erklärung dafür, warum Herr M. in deiner Heimatstadt nicht vorankommt. Er habe sich, so seine letzte Schilderung, mit einem Bademeister getroffen, der aber, bei Nennung deines Namens, sofort vom Tisch aufgesprungen und weggerannt sei. Dessen Vater sei Kartoffelhändler gewesen. »Ein Neffe oder Bruder?« – »Könnte sein.«

Deine Familie mauert also. Damals wie heute. In Metz und in Toulon. Mit dir möchte niemand verwandt sein. Warum?

Im März 1951 Entlassung in Schaffhausen, *Verweisung* noch gültig, die Fahrkarte nach Stockholm längst abgelaufen. Mit dem, was man dir fünf Monate vorher abgenommen hat, stehst du wieder auf der Straße, allerdings wohl auch ohne Lampenprospekt – Jean Jugieu ade – und ohne Papiere. Es ist März, kalt, vielleicht liegt noch Schnee. Bloß weg! Aber wie und wohin? Vielleicht – um wenigstens der Richtung treu zu bleiben – mit einer *gewissen Inger K.* und der skandinavischen Buslinie *A/B* zunächst bis Kopenhagen und von dort gemeinsam nach Hamburg weitergereist.

Und dort dasselbe Register gezogen: *Reisender Einschleichdieb.* In Hamburg allerdings länger erfolgreich. Bis Ende 1953 warst du hier auf freiem Fuß. Knappe drei wunderbare Jahre!

Ich mache mich wieder auf den Weg. Zur Akteneinsicht 1970/71 im Basler *Staatsarchiv.* Ein Bahngleis Deutschland, das andere Schweiz, hier in Schaffhausen. Die Grenze, ein Gitter. Nicht sehr hoch. Illegale Übertritte selbst für einen kleinen Mann ein Kinderspiel. Der Zug nach Basel verspätet sich, ich frage einen der Grenzbeamten, warum auf der Schweizer Seite keine einzige Sitzbank zu finden sei? Er stutzt und sagt, das sei ihm noch gar nicht aufgefallen.

Wieder Basel.

Diesmal wohne ich eine Zelle weiter im *Au Violon*. Hochsommer, das schmale Fenster offen, im Hof des *Musikmuseums* probt eine Sängerin bis Mitternacht.

Zweieinhalb Tage für etwa siebenhundert Seiten – also los!

Viel schöner wäre es, in einem der kleinen Cafés zu sitzen oder eine Schiffstour auf dem Rhein zu unternehmen. Eigentlich alles wäre angenehmer, als an einem der braunen, wie Schulbänke aufgereihten Tische im Lesesaal des Basler *Staatsarchivs* zu sitzen, gebeugt über die Akte Birnbaum – alias Prout, alias Jugieu, alias Grau, hier auch noch Arnold. Auf einem harten Stuhl. Vorn thront, wie ein Lehrer am Katheder, der jeweils für ein paar Stunden diensttuende Archivar. Man wird beobachtet, Jakob – auch hier. Am zweiten Tag kaufe ich ein Sitzkissen, vor meiner Abreise spende ich es dem Archiv.

Ein weiteres Kapitel, weitere, verwirrende Blicke durchs Kaleidoskop: Du jetzt Anfang Sechzig, *gepflegte Erscheinung, dunkelblauer Anzug, weißes Hemd, Krawatte,* nach berechtigten Zweifeln an der Identität des Belgiers Emile Arnold, *Kühl-, Feucht- und Frischlufterzeuger,* als Jakob Birnbaum entlarvt. Nationalität: deutsch, Konfession: jüdisch. Seit Mitte der Fünfziger jedenfalls dem Judentum treu geblieben. Im Lauf des Verfahrens entpupptest du dich allerdings keineswegs nur als der *wegen Einführen und Inverkehrbringen gefälschter Ware* in der Schweiz schon geraume Zeit per Fahndungsbefehl Gesuchte, als Mitbetreiber einer Falschmünzerei in Hamburg, dubioser Gold- wie Diamantenhändler und *Kollaborateur,* sondern auch – und das schlug dem Faß nun wirklich den Boden aus – als *Geheimnisträger,* Tag und Nacht von den Geheimdiensten beobachtet, von sieben Folterknechten gequält. Letzteres von dir allerdings erst geoffenbart, nachdem der Staatsanwalt angeblich ver-

1 [redacted]
z.Zt. Lohnhof
Basel

Basel den 10 Oktober 1969.

Herrn Staatsanwalt
Dr. [redacted] (Büro 25)
Kohlenberg
Basel

Sehr geehrter Herr Staatsanwalt!

Im Anschluss an die mit Ihnen gehabten Rücksprache am 9 okt. möchte ich nun einiges von dem schriftlich erläutern, das von den Beobachtern des Bundesdeutschen Geheimdienst an mir begangen wird und wovon ich Ihnen auch schon einiges mitteilen tat.

Von den Beobachtern werde ich mit Schmerzzufügungen an verschiedenen Stellen meines Körpers gequält und in mannigfacherweise drangsaliert, drangsaliert insofern, dass die Beobachter – neben vielem anderen – auch meine Gedanken die sich mir jeweilig aufdrängen, zu steuern versuchen.

Ich erklärte Ihnen ja auch schon einmal, dass die Beobachter, die jeweiligen Gedanken die ich habe, von meiner Zunge abzulesen vermögen, mit der ich bewegungsmässig und lautlos artikulierend das spreche was ich eben denke. Und wenn ich irgend etwas denke, das den Beobachtern nicht passen tut oder nicht in die Richtung geht, in die sie mich psychologisch präparieren möchten, bekomme ich Schmerzen an jeweilig verschiedenen Stellen an meinem Körper gemacht. Man verfährt mit mir in derselben Weise wie mit Tieren, die man abrichten tut, d.h. die Beobachter wollen mich, durch den sogenannten Straf-Belohnungsmechanismus-Effekt, steuern. Und an Hand ihrer Beobachtungsapparate,

./.

sprochen hatte, deine sämtlichen persönlichen Unterlagen und Beweise an eines der *Max-Planck-Institute* in Deutschland weiterzuleiten.

Die Nutte (Ilse Koch) zu mir: wenn alles verloren ist und wir uns nicht retten können, dann bringe ich dich um, ich mach dich fertig, wenn keiner von den Männern es machen will, mache ich es, dich vernichten. Jawohl!

In diesem Verfahren hatten es der verbissene Kommissar Bärle – über den du nur im Traum siegtest –, der Staatsanwalt, die Gutachter und Richter außer mit dir also noch mit sieben weiteren zu tun, die ständig dazwischensprachen, Einfluß nahmen, verhinderten und drohten, den Angeklagten *seines Ichs beraubten.* Dein Pech jedoch: Keiner wollte es wahrhaben! Und das, obwohl du es allen, mündlich wie schriftlich, per Schreibmaschine oder in schönster Handschrift, fast ununterbrochen *darlegtest.* Manische Sätze. *Im Anschluß an die mit Ihnen gehabte Rücksprache möchte ich nur einiges von dem erläutern, das von den Beobachtern des BND an mir begangen wird, wovon ich Ihnen schon einiges mitteilen tat... Alle mit mir in Kontakt kommenden Personen werden übrigens auch unter staatlicher Bewachung gehalten.*

»Absurdes Theater«, in dem aber, weil es keineswegs auf einer Bühne, sondern im wahren Leben stattfand, irgendwann knallhart ein Urteil gesprochen werden mußte und auch gesprochen worden war.

Warum bist du nicht – bis ans Ende deiner Tage – bei Püppi in Hamburg, ein von der Jüdischen Gemeinde in Antwerpen eingeführter, seriöser Diamantenhändler geblieben? Warum mit einer schwarzen Aktentasche unterm Arm, mal diese mal jene Sprache sprechend, in rasendem Tempo – per Bahn oder Flugzeug – zwischen Schalterhallen, Schließfächern und Safes diverser Banken in Deutschland, Belgien und der Schweiz hin und her gerast – mal mit wirrem, mal mit glattgekämmtem Haar, mal eine Brille, mal Hut tragend? Für so minimalen Gewinn? Das hat sich doch gar nicht gerechnet!

Vorhalt: Gewisse Bankbeamte haben Sie anläßlich einer Konfrontation einwandfrei als Verkäufer der gefälschten US-Münzen erkannt. Antwort: Es muß wohl ein Doppelgänger von mir gewesen sein. Ich verwende nur Brillantine, kein Haarfett und trage nie einen Hut, nur wenn es ganz kalt ist.

Seitenlange Protokolle. Nicht nur Bärle war beharrlich geblieben, und du niemals um eine Antwort verlegen.

Ich sage nicht, daß ich vor dem Kriege, in meiner Jugendzeit und während der Weltwirtschaftskrise, nicht straffällig geworden bin. Aber in Paris habe ich es dann zu etwas gebracht. Ich habe in jener Zeit gearbeitet. Dann wurde ich aber vom Geheimdienst abgeschossen. Dadurch kam alles ins Schwimmen.

Der Staatsanwalt hat ordentlich gewirbelt, Strafakten und Berichte aus sämtlichen deutschen Vollzugsanstalten über dich eingeholt – für dich nicht gerade vorteilhaft – und zur Abklärung, *ob B. in psychiatrische Behandlung gehört oder ob von ärztlichem Standpunkt aus Maßnahmen angezeigt seien,* diplomierte Seelenkenner hinzugezogen. Von dir selbst zunächst kein Sterbenswörtchen darüber, daß du bereits über elf Jahre durch diverse psychiatrische Mühlen in Deutschland gedreht worden warst. Also auch hier – einmal wieder – von vorn. Auch hier alles wieder begutachtet, dein Leben aufgerollt, seziert. Du wieder Mittelpunkt, Gefangener wie Strippenzieher im Justizapparat. Du bezeichnest es als *Kesseltreiben.*

Ich kann es einfach nicht fassen, daß das Gericht davon überzeugt ist, daß ich das mir zur Last gelegte wirklich und wissentlich begangen habe. Der Staatsanwalt will nur auf meinem Rücken Karriere machen.

Abends treffen wir uns, essen chinesisch und lassen uns auch ein paar der schönen Formulierungen aus deiner Akte auf der Zunge zergehen: *Allfällige Gefängnisstrafe* oder *Genehmigen Sie, sehr geehrter Herr Professor, den Aus-*

druck meiner vorzüglichen Hochachtung. Auch er hat sich ihrer damals bedient, Grund genug, alles an den Nagel zu hängen. »Vielleicht hat er den *Collaborationisten* in Schaffhausen nur erfunden, um später, vor deutschen Richtern, besser dazustehen?« frage ich. Vor alten Gesinnungsgenossen sozusagen. Von denen haben die meisten den Einsturz des »Tausendjährigen Reichs« doch auf ihren Posten überlebt. »Das wäre was!« sagt der Staatsanwalt. Bei dir könne man nie wissen. Aber weswegen dann deine Verurteilungen 1947 und 49 in Paris? fragen wir uns.

Also weiter im Archiv, mit Sitzkissen.

Unser Unternehmen war von der Deutschen Besatzungsmacht requiriert und als Wehrmachtsbetrieb eingesetzt ... 1947 wurde ich wegen Widerhandlung gegen die Vorschriften über die Landesverteidigung unschuldig verurteilt, im Mai 49 wegen unerlaubtem Besitz von Kriegswaffen ...

In Basel also *diese* Version. Hier kein Bekenntnis des *Collaborationisten,* kein Wort vom *Ausnahmegericht.* Nur: *Widerhandlung gegen ... unschuldig verurteilt.* 1970 also alles paletti, Herr Birnbaum, ein reines Gewissen, Monsieur Prout? Wie einleuchtend, während des Krieges nur den Namen gewechselt zu haben, um als Jude sicher zu sein. Aber 1949? Dein *liebes Maschinengewehr ... gute Dienste ...?* In Basel weiß ich noch nichts davon, was Claire mir über deinen Bruderzwist erzählen wird, und im Verhör damals hatte man an dieser Stelle deine weitschweifigen Ausführungen und blumigen Bekenntnisse unterbrochen, um noch einmal auf deine Verurteilung 1940 zurückzukommen:

Darf ich die Strafverteidigungsbehörden darauf aufmerksam machen, daß mein Sohn Marcel am 9. April 1943 geboren und also im Juli 42 gezeugt wurde. 1940 zu fünf Jahren verurteilt, wäre es nicht möglich gewesen, mit einer Frau Kontakt zu haben. Diejenigen Personen, die meine Vorstrafen gefälscht haben, müssen der Geburt meines Sohnes nicht Rechnung getragen haben.

Verwirrung pur. Nicht nur du und deine Freundinnen ständig von den Geheimdienstlern beobachtet und manipuliert, sondern auch dein Strafregister.

Frage: Hatten Sie nie Urlaub? Antwort: Ich war nie im Gefängnis.

Was hatte France, deine Schwiegertochter und Komplizin, über Marcels frühe Jahre gesagt? Bei Freunden auf dem Land aufgewachsen, falscher Name, getauft. Vom *Internationalen Suchdienst* des Roten Kreuzes werde ich erfahren, daß man deinen Sohn 1969 – in deinem Auftrag – in Toulon ermittelte. Inzwischen ein junger Mann. Ein Jahr vor deiner Festnahme in der Schweiz. Kurz vor seiner Festnahme in Paris. Er hat dir geschrieben, seine Handschrift liegt vor mir, aus *La Santé* in den *Lohnhof.* Von Zelle zu Zelle: *Ich zähle auf Dich, ich umarme Dich, Dein Sohn.* Beistand, Vertrauen. Welch glückliches Familienleben!

Ich will jetzt die reine Wahrheit sagen: Ich hatte Einladungen zu allen möglichen Anlässen, aber ich war nicht in der SA. Ich wollte aus Paris Zeugen kommen lassen. In Hamburg kennt man mein Vorleben. Wenn ich ein Verräter wäre, würde man mich ausstoßen. Wenn bei mir alles durcheinander geht, so kann ich nichts dafür. In meinen Adern fließt kein SA-Blut, sondern Makkabäer-Blut. Ich werde für mein Recht kämpfen. Es gibt so viele Irrtümer im Leben. Es gibt auch Menschen, die gern Zeugen spielen.

Sie müssen die Ankläger finden! Ankläger oder Zeugen, Jakob? Wer ist einem lieb, mit Aussagen darüber, was er gesehen hat oder weiß, wen sollte man wohl besser meiden? Zwei, deren du dir sicher warst, hast du um Hilfe ersucht – deinen italienischen Freund Pepe und Claire, die niedliche Kindbraut auf dem Photo in Annas Kiste. *Bedenken Sie, was meine Aussage wert wäre,* lese ich

89 a

14/138 D 326
42 rue de la Santé
PARIS XIVe

Lundi 21 juillet 1969.

cher papa.

Que se passe t'il ? J'ai attendu en vain ta lettre annoncé par ton télégramme. J'ai eu connaissance de ton entretien avec mon conseil mais depuis c'est le silence total. Je devine un peu le pourquoi de cette non liberté d'action mais téléphone à l'avocat car j'ai besoin de savoir. De plus on doit te communiquer des choses très importantes.

Je compte donc sur toi il est inutile que je te donne des détails par écrit ce serait trop long.

Je t'embrasse ton fils

[redacted]

in dem Brief, den sie dir in den *Lohnhof* geschrieben hat, *ich war damals zwölf Jahre alt. Meine Eltern haben nach dem Krieg vor der französischen Polizei alles gesagt, was sie glaubten, sagen zu müssen … Ersparen Sie sich im übrigen die Anrede »Perle«.* Eindeutig abgewimmelt hat sie dich. Um so erstaunlicher, daß sie so freundlich auf meinen Brief reagieren wird.

Und Pepe? Einen deiner Briefe an ihn – gespickt mit Vorwürfen gegen das Basler *Strafgericht* – hat man offensichtlich gestoppt, nicht *spediert.* Das Original liegt in der Akte. Demnach hattet ihr euch gerade in Paris treffen wollen, wenn nur nicht dieses schreckliche Unglück … man dich wegen falscher Münzen … Völlig ahnungslos habest du sie in Zahlung genommen. *Aber es scheint mir, das Schicksal hat es so gewollt.*

Also auch Pepe gegenüber wurden die Nornen und Götter bemüht – auch ihn hast du belogen. Den einzigen, der dich kannte und wußte, daß du damals in der *Résistance* … Ganz große Töne ihm gegenüber. Denn eins war 1970 in Basel klar: Dieser Staatsanwalt würde nicht eher von dir lassen, bis du ihm nicht schwarz auf weiß vorlegen konntest, daß du kein *Kollaborateur* gewesen warst.

Leider kein einziger Brief von Pepe an dich. Keine Adresse. Hat er dich im Stich gelassen, der Gute?

Als weder deine Lügengeschichten noch sieben Folterknechte bei den hartgesottenen Schweizern verfingen, hast du andere Seiten aufgezogen, ein weiteres, anderorts bereits erprobtes Mittel angewandt: Körperlich krank. Damit bist du während deines letzten Verfahrens in Deutschland immerhin ein gutes Stück weit gekommen. In Flensburg auf frischer Tat ertappt und kurzerhand aus dem Fenster gesprungen, hattest du dich – seitdem angeblich querschnittsgelähmt – auf einer Bahre zunächst in den Gerichtssaal tragen lassen und dann, als diesem doch so offenkundig schwer Angeschlagenen keine Amnestie zuteil ward, fast elf Jahre lang durch diverse Krankenreviere norddeutscher Verwahranstalten. Wohl eine etwas angenehmere Umgebung als purer Knast.

Im Basler Untersuchungsgefängnis *Lohnhof* diagnostizierte man deine körperlichen Leiden jedoch als Vorwand: *Fluchtgefahr!* Sämtliche weiteren, vor allem häufig nachts dringend erbetenen Krankentransporte, wurden gestrichen, dein Haftbefehl gnadenlos aufrechterhalten. Deine Reaktion? Ein Schwall schriftlicher Anklagen wegen *Verletzungen des Hippokratischen Eids,* Weisheiten: *Die angeblichen Gelehrten können mich mit ihrer Sophistik nicht desavouieren,* und nach Schuldspruch – verkündet trotz deiner Beteuerung, inzwischen vom Saulus zum Paulus geläutert zu sein – ein *Götz*-Zitat: *Ein jeder gibt den Wert sich selbst,* laut und stolz in den Verhandlungssaal. Sie konnten dir mal, diese selbstgerechten Schweizer!

Viel begriffen, etliches nach wie vor ungeklärt, neue Fragen. Aber auch neue Spuren. Insgesamt reiche Ernte im Basler *Staatsarchiv.* Ich schnüre ein Päckchen Kopien und ziehe weiter. Ziel Tübingen über Stuttgart.

Ein heißer Tag, fast fünf Stunden im stickigen Abteil ohne Klimaanlage. Ununterbrochen trommelt das Kaninchen einer Mitreisenden mit den Hinterläufen im Karton, aber sie meint, da müsse es jetzt durch. Draußen über eine weite Strecke schwarze Landschaft. Müllhalden, über denen Störche ihre Kreise ziehen. Aasgeruch. Abends ein Essen mit Freunden. Übernachtung im Stuttgarter Bahnhofshotel.

Deinen damaligen Geschäftspartnern in Hamburg – Juwelieren wie Falschmünzern – werde ich übrigens nicht nachgehen. Schließlich schreibe ich keinen Kriminalroman. Und offiziell weiß ich nichts von ihnen. Akten geben Namen preis, Jakob, auch die, die du eisern verschwiegen hast. *Über meine Geschäftspartner spreche ich nicht.* Da hat der unermüdliche Staatsanwalt andere Quellen auftun müssen. Wer wäre denn so dumm und ließe für achtzehn Monate Haft gute Geschäftsbeziehungen hopsgehen? Niemand konnte wissen, was *danach* kam. Andererseits hast du geschworen: *Nein, das wird nicht mehr sein, erstens werden mich die Schweizer niemals wieder sehen, zweitens rühre ich nichts mehr an, was irgendwie zu etwas Strafbarem gehört.* Geschworen vor wem – hat es genützt?

Tübingen.

Über den Neckar, dann links, die Treppe hinunter, am Restaurant vorbei, den schmalen Weg – und man ist beim Turm. Zum Institut des Professors nimmt man die Straße rechter Hand, an einer psychiatrischen Praxis neben der anderen entlang.

Aber, wie jedes Mal, wenn ich nach Tübingen komme, erst mal zum Turm. Es gibt Orte, Jakob, an denen man zu sich kommt, wieder ahnt, wo es langgeht im Leben, was gut oder jedenfalls was besser für einen selbst wäre. Bodenstationen für Geistiges. Höheres. Hölderlins Turm ist so ein Ort. Ich blicke durch eines der vier Fenster seines kleinen Zimmers auf den Fluß – sehe die in Holzkähnen lärmenden Touristen, höre Enten schnattern. Hier oben ist man sicher vor der Welt. Warst du jemals hier? Hätte auch dir gutgetan. An der Rückwand des Zimmers hängen vier von Scardanellis Turmgedichten, schön gedruckt.

... und sichtbar ist der Ferne Bild in Stunden
wenn sich der Mensch zu diesem Sinn gefunden.

Institut für medizinische Psychologie und Verhaltensneurobiologie.

An den Wänden des Professors hängen seine internationalen Auszeichnungen, gerahmt. Schmunzelnd überfliegt

er zwei deiner Gutachten. *Nicht mehr veränderbare Strukturverformung...* »bla, bla, bla«, amüsiert sich über *Pseudologia phantastica* – wer täte das nicht? Solche wie du, sagt er, gehörten nicht zu blöden Psychiatern.

Stimmen, Jakob. Hörst du?

Leger im schwarzen Lederstuhl zurückgelehnt erklärt er mir: Psychopath – hört keine Stimmen, Soziopath – kennt keine Angst vor Strafen oder negativen Konsequenzen. Den Unterschied zwischen Paranoia, Psychose, Schizophrenie. Du liebe Zeit! Wer hätte nicht auch von alldem etwas? »Alles nur Diagnosen, letztlich irrelevant«, sagt er.

Nach einem Gespräch mit Herrn Birnbaum bin ich der Auffassung, daß zur Zeit eine paranoide Störung nicht festzustellen ist, hatte er dir 1979 schriftlich attestiert. *Der Wahrheitsgehalt seiner Befürchtungen kann mit den uns zur Verfügung stehenden Mitteln nicht überprüft werden.* Und hinzugefügt: *Nach meiner Einschätzung dürfte dies zur Zeit auch anderen Instituten schwerfallen.*

Dieser Arzt ist also keiner von denen, die die Wahrnehmungen anderer vom Tisch wischen, weil sie ihnen selbst fremd sind. Deine Wirklichkeit, das Zentrum der Welt. Alle Drehungen um sie, dein Lebensinhalt. Dafür hast du – Lüge wie Wahrheit – je nach Vorteil eingesetzt.

Ein jeder gibt den Wert sich selbst.

»Seine ständige Beweisführung – Briefe, Darlegungen, Litaneien – alles also eher Kick denn Last, zur Aufrechterhaltung seines Systems?« frage ich. »So in etwa«, sagt der Professor. Jedenfalls ein ununterbrochener Kreislauf von Zweifel und Gegenbeweis, Unsicherheit und wiedergewonnener Sicherheit – eine Mühle, Tag und Nacht, ein *hyperenergetischer Zustand,* der keine Müdigkeit kenne und alles, was geschehe, als Teil des selbstkonstruierten Systems ungefiltert aufnehme. Wenn solche Leute sich nicht umbrächten, lebten sie ausgesprochen lange –

einundneunzig Jahre, Jakob –, immer mit ihrem Ziel vor Augen, körperlich fit. Mit *Neuroleptika* behandelt, würden sie allerdings lasch und uninteressant, weil ihr System dann als Wahn erkannt werde, alles andere jedoch ohne Belang für sie sei. »Sozial irre trainiert«, jedes Gegenüber allerdings nur Randfigur – man werde mit solchen Leuten nicht warm.

Hanne und Jacqueline, Püppi und Olga, Ellart und Marcel, was waren sie für dich? »Im familiären Zusammenhang bessern sich die Symptome«, sagt der Professor.

Alles kann der Mensch entbehren, nur den Menschen nicht.

Haben Anna und Osip die Mauer durchbrochen oder nur gemeint, sie durchbrochen zu haben? Um wenigstens an einem wieder gutmachen zu können, was Millionen angetan worden war.

Beim Abschied frage ich den Professor, wie Jakob Birnbaum damals eigentlich auf ihn gekommen sei, Hamburg läge ja nicht gerade um die Ecke. Abgesehen davon, daß er, der Professor, damals doch noch sehr jung war. »Solche Leute sind Prominentenjäger«, antwortet er und fänden die, die in ihr System paßten, ganz gleich, wo auf der Welt.

Ich bin müde Jakob, unendlich müde. Wer dir nachgeht … Was hatte der ehemalige Chefarzt der Pathologie vom Universitätskrankenhaus Hamburg-Eppendorf gesagt? Das alles durchzustehen sei gewiß nicht leicht. Ich lege mich unter die großen Bäume, am Ufer dem Turm gegenüber, und schlafe ein. Taubengurren, Menschenstimmen, wecken mich zur rechten Zeit. Nachtzug Stuttgart–Hamburg.

Wenn nun, wie der Professor sagt, dein ständig wiederholter Schwur, deine Toten nicht zu verraten, nichts als eine Leier war, nichts weiter als die immer wieder notwendige Bestätigung für die Richtigkeit deines Systems, dann könnte ich jetzt Schluß machen. Jakob Birnbaum nur ein Soziopath, der einundneunzig Jahre lang ziemlich viel Staub aufgewirbelt, andere Menschen und sich selbst zum Lachen und Weinen – und zur Verzweiflung gebracht hat.

Als ich heute morgen dachte, wie elend es mir geht und wie so oft mir die Verzweiflung den Mut nahm, sagten die Folterknechte, du gibst ja nicht nach, es ist deine Schuld… Aber niemals werde ich ihnen zu Kreuze kriechen, niemals meine Toten…

Wenn aber deine Toten tatsächlich Tote waren… Was dann? Ich mache weiter, Jakob.

AUGUST

Pit ist ganz aufgeregt, sofort soll ich kommen! Viviana war am Telefon, Pepes Tochter in Casella. Der Brief, die Photos, die wir ihr geschickt hätten, eindeutig ein Gruß von dir. Du habest es ihr prophezeit, daß eure Verbindung nie abreißen werde. Das Photo aus dem *Restaurant Beaulieu* stehe schon seit Jahren auf ihrem Kaminsims!

Ich fahre zu Pit, er wählt Vivianas Nummer, redet los, flirtet, lacht, rauft sich das Haar, notiert, was Viviana erzählt, in Bildergeschichten, übersetzt meine Fragen. Sie weiß mit ihm umzugehen.

Irgendwann, Anfang der Siebziger, habest du plötzlich in Casella vor der Tür gestanden und dich geoffenbart. Ihr Vater – Kommunist, Widerständler, sogar Freund von *La Pasionaria* – habe gesagt: Ich wußte es immer!

Also schon in Paris geahnt, daß du Jude warst?

Ein *Geheimdienstler* habe dich zu ihrem Vater nach Boulogne gebracht, sagt Viviana, damals habe sich jeder so seine Gedanken gemacht – und nicht viel gefragt. *Résistance,* Untergrund, harte Zeiten! Was ihr Vater für Geschichten … Zum Beispiel: Ein Abend in Paris, eine Bar, plötzlich Gestapo, Razzia, alle verhaftet. Außer euch beiden. Denn du … eine geheime Tür … hinter einem Schrank … Fluchtweg … Zu der Skizze (Hakenkreuz, rennende Leute, eine Tür) gibt es im Anschluß an Pits und Vivianas Gespräch noch ein paar Erklärungen nachzutragen.

Deine Antwort auf Pepes Frage, woher du denn von dem Fluchtweg gewußt hättest: Geträumt! Wenige Tage vorher.

Träume, die Erleuchtungen waren!

Wie nützlich für einen Kommunisten, so einen zum Freund zu haben! Zumal in den Zeiten. Geradezu eine Lebensversicherung. Hinweise auf Schicksal und höhere Mächte – wie auch in den Zeilen, die du ihm aus dem Basler *Lohnhof* hast zukommen lassen wollen – für Pepe also ein alter Hut.

Viviana selbst war während des Krieges nicht in Paris. Ihr Vater habe sie zusammen mit seiner todkranken Frau rechtzeitig zurück in die Heimat gebracht und ihr, als ihre Mutter bald darauf gestorben sei, versprochen, niemals eine andere zu heiraten.

»Stop!« sage ich. »Und noch mal zurück. Ein Geheimdienstler brachte dich zu ihrem Vater und du wurdest Teilhaber von *La Construction Nouvelle* – hattest du denn Geld?«

»Niente!« ruft Viviana. Alles nur auf dem Papier. Auch bei deinem Besuch in Casella habest du ihren Vater gleich wieder angezapft. Der sei eben ein großzügiger Mensch gewesen ... »Und damals?« Pit, bitte! schreibe ich auf einen Zettel. Bleib dran! Mich interessiert nur, was damals in Paris und Boulogne Sache war, alles andere kann Viviana sich ...

Du, ein ruhiges Leben, übersetzt er mir, die eigentliche Arbeit hätten Pepe und die beiden anderen Teilhaber gemacht. Übrigens seiest du eher klein und häßlich gewesen. Aber deine Ausstrahlung!

Ein ruhiges Leben, *Monsieur Je suis seul ce soir* –

»Und die beiden anderen? Welche Arbeit, wie viele Angestellte?«

Die Frage nach dem *Atlantikwall* klammere ich erst mal aus. War in deinen Anträgen auf Entschädigung nicht von fünfhundert Arbeitern und sechs Millionen Umsatz im Jahr die Rede? Vor der Kamera in *Neuengamme* hast du dich gebrüstet, im *Hotel Lutetia ein und aus gegangen zu sein, alle gleich unter Hitler gekannt* und von seinen *geheimen Beobachtungsapparaten* gewußt zu haben. Meine Gedanken jagen hin und her. Vor wenigen Tagen habe ich wegen dieser blöden Apparate sogar noch einen Militärhistoriker befragt, aber selbst der wußte keinen Deut damit anzufangen. Sollte denn alles nur erfunden sein?

Ihr Vater habe hauptsächlich Italiener beschäftigt und so vor Zwangsarbeit in Deutschland bewahrt, erklärt uns Viviana.

»Und vorher?« frage ich.

»KZ!« Bei deinem Besuch in Casella habest du es ihr gesagt. Dein Schwiegervater, ein *pezzo grosso* – Riesennazi –, habe dich denunziert, seine Tochter – deine Frau –, ins Irren- und den Enkel ins Waisenheim gesteckt, als herauskam, was für einer du …

»KZ, wann?«

Das wisse sie nicht so genau. Auf jeden Fall in Deutschland.

Klar, von Italien aus gesehen kann ein Jude nur in einem – deutschen – KZ gewesen sein.

Außerdem habest du ein Buch über *Geheimdienste* verfaßt. Mit dem wolltest du damals nach Amerika, und falls sie nie wieder etwas von dir hören, beziehungsweise nur von deinem Tod erfahren sollte, hätte sie sicher sein können: die CIA!

Ob ihr bekannt sei, daß du auch mal im Gefängnis warst, möchte ich wissen. Pit zögert, schiebt mir Zettel mit Warnungen zu. Bitte! schreibe ich, und Viviana bleibt bei ihrer Version, »Si, si. KZ!«, legt dann aber rasch auf.

»Siehst du!« sagt Pit. »Die ruft nie wieder an!«

Pezzo grosso. Dieser angebliche Schwiegervater, der dich ... ein Riesenflop! Nur eine weitere deiner vielen erfundenen Figuren und Geschichten und, wie alle, maßgeschneidert für den, dem du sie erzählt hast.

Im Sozialen irre trainiert.

Viviana gegenüber war also aus dem angeblichen Berliner Polizeipräsidenten – und angeblichen Vater deiner ostpreußischen Hanne – Jacquelines Vater geworden, hier zwar Franzose, aber eben ein *pezzo grosso,* Jacquelines in späten Jahren anscheinend leider notwendig gewordene Einweisung in eine Anstalt zum väterlichen Racheakt mutiert, Ellarts Aufenthalt im *Haus Kinderschutz* zu Marcels angeblicher Verwahrung in einem Waisenheim – das Gefängnis *Fresnes* zum KZ. Viviana war dahingeschmolzen.

Aber ehe mir das alles klar wird, rotieren Julia und ich zunächst wieder, dringen – auf der Suche nach einem *pezzo grosso* – in weitere französische Archive und Rathäuser vor. Außerdem stöbern wir möglichen Nachkommen der weiteren Teilhaber hinterher.

Und sonst? Ein Brief an Claire, in den kleinen Ort neben Suresnes, mit Kopien der Photos von ihrer Erstkommunion, weiteren Photos von dir und anderen. Außerdem strecke ich meine Fühler in Richtung Diamanten und Diamantenhandel aus. Lerne, worauf es ankomme: Das viermal hohe C, *Cat, Clarity, Color, Carat,* und daß ein *Carat* (0,2 Gramm) aus zweihundertfünfzig Tonnen Kimberlit gewonnen wird. Und daß junge Paare sich unbedingt dieser Steine zum Beweis ihrer Liebe bedienen sollten, *denn das Hochzeitskleid verschwindet irgendwann in einer Schachtel auf dem Dachboden, der Wert eines Diamanten hingegen ist unvergänglich.*

An den glitzernden Steinen klebt das Blut afrikanischer Bürgerrechtler... Der Weltkongreß der Diamantenhändler sei besorgt um seinen Ruf, lese ich im Internet. Aber ich

werde dir nicht bis nach Südafrika folgen, auch wenn du hundertmal dort gewesen bist!

Antwerpen? Zwei Konten, zwei Safes, der Herr Birnbaum, ab Mitte der Sechziger. Wenn dich doch diese Geheimdienstler nicht reingelegt hätten, mit ihrem Koffer voll Falschgeld und *doppeltem Boden!* Eine hübsche Räuberpistole, die du dem jungen Mann in *Neuengamme* erzählt hast.

Ich stoße auf so eine Art von Koffer und weitere deiner Requisiten – Abhörgeräte und geheime Papiere – in einem noch ganz anderen Zusammenhang. In den *Erinnerungen* des deutschen *Wehrmachtrichters* von *Groß-Paris.* Vor mehr als fünfundzwanzig Jahren im Selbstverlag herausgegeben. Jeden seiner Prozesse läßt der alte Richter vor dem inneren Auge Revue passieren. Auch den, von ihm so genannten, *Gaullisten-Prozeß,* abgehalten Januar/Februar 1942 im Gefängnis *Fresnes.* In der trotz des Eisenofens eiskalten Baracke.

Einen der insgesamt achtzehn wegen *nachrichtendienstlicher Tätigkeit* und *Feindbegünstigung* Angeklagten läßt er während der Verhandlung seine Verhaftung schildern. Einen 19jährigen, Jakob. Sein Name: Renée. Magst du das hören?

Unterwegs zu einem englischen Agenten habe er, zusammen mit einem *nach Sprache, Aussehen, Kleidung und Gewohnheit vollblütigen Franzosen und vermeintlich übergeordneten Mitglied des Spionagerings,* in einem Zug Richtung Küste gesessen, die geheimen Pläne im *Köfferchen mit doppeltem Boden* über sich im Gepäcknetz. Kurz nach Versailles Polizeikontrolle, Festnahme nach Vorzeigen der *carte d'identité,* Beschlagnahmung des Koffers, ohne daß jemand vorher hineingesehen hätte. Beim nächsten Halt sei er von seinem Gefährten getrennt und ihm noch während des Transports ins Gefängnis klargeworden, einem Spitzel aufgesessen zu sein.

Er wurde zum Tode verurteilt, am 23. Februar 1942 zusammen mit sechs seiner Genossen auf dem *Mont-Valérian* hingerichtet.

Sieben Menschen. Verraten durch einen *nach Sprache und Aussehen vollblütigen,* während der Verhandlungen selbstverständlich nicht anwesenden Franzosen. Und dennoch, wie der alte Wehrmachtsrichter schreibt, immer Gegenwärtigen, *wie ein böser Geist.* Sein Name? Ach, Jakob, Namen! *Die hießen damals doch alle Fritz oder Hans – keiner hat seinen richtigen Namen genannt.*

Du warst nicht *der,* ich weiß. Aber *wer* – damals in Paris, Boulogne oder Suresnes?

Und im Diamantengewerbe, kam es da auf Namen an, oder genügt tatsächlich *Mazal!* zur Besiegelung des Geschäfts? Wie hast ausgerechnet du mit deinen *Ahnungen* und übersinnlichen Kräften so bös auf *Die* reinfallen können? Und wann genau soll sich das für dich so folgenschwere Gaunerstück eigentlich ereignet haben? Rausschmiß aus der Börse, Ehre im Eimer, alles dahin!

Ob auch hier vielleicht mehr als nur deine *Zeitangaben* nicht stimmen?

In den sechziger Jahren, zwischen deiner Entlassung aus der *Sicherheitsverwahrung* und dem *Lohnhof,* lief zunächst doch alles glatt. Häufige und schnelle Bewegung zwischen Hamburg und Zürich, Basel, Brüssel, Genf, Ostende und Antwerpen. Treffen mit Händlern im *Café des Sports,* Depot von Ware und Gewinn in zwei Safes der Bank *Torengebouw,* Übernachtungen im *Hotel Tourist.* Alles belegt durch deine Aussagen und *Fundstücke* in den – auf Veranlassung des Basler Staatsanwalts – *gesprengten* Safes. Hübsche Fakten, mit denen man sich im *Jerusalem an der Schelde* allerdings, wie ich erfahren werde, nicht gerade beliebt macht.

Ein Paket aus Paris. Willy G.s Manuskripte. Ich rufe ihn an und bedanke mich. Es werde aber noch einige Zeit dauern, bis ich sie lesen könne. »Egal«, sagt er, für ihn sei jetzt alles gut. Um seiner Ehre willen habe er das alles aufgeschrieben. Und auch wenn er sich keinen Namen erworben habe, niemand sich seiner erinnern werde, er sei sicher, daß sein Leben nicht umsonst gewesen sei. Ossietzky und Mühsam – nicht die einzigen!

Und dann endlich die Telefonnummer deines damaligen Hamburger Rechtsanwalts! Mit freundlichen Grüßen der Richterin. »War das nicht der mit den Stimmen?« fragt er. Jeder erinnert sich an dich, Jakob.

Wir treffen uns in Hamburg-Bahrenfeld, im Büro eines Reitervereins, von wo aus er – eine alte Leidenschaft – heute noch Pferdemessen und Reiter-Shows organisiert. Seine Kanzlei hat er schon lange dichtgemacht und ist aufs Land verzogen. Ich bringe türkischen Kuchen mit, sein Sekretär kocht Kaffee. Wider Erwarten wurden noch zwei *Handakten Birnbaum* in seinem Archiv entdeckt. Stolz legt er sie mir vor.

Für wen alles er seinen Kopf und seine Anwaltsehre hingehalten hat! Prominente wie arme Teufel. Solchen wie dich, die irgendwann keinen Durchblick mehr hatten, deren *Zeitangaben* irgendwie nicht stimmten, die verarmt waren und offiziell als *geschäftsunfähig* galten. Aber vor Gericht habest du unerhört geschickt taktiert, immer die passenden Antworten gegeben, sagt er. Er habe dir geglaubt. Überhaupt sei er ein gutgläubiger Anwalt – und Mensch.

Er selbst hat den Krieg – als Enkel einer Jüdin *unbefördert* – in einem Reiterregiment überlebt, noch 1943 im Herzen von Paris für die *Siegerparade* exerziert. »Das müssen Sie sich mal vorstellen!«

Ob vielleicht Jacques Prout den späteren Rechtsanwalt Jakob Birnbaums einmal von weitem gesehen hat – hoch zu Roß in schmucker Uniform auf den Champs-Élysées?

In diesem Leben ist alles möglich.

Der alte Rechtsanwalt ruft seine Exfrau an, und ich spreche mir ihr. Auch sie hatte anscheinend – vielleicht auch sie aufgrund ihrer Abstammung? – das richtige Händchen für dich und *deine Leit.* Für eure Empfindsamkeit. Jedenfalls sei das Wartezimmer der Kanzlei ihres Mannes so eine Art Klage-Salon im Zentrum der Stadt gewesen. Sie habe für alle Kakao gekocht. Vielleicht habest du hier sogar noch die eine oder andere Geschichte aufgeschnappt, sagt sie. Solange du erzähltest, seiest du absolut glaubwürdig, jede Ungeheuerlichkeit plausibel gewesen. Was allerdings schriftlich gekommen sei – du liebe Zeit! Zuletzt habe sie sich so manches Mal gefragt, ob bei den detaillierten Schilderungen sämtlicher Greuel nicht auch ein gewisser Narzißmus dabeigewesen sei, eine Art Befriedigung. Das allerdings nicht nur bei dir.

Hörst du, Jakob?

Ich darf die beiden Ordner mitnehmen, der alte Herr schließt das Büro und sagt: »*Nach* dem Krieg war es in Hamburg übrigens gar nicht schlecht, eine jüdische Großmutter zu haben. Und nun beeilen Sie sich mit dem Buch, damit ich es noch erlebe.«

1979, *im laufenden Entschädigungsverfahren* und für *Geltungmachung der Ansprüche des Pfleglings gegenüber der Sozialbehörde* zu deinem Pfleger *bestallt,* hat er feurige Briefe für dich geschrieben, flammende Plädoyers gehalten, sich, was die Bezahlung anbelangte, mit *Bezirksrevisoren* und *Armenkassen* herumgeschlagen, sogar Rügen hingenommen – *dem Pfleger müssen doch Bedenken gekommen sein … Was Herr B. tatsächlich an monatlichen Leistungen erhält, ist auch nicht andeutungsweise klar* – und sich viele Jahre nach endgültiger Abweisung deines Entschädigungsverfahrens deinetwegen auch noch mit der *Hamburger Stiftung Hilfe für NS-Verfolgte* angelegt: *Mache ich Sie darauf aufmerksam, daß sich der Antragsteller im 83. Lebensjahr befindet und noch keinerlei Wiedergutmachung wegen seiner Verfolgung als sogenannter Volljude erhalten hat … Der Vater des Antragstellers ist in Auschwitz umgekommen, er selbst wurde nur durch einen Zufall vor dem Gaskammertod bewahrt.*

Starker Tobak! Ein paar Wochen später hake ich nach, wie es wohl zu dieser Formulierung gekommen sei, und er meint, sich deiner Schilderung zu erinnern, daß du schon vor dem Tor der Gaskammer gestanden habest, plötzlich die Anlage als defekt gemeldet worden, dann *Feierabend* gewesen und am nächsten Tag die Sondermeldung vom Kriegsende durchgekommen sei.

Auch in deinem unerschütterlichen Kampf gegen das *Beobachterteam* war er voll auf deiner Seite. In einer der beiden Akten finden sich Kopien deiner sämtlichen Petitionen und Klagen gegen *gewisse* Sachbearbeiter im *Deutschen Bundestag.* Wegen *Falschbeurkundung* oder *Verweigerung der Weitergabe hochbrisanter Unterlagen.* Außerdem eine Reihe *Eidesstattlicher Erklärungen* gewisser Damen bezüglich selbst gehörter Stimmen. Und die Kopie eines *Versäumnisurteils* des *Amtsgerichts Hamburg,* das eine Frau X zur Zahlung von *dreitausend Mark nebst Zinsen an den Rentner J. B.* verdammt, und das, obgleich dem Gericht eingangs erhebliche Zweifel an der Prozeßfähigkeit des Klägers wegen der *von ihm empfundenen kybernetischen Steuerung durch die Geheimdienste* gekommen waren. Worum mag es hier gegangen sein? Die Erinnerung des alten Rechtsanwalts versagt.

Muß ich das wissen? Könnte mir dieser kleine Rechtsstreit noch irgend etwas einbringen? Ein ungewöhnlicher Name, ein Eintrag im Hamburger Telefonbuch. Die Neugier siegt. Ihr Sohn! Keine Ahnung, sagt er am Telefon, aber gezahlt habe seine Mutter garantiert nicht, sie habe nämlich nie gezahlt. Außerdem sei sie tot. Wir plaudern, und ich erfahre, daß sie schon ins Milieu gegangen sei, als er noch ein kleiner Junge war, und das habe er ihr im nachhinein übelgenommen. Alles andere: Schwamm drüber. Was allerdings Domenica in ihrem Buch über sie geschrieben habe, sei »völliger Keks«, seine Mutter habe daran gedacht, sie zu verklagen – »aber was soll's.«

Also lese ich jetzt auch noch die *Memoiren* von Domenica, der weltberühmten Nutte aus Hamburg – und finde nichts, was mir weiterhelfen könnte. Auch hier dieser Tanz um den heißen Brei mit falschen Namen. Ich schreibe ihr einen Brief, hefte die Kopie in den Ordner – auf Dönhoff folgt jetzt Domenica. Die Gräfin hatte mir geschrieben, sie könne sich leider nicht an einen Briefwechsel mit dir erinnern, täglich gingen Hunderte von Briefen bei ihr ein. »Bitte haben Sie Verständnis.« Von Domenica wird keine Zeile kommen.

Akten, Jakob! Berge von Akten. Im *Oberlandesgericht* und auch in der *Behörde für Arbeit, Gesundheit und Soziales,* kurz *BAGS,* kann ich jetzt deine Pflegschafts- und Vormundschaftsakten einsehen. Schwindelerregend!

Ich wühle mich durch. Viel über dich – nichts über deine Toten – in diesen zum Teil mit Gurten verschnürten alten Papieren. Dokumente eines über zwanzig Jahre währenden Zickzacks zwischen Unzurechnungsfähigkeit und Normalität, bühnenreifen Auftritten, weiteren Lebensläufen. Dein Hase-und-Igel-Spiel. *Ick bün all door.* Eine Legion Rechtsbeistände hat sich mit dir befaßt, Entschädigungen, Soforthilfen, Renten und *laufende Hilfen in besonderen Lebenslagen* beantragt. Sogar *Leistungen an Betroffene von nationalsozialistischen Willkürmaßnahmen und ihre Hinterbliebenen in Härtefällen.* Ein Chaos um dein Chaos – bis zum letzten Tag?

»Ein ruhiger, klar denkender Mann, der sich auf das Wichtigste zu beschränken wußte«, sagt die Stimme des alten Notars am Telefon, den du etwa zwei Jahre vor deinem Tod zur *Beurkundung* deines rechtsgültigen Testaments – Anna als *Alleinerbin* einsetzend – in deine Wohnung bestellt hast. »Entmündigt, Verfolgungswahn, körperliche Leiden?« Er ist verblüfft. Bei seinem Eintritt in die Wohnung – eine Pflegerin habe ihm aufgemacht – habest du aufrecht im Stuhl gesessen, eine geistige Behinderung habe *todsicher* nicht vorgelegen. Dann hätte er so ein Testament nämlich gar nicht aufsetzen dürfen.

»Und warum überhaupt hat er so ein Testament gemacht?« frage ich. »Außer ein paar persönlichen Papieren, billigen Möbeln und Hausrat war doch nichts mehr da.« Das sei durchaus nichts Ungewöhnliches, klärt der Notar mich auf. Dankbarkeit einer Person gegenüber, Zuneigung, auch Selbstwertgefühl spielten hier eine erhebliche Rolle. Mindestwert allerdings fünftausend Mark. Dein Sohn sei ja gestorben, habest du ihm erzählt. Er erinnere sich noch genau, daß dir *und französisch* als Zusatz neben *Staatsangehörigkeit: deutsch* sehr wichtig gewesen sei. »Jude? Nein!« Davon habe er nichts bemerkt. Ob du wohl so *eine Art Chamäleon* gewesen seiest? Übrigens habe er deine Wohnung nach Unterzeichnung dann allein verlassen, bei einem Notar könne man ja sicher sein, daß er keine Silberlöffel mitnehme.

Noch einmal: Was warst du denn nun? Deutscher oder Franzose, Jude oder Christ? Sicherheitshalber vielleicht alles? Wer konnte denn wissen, was noch kommt, und was zu sein – oder gewesen zu sein – eines Tages günstiger war. Dreiunddreißig Jahre Knast, Strafverfahren in elf Städten, vier Ländern – *ein bewegtes Leben.* Gottlob sind auch einige Akten *außer Kontrolle geraten,* Fristen abgelaufen. Es wird nicht alles in Ewigkeit aufbewahrt. Wohin sollte das auch führen – Akten über die ganze Erde!

Und wenn auch aus Paris nichts mehr kommt? Wenn sich das *Militärarchiv* weiter sperrt und das *Nationalarchiv* keine saubere Kopie mehr schickt – was dann? Wer sind sie denn nun – wirklich –, deine Toten?

Immerhin meldet sich der Sohn eines weiteren Teilhabers der Baufirma *La Construction Nouvelle.* Aus Cannes. Ein alter Herr. Julia ruft zurück. Er finde das unglaublich spannend, sagt er, daß mal jemand nach *der* Zeit frage. Ob ich mit dir verwandt sei?

Dann hätte ich wahrscheinlich nicht mehr nach dir gefragt, Jakob.

Sein Vater und Pepe seien schon vor dem Krieg Freunde gewesen, der vierte Teilhaber und dessen Sohn beide tot.

A) Renseignements relatifs à la personne morale

1. Date de l'immatriculation 10 SEPTEMBRE 1943

2. Raison sociale ou dénomination sociale
SOCIETE LA CONSTRUCTION NOUVELLE
Sigle

3. Nom commercial

4. Forme juridique S.A.

5. Capital social
1.000.000 FRS

6. Adresse du siège social BEZONS 5, bis rue Pasteur

7. Durée de la société 99 ANS DU 12 JUILLET 1943 AU 12 JUILLET 2042

8. Objet social :l'entreprise de tous travaux d'intérêt général en privé notamment l'entreprise de travaux publics la construction ou la mise en état de toutes chemins et égouts le terrassements ainsi que tous travaux se rapportant à l'entreprise du batiment et plus particulièrement la maçonnerie et le béton armé l'achat de tous terrains en vue de leur revente après les avoir aménagés ou y avoir édifié des constructions

9. Administration de la société (1)
Mr [redacted] Alfred dt. 5, bis rue pasteur à BEZONS né le 31/8/1903 à AVIANO (Italie) Italien français décret 14 887 X 37 du 25/10/1939
PRESIDENT DIRECTEUR GENERAL

Mr PROUT [redacted] 67 Boulevard Washington à SURESNES né le 5/4/1912 à PARIS 18 ème Français
ADMINISTRATEUR

Mr [redacted] dt. 100 avenue Victor Hugo à BOULOGNE S/SEINE né le 11/9/1899 à GENES (Italie) Italien
ADMINISTRATEUR

Mr [redacted] Armand dt. 101 boulevard Jean Jaurès à HOUILLES né le 21/12/1898 à BOLOGNE (Italie) Italien
ADMINISTRATEUR

Mr [redacted] Jean dt. 50 avenue Maurice Berteaux SARTROUVILLE né le 30/4/1913 à TUZAQUET Français
COMMISSAIRE AUX COMPTES

Mme [redacted] née [redacted] Marcelle née le 21/2/1916 à LE HAVRE Dt. 50, avenu Maurice Berteaux SARTROUVILLE Française
COMMISSAIRE AUX COMPTES

»Jacques Prout? Nie gehört.« Er sei allerdings auch nur selten nach Boulogne gekommen, weil bei der *Résistance, FFI – Forces françaises de l'intérieur.*

Endlich mal *FFI!* Vielleicht war der Sohn deines Kompagnons die Vorlage für deine Behauptung, Mitglied bei den *FFI* gewesen zu sein?

»Gibt es noch Listen?« fragen wir. »Wertlos«, sagt der alte Mann. Nach dem Krieg habe jeder dritte behauptet, bei den *FFI* gewesen sein.

»Und die Firma – gearbeitet für wen?«

»Für die Deutschen!«

»Atlantikwall?« Ihm gegenüber kann man anscheinend offen sein.

»Kaum. Eher Geflügel- und Schweinezucht.« Er sei sich ziemlich sicher, einmal habe er nämlich seinem eigenen Vater eine Sau geklaut.

Bloß nicht! Auf gar keinen Fall möchte ich mich auch noch in landwirtschaftlichen Betrieben in Pariser Vorstädten umsehen. Außerdem steht im *Handelsregister* von Versailles vom Juli 1942 hinter *La Construction Nouvelle: Erdarbeiten, Mauerwerk, Stahlbeton, Übernahme sämtlicher Arbeiten. Weiterverkauf von öffentlichen und privaten Grundstücken.*

»Ohne die Kollaboration wären die Deutschen niemals so weit gekommen«, klärt uns unser Informant abschließend auf. Selbst bei seinem Vater habe er einmal einen in deutscher Uniform gesehen.

Das Photo von dir fällt mir ein, das Haar kurz und glatt. Aber das geht jetzt entschieden zu weit – ein französischer Jude in deutscher Uniform. Nicht jeder Wahnsinn kann Wirklichkeit sein!

Am letzten Tag im August erreicht mich eine Antwort von Claire: Keine Spur von Verbitterung wie in den Zeilen, die sie dir in den *Lohnhof* geschrieben hat. Vielleicht, weil sie jetzt – durch mich – weiß, daß du Jude warst? Ihre Eltern seien Italiener, sie niemals Rassist gewesen, schreibt sie, ihre Tochter sei verheiratet mit einem *Ausländer.*

Alle Personen auf den Kopien der Photos hat sie gekennzeichnet: *Ma mère, mon père, ce moi, mon ami.* Dich entweder als *Monsieur Prout* oder *Monsieur Je sui seul ce soir* – je nach Gesichtsausdruck. Endlich also eine Bestätigung, daß du tatsächlich dieser Jacques Prout warst – auch daran hatte ich schon gezweifelt. Sie freue sich auf einen Anruf.

Das Hotel ihrer Eltern stehe noch, sagt sie zu Julia am Telefon, nur der Straßenname habe sich geändert. Kein Wunder also, daß wir im März in Suresnes in die Irre gelaufen sind. Wir sollen kommen und uns alles ansehen. Anfang 1942 seiest du aufgetaucht, kurz vor ihrer Erstkommunion, und dann immer erschienen, wenn du Ruhe zwischen zwei *Aktionen* gebraucht habest oder in *Schwierigkeiten* gewesen seiest. Immer Zimmer zwei.

»Aktionen, Schwierigkeiten?« fragen wir.

»Auf den Baustellen in der Normandie.« An den Stränden habe deine Firma Barrikaden gegen die Alliierten errichtet. Und irgendwie sei dir wohl auch die Polizei auf den Fersen gewesen –

Aha!

– du habest ein doppeltes Spiel getrieben, Pläne an die Engländer verraten …

Pläne an die Engländer oder Kuriere an die Deutschen, Jakob? Und dich der Familie Marini gegenüber als Widerständler geoffenbart? Geächteten, von den Franzosen für staatenlos Angesehenen, deren Hotel zu betreten Deutschen verboten war, wie Claire sagt. Ein ziemlich gefährliches Spiel, Monsieur Prout. Oder war vielleicht auch Vater Marini nicht ganz lupenrein, dieser Hotelier, der nachts um den Pigalle Taxi fuhr und zwielichtigen Gestalten Unterschlupf gab?

»Auch zusammen mit seiner Familie war er da«, sagt Claire. »Familie?« Wir sind erstaunt. »Mit seiner Frau Paula und seinem kleinen Sohn.«

Paula?

Neben das Photo von Jacqueline hat sie geschrieben *Unbekannt,* neben dich mit Fez auf dem Kopf und Marcel im Arm *In unserem Garten, hinter dem Hotel.* Also was, Jakob? Marinis Hotel in Suresnes, Ort für zeitweiliges Familienleben oder auch, was das anbelangt, ein doppeltes Spiel getrieben?

Vor dem Krieg habest du in einem deutschen Lager gesessen – ihr Narben von den Bissen der Wachhunde gezeigt – und nach dem Krieg in *Fresnes.* Wegen *Kollaboration,* also wohl wegen dieser Sache mit den Engländern. Julia stutzt. Aber schon fährt die alte Dame fort: Jedenfalls habe ihr Vater deine Geschäftspapiere verwahrt, solange du im Gefängnis warst, aber dein Bruder und deine Frau ... alles an sich gerafft, und – als du raus warst – behauptet, daß es niemals dein Geschäft gewesen sei, das sehe man doch schon an dem Namen. Der Eigentümer habe anders geheißen. Da habe es gekracht zwischen euch, einmal sogar soll ein Schuß gefallen sein ...

Mein liebes Maschinengewehr ... gute Dienste. 1949 Verurteilung wegen *unerlaubten Besitzes von Kriegswaffen ...* 1950 Scheidung.

Wenn die Firma *La Construction Nouvelle* nach dem Krieg also noch »geschäftsfähig«, und dir allein durch private Intrigen verlorengegangen war ... Entschädigung? Für eine untreue Gattin samt betrügerischem Bruder konnte eigentlich nicht die *Deutsche Wehrmacht* geradestehen. Dieser Wirrwarr – zum Verrücktwerden!

In den Fünfzigern seiest du noch einmal in Suresnes aufgetaucht, mit einer reichen Witwe aus Versailles – also auch in Frankreich Witwen bevorzugt –, die habest du im Kasino kennengelernt. Diese wiederum habe sich aber später sehr negativ über dich geäußert: Du kleiner *Arsène Lupin!*

»Wie bitte?«

Überhaupt sei alles an dir äußerst zweifelhaft gewesen. An den Namen der Dame könne sie sich leider nicht erinnern.

»Und das Fort *Mont-Valérien*?«

Alle Handwerker in Suresnes hätten damals für die Deutschen gearbeitet, deren Hauptsitz sei das Spital gewesen. Die Kranken habe man in der Zeit woanders untergebracht. Aber während der Erschießungen hätten alle Franzosen freigehabt. »Tausende von Erschießungen!«

Ja, allmählich wissen wir Bescheid über den *Mont-Valérien,* was die Deutschen dort ... und kein Franzose ... und keinen Schuß gehört.

»Merci beaucoup, Madame!«

SEPTEMBER

Wie die Zeit vergangen ist! – Am 1. September Treffen mit dem *Großonkel, Ratssaal Klimperkasten.* Ich darf die alten Photoalben sehen. Wenn schon keine Akten aus dem Pariser *Militärarchiv,* dann wenigstens die Photoalben eines *Deutschen Spaßvereins.* Sicherheitshalber blättere ich etliche Jahrgänge durch. Aber nichts: Die *Eintrittskarte 0095* für das *Maskenfest, Samstag 5. Februar 1977* öffnet keine neue Tür – nicht mal zu einem weiteren blonden oder schwarzen Schätzchen.

Auch mit der jungen Dame an deiner Seite – vielleicht *Juristenball?* – bin ich nicht weitergekommen, obwohl sogar die Richterin sich ihrer angenommen, das schöne Photo von euch beiden in einschlägigen Kreisen herumgereicht hat. Und der *Guest Relation Manager* im *Vier Jahreszeiten* hatte bei Vorlage die Diagnose gestellt, daß an dir grundsätzlich alles faul sei. Geste, Frisur, Jackett paßten nicht zusammen. Er habe den Blick dafür, allein schon wie jemand durch die Drehtür komme, reiche, um zu wissen, welche *Sorte Maus* das sei. Sorte Maus, Jakob. Außerdem könne so ein Leben ja nur bis zum Tod gutgegangen sein. Aber was nütze das? Danach gehe es nämlich weiter, seiner Meinung nach.

Und wie jetzt weiter? Bei Herrn M. in Metz geht niemand ans Telefon. Am Ende unseres letzten Gesprächs hatte er angedeutet, er müsse ins Spital, die Beine. Gedrückte Stimmung. Die Bemerkung *Armer Poet* geht mir nach. Nur nicht den Kopf hängen lassen!

Immerhin hat mir inzwischen der Deutschlehrer aus Audun seine beiden Chroniken geschickt, und außerdem gibt es noch: die nette Bekannte, Genossenschaftssiedlung Altona, von der deine alte Nachbarin sprach und der du den ganzen *Faust* auswendig deklamiert hast, das Pflegeheim in Othmarschen, aus dem Anna dich gerettet hat, und deine letzte ambulante, so betrügerische Pflegerin. Vielleicht irgendein Treffer dabei?

Und Wünsche: Marcels *Geburtsschein.* Wenigstens auf dem müßte Vater Prout oder Birnbaum doch zu finden sein. Und vielleicht noch das eine oder andere über ihn. Ein kleines Papier als Ersatz für ein verschwundenes Familienbuch, das wär's! Aber auch bei France meldet sich niemand. Morgens, mittags und abends nicht. Beim letzten Anruf hatte eine fremde Stimme Julia erklärt, daß France' neuer Freund gerade gestorben, sie für niemanden zu sprechen sei. Julia hatte aufgelegt und gemeint, jetzt reiche es ihr aber bald – mit den Toten.

Und noch etwas fällt mir ein: Deine Trauzeugen! Heiligmorgen 1945 haben sie – in einem Gefängnisgebäude von *Fresnes* – alles mit eigenen Augen gesehen. Wenn schon nicht die Ankläger, dann wenigstens die Trauzeugen! Ihre Namen stehen auf der Urkunde *Mariages,* die aus dem Rathaus von Fresnes gekommen ist. Ein Mann und eine Frau, sie Schneiderin, eine Pariser Adresse von ihr, *Rue Réaumur.*

Ich rufe Jil an und frage, ob sie irgendwann Zeit habe, dort vorbeizugehen.

Also! Nur nicht an Gerichtsakten klammern, die vielleicht nie kommen werden. Und, wer weiß, vielleicht ruft uns ja auch Viviana noch einmal an …

Die nette Bekannte sagt sofort zu. Ich kaufe einen Blumenstrauß und fahre noch einmal in die Siedlung Hamburg-Altona. Wer wohl jetzt in deiner Wohnung lebt?

Sie Mitte Sechzig, flinke Zunge, Herz auf dem rechten Fleck und Sinn für Höheres. Eine ganz andere Schicht habest du in ihr angesprochen. Ihr Jetziger sei ja *korrekt im Dings,* rauche und trinke nicht – aber du ... Goethe! Kenne hier sonst niemand. Und wie gesagt, alles auswendig!

Deine Vergangenheit? Berliner, Jude, bis 33 Baugeschäft, dann emigriert. KZ, im Kohlenwagen geflüchtet, geheiratet in Paris, ein Sohn, irgendwann geschieden. Nach dem Krieg die ganz große Liebe!

»Blond?« frage ich.

»Ja, aber leider Brustkrebs. Immer Pech, der Mann.« Oft habe sie dich gefragt, wie du das alles ausgehalten habest und trotzdem immer so fröhlich gewesen seiest. Deine Antwort? Wenn ich einmal anfinge zu weinen, würde ich nie mehr aufhören. Auch damit mitten ins gute Herz. Denn eigentlich könnten das ja nur Frauen – richtig weinen, sagt sie. Stimmen zu hören heiße übrigens, daß die eigenen Gedanken nicht mehr zensiert werden, damit kenne sie sich aus, auch sie sei mal abgestürzt. Psychisch.

Hörst du, Jakob?

Aber das mit den Nazis und den Beobachtungsapparaten sei natürlich Quatsch!

Ehe ich die Wohnung verlasse, nennt sie mir eine weitere Person, die dich gut gekannt habe: Helmut Schmidts ehemaligen Bodyguard. Den Tip müsse ich aber nicht unbedingt von ihr haben.

Na bitte! Hat sich doch gelohnt: die Adresse eines Bodyguards, und du ein Berliner! Ihr gegenüber hast du deinen Start ganz hoch angesetzt. In der Reichshauptstadt.

»Ach, der!« sagt der Bodyguard im Ruhestand am Telefon. Du seiest nichts weiter gewesen als einer dieser verfolgten Juden, die die Vergangenheit eingeholt habe. Nichts Besonderes also. Und zu viele Frauen. Das habe ihn gestört. Auch deine Wahnideen über Strahlen seien ein verbreitetes Phänomen, solche Leute wie du lebten in einer anderen Wirklichkeit. Eigentlich habest du ja nette Augen gehabt, aber bei geringstem Widerspruch sei dein Blick eiskalt geworden. Du habest oft über Potenzprobleme geklagt.

Die verhindern alles!

Weihnachten hätten er und seine Frau dich einmal zu sich geholt, aber anschließend habest du ihn jedes Mal, wenn der Chauffeur vorgefahren sei, auf der Straße abgefangen. Du hattest wohl gehofft, über ihn einen direkten Draht nach Bonn zu schalten. Da sei Schluß gewesen.

Ich mache ein paar Andeutungen über dich, er lacht: »Typisch Betrüger!« Einbrecher seien dagegen einfach – die gäben irgendwann zu.

Ein deutscher Sicherheitsbeamter, seine Frau und ein einsamer Jude, der dreiunddreißig Jahre im Gefängnis saß, gemeinsam unterm Tannenbaum. Warum nicht? *In diesem Leben ist alles möglich.* Dein Strafregister weit weg wissend im Brüsseler Safe, hast du dich sicher gefühlt. Und über das, was während des Krieges in Paris los war, weiß ja – bis heute – kein Mensch etwas.

Pflegeheim, Hamburg-Othmarschen.

Nach drei Anläufen hat die Oberschwester endlich Zeit. Ich warte am Empfang neben Springbrunnen und Glasvitrine, in der aufgefundene Brillen und verschiedene Haftcremes zur Fixierung von Zahnprothesen ausgestellt sind. Alles sehr gepflegt hier.

1994, drei Jahre vor deinem Tod, hatte man dich nach *rechtsseitigem Stammganglieninfarkt* und fast sechs Wochen

Krankenhausaufenthalt hergebracht. »Leichter Schlaganfall«, hat Anna gesagt, »mit Medikamenten vollgestopft, gedopt.«

Zunächst ist die Oberschwester sperrig. Verständlich, ein schwüler Tag, schon zweimal heute mußte der Rettungswagen her, und überhaupt – Überstunden et cetera. Sie blättert in deiner Akte. Und plötzlich sind wir mitten im Gespräch. Manchmal lächelt sie sogar.

Schlimm sei das mit dir gewesen, obwohl du gleich auf die Verwirrtenstation gekommen seiest und man sich da, weiß Gott, mit einigem auskenne. Ständig seiest du unter den Tisch gekrochen, habest dich entkleidet, auf den Boden uriniert, mit dem Kopf gegen den Schrank geschlagen, Duschwasser ins Zimmer gelassen, Blumen und Vasen aus dem Fenster gekippt, geschrien. Die Leute in den Kleingärten nebenan hätten die Polizei verständigt – ein unhaltbarer Zustand.

»Diese Spießer!« hatte Anna gesagt.

Selbstverständlich hätten sie dich ruhiggestellt und in deinem Zimmer das Wasser abgedreht, aber der Dame, die dich häufig besuchte, habe man ja nichts recht machen können.

Ständig *abgeführt* und *ausgeräumt* hätten sie dich, Annas Schilderungen zufolge, dich gequält. Wie habest du dich bei ihr beklagt.

An den Wochenenden, sagt die Oberschwester, hätten die Dame und der Herr dich dann zu sich nach Hause geholt und irgendwann sogar überredet, einen Zettel zu unterschreiben: *Hiermit kündige ich meinen Heimplatz.* Der reine Wahnsinn!

Anna hatte nicht nachgelassen, unermüdlich auf Ämtern und bei Behörden für den Erhalt deiner Wohnung, deiner Freiheit gekämpft. Mit Erfolg.

Ich erzähle der Oberschwester von deiner letzten Reise mit ihr und Osip ans Schwarze Meer, lege zwei deiner

Modell-Photos auf den Tisch. Den *Formelkopf,* den *Bankdirektor.* »Das gibt's doch nicht!« Sie lacht, reicht mir dein Krankenblatt:

Ißt nicht, Stuhlgang auf dem Boden, Medikamente verweigert. Tägliche Buchführung über einen *kleinen, gebeugten Herrn.* Ihre Diagnose: *Stalingrad oder die Ecke.* Traumatische Zustände, dein hohes Alter, kann – nach ihrer jahrzehntelangen Erfahrung – nur *die Ecke* sein. Sei ja auch zu verstehen. »Was die alles durchgemacht haben!«

Hörst du, Jakob? Eine weitere Möglichkeit, im zwanzigsten Jahrhundert vor die Hunde zu gehen: Stalingrad.

Aber, sagt die Oberschwester, sie selbst habe auch ihre Grenzen, alles lasse auch sie sich nicht gefallen. Und mit den meisten Alten sei es eigentlich ganz schön. Manche behielten sogar einen gewissen Schalk, bis zum letzten Tag. Irgendwie stürben sie alle zu früh. »Jude?« Sie zuckt mit den Schultern. »Schon möglich.« Aber auch Christen wünschten sich ja heutzutage keinen geistlichen Beistand mehr, die meisten Beerdigungen fänden anonym statt. Sie erinnere sich nur daran, daß du Vegetarier gewesen seiest. Ganz sicher.

Das weiß auch deine letzte Pflegerin – die Polin mit dem großen Busen. Ich treffe sie im Wedeler Café. Sie möchte Grazzna heißen in dem Buch, sagt sie, als ich ihr erkläre, daß jeder einen anderen Namen bekommt. Das heiße *schöne Frau* auf litauisch.

Wir werden immer internationaler, Jakob.

Du seiest mindestens zwei gewesen. »Aber *halbe ist Wahrheit.*« Wohl wahr! Und Sternzeichen Krebs, Frauenheld. Was sie alles weiß! Modell nimmt sie mir sofort ab. Und ständig Filme über Rußland geguckt habest du, geheime Sachen. Im Krieg seien dir dort ja die Hände erfroren. Also auch noch in Rußland! Aber natürlich nur *als Gefangener.* Nix Soldat, nix Stalingrad. Zunächst war sie begeistert von dir, aber dann: »Alter Mann, noch Wünsche, Sie verstehen?«

Vielleicht hat der alte Notar wirklich recht – du *eine Art Chamäleon?*

Tatsächlich, Viviana! »Wo bleibt ihr denn?« ruft sie durchs Telefon, nun habe sie den Koffer wieder zurück in den Keller gestellt.

»Koffer?« fragt Pit. »Mit Unterlagen der Baufirma *La Construction Nouvelle,* der Kommunistischen Partei, et cetera.« Das habe er gar nicht so verstanden, sagt er.

»Kann man die schicken?« frage ich.

»Zuviel!« sagt sie.

Ich werd' verrückt! Papiere von damals in einem Koffer in Casella. *Arrivederci, grazie,* wir kommen! Aber erst im Oktober, gleich nach der Buchmesse – vorher schaffen wir es nicht mehr.

Allmählich kommt alles wieder in Schwung. Eine E-Mail aus Paris! Von einer anderen Abteilung des *National-archivs.* Man habe ein kleines *Dossier* gefunden, fünfundzwanzig Seiten, *Signatur Z 6* – also doch! –, glaube aber, daß es kaum von Interesse für mich sei. Schicken gehe leider nicht, kopieren nur mit *Sondergenehmigung,* aber ich könne jederzeit kommen und das *Dossier* einsehen.

Einsehen! Allmählich müssen die doch begriffen haben, daß ich kein Französisch kann. Und wegen fünfundzwanzig Seiten noch einmal Paris? Aber auch Marcels Geburtsschein lockt mich ungemein, und die Trauzeugin. Jil hat in der *Rue Réaumur* nichts erreicht. Also plane ich: Mitte Oktober Genua/Casella, via Paris, mit Pit, auf dem Rückweg ein paar Tage Zwischenstop. Und Julia beantragt: *Sondergenehmigung zur Vervielfältigung von Dokumenten, die nicht frei einsehbar sind.* Bis Mitte Oktober müßte das doch durch sein.

11. September.

Irgendwann am Vormittag klingelt das Telefon und jemand sagt: »Mach den Fernseher an, es ist Krieg!« Und dann sehe ich fast vierundzwanzig Stunden lang, ununterbrochen, wie zwei Flugzeuge in zwei Türme fliegen, Rauch und Feuer, aufgerissene Augen, verzerrte Gesichter. Und irgendwann denke ich, Schluß! Wie viele es auch gewesen sein mögen, sie sind tot, sie haben es hinter sich, man kann sie nicht immer und immer wieder sterben lassen, und sterben sehen, die Wirklichkeit ist anders.

Pause.

Nach dem ersten Herbstmond feiert ihr *Rosh Hashana,* euer Neujahrsfest. Zehn Tage der Umkehr, wie Esther mir erklärt hat. Vorbereitung auf den Tag des göttlichen Gerichts. In der Zeit schlage jeder sein persönliches Buch vor Gott auf, man trage weiße Kleider und wünsche sich gegenseitig gute Eintragungen. Und die Christen? Manche suchen jetzt wieder Kirchen auf.

OKTOBER

Die Welt pendelt sich wieder ein, jeder nimmt seine Arbeit wieder auf. Die Amerikaner bombardieren Kabul – und in Frankfurt am Main findet die Buchmesse statt. Wir reden viel und verkaufen wenig in diesem Jahr.

Genua/Casella via Paris. Wir sitzen in einer kleinen Maschine, Pit photographiert Wolken, der Steward kündigt das Essen an, spricht *snacks* wie *snakes,* und so sieht es auch aus, was dann kommt. Ich übergebe mich.

Am Flughafen mieten wir ein Auto und fahren los. Hinauf in die Berge. Es gießt. Kurven, Blitze und Donnergrollen, und dann – Pit telefoniert, Viviana beschreibt den Weg – endlich das Ortsschild Casella. Vor einem Haus winken zwei Männer mit großen Schirmen. Vivianas Mann und ein Enkel.

Wir treten ein. Ein prächtiges Wohnzimmer, Kronleuchter, Gemälde – auf dem Kaminsims, im Silberrahmen, das Photo von dir und Pepe mit der jungen Frau am weißgedeckten Tisch, *6. Dezember 1942. En Souvenir de notre soirée passée.* Ein Nikolausabend in Paris, im Zweiten Weltkrieg.

»Sie war ein Spionin«, sagt Viviana und tippt mit dem Finger auf die junge Frau zwischen euch, »die Deutschen haben sie umgebracht.«

20./21. Oktober 2001. Ein Wochenende in Casella.

Viviana hat gekocht, Suppe, *Vitello tonato* – leider bin ich noch nicht wieder ganz fit. Gespräche über italienische Kultur und Politik, soweit ich verstehe, was die anderen sagen. Pit ist in Hochform. Er genießt es, endlich einmal wieder in Italien zu sein und noch dazu bei so netten Leuten. Der Enkel spricht angeblich Englisch, aber entweder ich bin zu müde, oder er kann es doch nicht – wir wechseln nur wenige Sätze.

Viviana serviert Obst und Kaffee und sagt, sie habe einige Papiere und Photos zurechtgelegt, die könnten wir uns dann morgen vormittag ansehen, mittags sei ein Tisch bestellt. Phantastisches Restaurant – auch mal Pepes Laden gewesen. Essen, Gastfreundschaft. Was will ein Mensch mehr?

»Und der Koffer?« frage ich. Pit übersetzt, und Viviana antwortet, den habe sie, weil wir uns damals ja nicht wieder gemeldet hätten, zurück in den Keller gestellt und jetzt könne sie – beim besten Willen – nicht mehr feststellen, welcher von den vielen Koffern da unten der richtige sei. Sie habe so unendlich viele …

In diesem Leben ist alles möglich. Und ich weiß jetzt wenigstens, wie der Hase läuft, der italienische. Hier hast du niemanden hinters Licht geführt. Viviana, Pepe und du – *Giacomo il magnifico* – aus einem Holz geschnitzt. Einzige Ausnahme, Vivianas Mann. Doch der hat hier – ganz eindeutig – nichts zu sagen. Ein für allemal muß uns Deutschen gegenüber klargestellt werden, daß *padre* Pepe ein Held war. Und was für einer! Dafür hat sie uns auf die Reise geschickt. Daß nur ja keiner auf krumme Gedanken kommt! *Padre* Pepe, 1923, nach Mussolinis *Marsch auf Rom,* als Widerständler und Antifaschist nach Frankreich geflohen, seinen Idealen treu bis zum letzten Tag. Niemals hat er sich bereichert, sich ständig für andere eingesetzt und, um seiner Tochter eine Stiefmutter zu

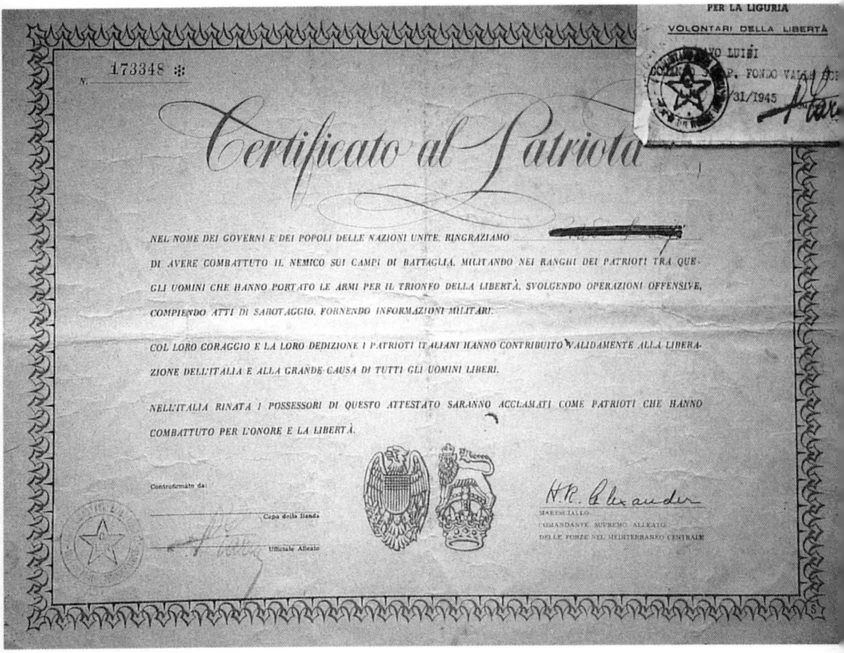

PER LA LIGURIA
VOLONTARI DELLA LIBERTÀ

N. 173348

Certificato al Patriota

NEL NOME DEI GOVERNI E DEI POPOLI DELLE NAZIONI UNITE, RINGRAZIAMO [redacted] DI AVERE COMBATTUTO IL NEMICO SUI CAMPI DI BATTAGLIA, MILITANDO NEI RANGHI DEI PATRIOTI TRA QUEGLI UOMINI CHE HANNO PORTATO LE ARMI PER IL TRIONFO DELLA LIBERTÀ, SVOLGENDO OPERAZIONI OFFENSIVE, COMPIENDO ATTI DI SABOTAGGIO, FORNENDO INFORMAZIONI MILITARI.

COL LORO CORAGGIO E LA LORO DEDIZIONE I PATRIOTI ITALIANI HANNO CONTRIBUITO VALIDAMENTE ALLA LIBERAZIONE DELL'ITALIA E ALLA GRANDE CAUSA DI TUTTI GLI UOMINI LIBERI.

NELL'ITALIA RINATA I POSSESSORI DI QUESTO ATTESTATO SARANNO ACCLAMATI COME PATRIOTI CHE HANNO COMBATTUTO PER L'ONORE E LA LIBERTÀ.

Controfirmato da:

Capo della Banda

Ufficiale Alleato

H. R. Alexander
MARESCIALLO
COMANDANTE SUPREMO ALLEATO
DELLE FORZE NEL MEDITERRANEO CENTRALE

ersparen, nie wieder geheiratet. (Das hatten wir schon.) Als die kleine Viviana 1942 todkrank in Casella daniederlag, war er, zu Fuß und heimlich, über die Berge gekommen. Welch ein Vater! Und schon einen Tag nach der Befreiung 44 hatte er, mit einem roten Schal um den Hals, auf dem Marktplatz von Casella gestanden! Alle haben ihn gesehen. Und nun glaubt!

Credo, aber jetzt brauche ich erst einmal ein Bett!

Viviana bietet uns Zimmer an, das große Haus … Bloß das nicht! Nicht nachts in diesem Haus mit seinen vielen Koffern untergehen! Wir fahren los, telefonieren, zunächst erfolglos. Es ist bereits Nacht, in Genua findet eine Messe statt, im Umkreis von einhundert Kilometern anscheinend kein Zimmer mehr. Trotzdem, wieder in Richtung Stadt, es gießt immer noch, Pit telefoniert ununterbrochen, repariert zwischendurch noch eine defekte

Autobahnschranke, und irgendwann sagt eine freundliche Stimme zu ihm, wenn ihr in einer halben Stunde da seid. ... Ich gebe Gas. Und endlich ein Bett!

Pits Kommentar? »Warte doch ab, was sie morgen sagt.«

Frühstück, zurück nach Casella. Heute ein blauer Himmel über uns.

Viviana sitzt uns gegenüber am großen Tisch, ihre dunklen Augen glänzen, ihre Armbänder klirren, sie hält ein paar Zettel in der Hand – Blanco-Cheques des großzügigen Pepe, ausgestellt für diesen und jenen, eine Erklärung seiner kommunistischen Freunde in Paris, tatsächlich, einen Bericht über die Baufirma *La Construction Nouvelle* ... – sie erzählt, liest die eine oder andere Zeile vor, lacht. Pit übersetzt in Stichworten. Irgendwann kommt ihr Mann – vielleicht aus der Kirche, es ist Sonntagvormittag –, setzt sich aber nicht zu uns, sondern stellt sich hinter seine Frau, schaut ihr über die Schulter hinweg zu. Als plötzlich das Wort *Organisation Todt* fällt, blickt er auf und sieht mich aus seinen wasserblauen Augen lange an. Er ist nur ein Tischler aus Casella, der niemals in seinem Leben aus diesem Ort heraus- und gegen den großen Schwiegervater und Helden Pepe angekommen ist. Er durfte dessen Wohlstand genießen – Pepe, auch hier, nach dem Krieg, ein erfolgreicher Bauunternehmer –, aber niemals das Wort gegen ihn erheben. Zu gerne würde er diesem gewaltigen Toten wenigstens einmal am Zeug flicken – ob ich, diese Frau aus Deutschland, es schaffe?

Später, beim Essen im Restaurant erzählt Viviana, daß sie mit dem Pfarrer und der Gemeinde aus Casella schon zweimal nach Deutschland gereist sei, und ich frage: »Die Tochter eines Kommunisten und Rundreisen mit Christen?« Pit übersetzt, und der alte Tischler kann gar nicht mehr aufhören zu lachen. Vivianas Mann, ein Komplize, mit dem ich mich nicht absprechen kann. Der weiß, was das Wort *Organisation Todt* bedeutet – und daß sein Schwiegervater Pepe noch etwas ganz anderes als nur ein Antifaschist und ein Held war.

Vielleicht wurde die Firma *La Construction Nouvelle* eigens gegründet, um sich dieser *Organisation* anzubieten, spekulierte ein Historiker. Woher sonst hättet ihr vier 1942 Aufträge bekommen, die französische Wirtschaft am Boden? Jacques Prout und Pepe der Große, *Geschäftsführer,* ein *Generaldirektor* und ein *Buchhalter* – alle vier Teilhaber. Vier von mehr als fünfhunderttausend Franzosen, die für die *Organisation Todt* gearbeitet haben. Übernahme sämtlicher Kosten durch die Wehrmacht, lediglich die Entlohnung ausländischer Arbeiter mußte aus eigener Tasche finanziert werden. Warum sollten nicht ein überzeugter italienischer Kommunist und ein deutsch-französischer Jude versucht haben, auf die Weise den Schlamassel zu überstehen?

Auf dem Rückweg vom Restaurant – ein üppiges Mahl mit langen Debatten über Speisen, Speisefolge und Wein – kommen wir von hinten auf das Haus zu, gehen direkt am Keller vorbei, eher Souterrain. »Daß du jetzt nicht noch mal nach einem Koffer fragst«, flüstert Pit und wendet sich wieder Viviana zu.

Wieder im Haus, breitet sie ihre Schätze aus: Photos von Pepe, immer wieder Pepe, ein Italiener durch und durch. Fescher Anzug, Krawatte, pechschwarzes Haar. An seiner Seite ebensolche Kerle – wilde Blicke – und Frauen. Mit schrägen Käppchen und Pelzcapes. Kleine Soirées in billigen Restaurants, billige Tischdekoration. Wie praktisch, seiner Tochter zu versprechen, keine mehr zur Frau zu nehmen – so konnte er sie alle haben. Und zu Hause eine kleine Anbeterin.

»Und was war mit dieser Frau, der Spionin?« frage ich. »Keine Ahnung, wer die verpfiffen hat«, sagt Viviana.

Soweit sie sich erinnere, habe sie Paula geheißen. Hatte nicht auch Claire etwas von einer Paula gesagt?

Pit photographiert ein paar der Photos, selbstverständlich auch das *Certificato al Patriota,* im Rahmen an der Wand. Schöne Kalligraphie von 1945 mit Stern und Siegel.

»Und Giacomo?« frage ich? Das kann doch nicht alles sein, was sie uns bisher über ihn erzählt hat. Pit zwinkert Viviana zu. Die immer mit ihrem Giacomo.

Im KZ habe dir jemand ein Zahlensystem beigebracht, sagt sie, fürs Kasino. Eine Zeitlang habest du auch Glück damit gehabt, aber irgendwann sei der *Trick* aufgeflogen.

In Einzelhaft beschäftigte sich B. mit Roulettspiel und stellte auf allen erreichbaren Papieren Tabellen auf, hat einer deiner Vollzugsbeamten zu Protokoll gegeben.

»Im KZ?« frage ich, aber Pit reagiert nicht. Bloß nicht zum Abschluß die Stimmung verderben! Also klinke ich mich wieder aus, schreibe, während sich die beiden munter weiter unterhalten, wenigstens rasch ein paar Zeilen von einem ihrer gehüteten Zettel ab. Auf französisch! *Eilig, auf Anweisung der Besatzungsmächte: Die Bauleitung XI nimmt die gesamte Zahl von Arbeitern unter ihre Aufsicht,* wird Julia später übersetzen.

Zum Abschied ein Postkartenreigen. Was Viviana alles hat! Geschrieben von dir, an sie oder Pepe, auf italienisch oder französisch, wie dir gerade zumute war, Anfang der Siebziger, nach deiner Basler Haft – also unmittelbar nach deinem angeblich so überraschenden Auftritt in Casella. Aus Antwerpen, Bukarest, New York, Rom und von der Ostsee, Kasino Travemünde. Wie ein Wahnsinniger bist du gereist! Auch die kleinen Photoalben aus Annas Kiste stammen aus der Zeit, Tokyo, Hongkong, Bangkok ... und dabei war der große Lottosegen erst 1976 über dich gekommen. Woher hast du schon damals so viel Geld zum Reisen gehabt? War doch noch ziemlich exklusiv in der Zeit.

Viviana schenkt uns den Reigen. *Grazie mille!* Küsse, Umarmungen – ja, wir werden uns bestimmt wiedersehen!

Ein paar Stunden Urlaub, bevor wir zurückfliegen. Zunächst die Altstadt von Genua, aber leider geraten wir in einen Gepäckträgerstreik. Umzüge mit Blechtrommeln und Trillerpfeifen. Nicht auszuhalten. Flucht an die Küste. Rapallo, ein Essen auf einer Terrasse hoch über dem Meer. Ende Oktober, es ist warm, hier badet man noch.

Vielleicht bist auch du hier noch ein bißchen gereist damals – ein Eisenbahnticket hatte auch für die Busse an der Küste Gültigkeit – und hast dir unten am Strand noch ein paar Portemonnaies angesehen, zur Aufbesserung der Reisekasse? Pit ruft eine Freundin an, sie kommt, ißt mit uns. Das Kastell gegenüber, sagt sie, sei mal ein Gefängnis gewesen. Wir lachen – mich beschäftige gerade einer, der insgesamt dreiunddreißig Jahre ... *Fantastico!*

Hörst du? *Ehrliche Leute sind langweilig.*

Rückflug. Pit photographiert wieder Wolken, und ich stelle mir vor, wie eines Tages irgend jemand in Casella in dem Keller von Viviana unter Hunderten von Koffern diesen *einen* findet. Falls es ihn überhaupt gibt.

Abschied von Pit. Noch einmal Paris.

Vier Tage bei Heiner und Jil, Blick auf den *Eiffelturm.* Kopie *Z6* scheint soweit klar zu sein, sagt Julia am Telefon, sie habe nachgefragt.

Noch einmal Monsieur R., noch einmal der Generalstaatsanwalt. Ihn treffe ich vor dem *Justizpalast* – seit dem 11. September ein Hochsicherheitstrakt. Ob er nicht vielleicht eine *Haftkarte* von dir auftreiben könne – aus *La Santé* oder *Fresnes.* Irgendwo muß doch schwarz auf weiß zu finden sein, daß und vor allem wann Jakob Birnbaum – vorzeitig – entlassen worden ist. Wenn schon nicht, durch wessen Hilfe, geschweige denn, warum. Er will sich kümmern, sagt er. Auch er hat zunehmend Gefallen an dir.

Und dann höre ich: Streik! Hier zwar ohne Blechtrommeln und Trillerpfeifen, aber um so schlimmer für mich. Sämtliche Archive und Museen in Paris: Geschlossen! Schon seit Tagen. Und wenn ich diesmal vorgehabt hätte, in den *Louvre* zu gehen?

Am nächsten Tag kommt die erfreuliche Nachricht: Geöffnet! Für einen halben Tag! Also los! Aber *Kopiererlaubnis?* Wo denken Sie hin, Madame, Ihr Antrag noch keine sechs Wochen ... Da muß Julia irgend etwas falsch verstanden haben. Jedoch, abschreiben könne ich.

»Wenn Sie sich aufregen, verlieren Sie nur Kraft«, sagen mir zwei deutsche Studenten, das sei noch gar nichts gegen das, was sie alles erlebt hätten! Leider haben sie absolut keine Zeit, auf meine fünfundzwanzig Seiten *Z 6* zu sehen. Jeder versucht, so viele eigene Schäfchen wie möglich ins trockene zu bringen während der kurzen Öffnungszeit. Und die Uhr läuft … Irgendwann sitze ich – mit Zeichensprache verschaffe ich mir sogar einen Leseausweis – an einem der hundert Tische im riesigen Lesesaal und schreibe ab. Mit Bleistift *s'il vous plaît.* Was schreibe ich?

Es geht um Vorladungen und Gerichtsverhandlungen gleich nach dem Krieg im Zusammenhang mit der Firma *La Construction Nouvelle,* soviel begreife ich, die Namen aller Teilhaber tauchen auf. Und plötzlich, Viviana vergib mir, aber hier steht es: Pepe, *5 ans.* Jedoch nur zwei Tage in U-Haft gesessen, wie mir Julia später übersetzt. Also abgehauen. Wie sonst hätte er schon einen Tag nach der Befreiung mit einem roten Schal um den Hals auf dem Marktplatz von Casella stehen können, der Held? Und Jacques Prout? Zweimal als Teilhaber erwähnt, sonst nicht. Dafür aber Jakob Birnbaum. Drei *Begleitschreiben* zur *Akte J. B.* Angefordert, weitergereicht und so weiter, jeweils *mit vorzüglicher Hochachtung.* Immerhin weiß ich jetzt, daß es hier eine Akte über dich gab! Ist doch auch etwas. Man wird bescheiden. Der Flop mit dem Koffer in Casella reicht.

Abends rufe ich Pit in Hamburg an. »Das darf doch nicht wahr sein!« ruft er. »Doch«, sage ich, »leider, fünf Jahre. Aber sie war wirklich reizend, deine Viviana, gar keine Frage.«

Auch dir, Jakob, hat fast jeder alles geglaubt. Warum auch nicht? An was soll man denn sonst noch glauben, wenn nicht einmal mehr daran, daß die netten Menschen auch die guten Menschen sind.

Für den *Geburtsschein* von Marcel vergeude ich fast einen ganzen Nachmittag, im Rathaus 14. Bezirk. Am Gesicht der jungen Dame hinter dem Schalter sehe ich, daß es spannend sein muß, was sie sieht, nach Eingabe des Namens *Birnbaum, Marcel.* Aber – und dafür einen Antrag ausgefüllt und lange gewartet – sie druckt es nicht aus. Vorschriften! Alles nicht so einfach. Wieder verstehe ich nicht genau, was man mir sagt, aber leider, was man meint. Später lerne ich, daß nur Verwandte ersten Grades Geburtsscheine anfordern können. Annas Vollmacht hier also nicht mehr als ein Federwisch.

Von France, der einzigen, die mich noch retten könnte, werden irgendwann vier Zeilen kommen, sie liege mit gebrochenen Wirbeln im Bett, ein Sprung aus dem Fenster ... es tue ihr leid ... *Je vous embrasse.*

Am Sonntag spendieren mir Heiner und Jil eine Autotour. Einmal rund um Paris. Ringstraße, von Osten über den Norden nach Westen, zurück über den Süden. Sämtliche deiner Adressen in den Vororten klappern wir ab, photographieren die Häuser, Straßen, Plätze – das Fort *Mont-Valérien.* Abends brennt Heiner alle Photos auf eine CD. Und später werde ich die Wege noch viele Male mit den Augen auf den Bildern gehen.

In Suresnes stelle ich mir vor, wie du den *Boulevard Washington* herunterkommst. Der Weg vom Bahnhof führt am Fort vorbei – aber nein, du bist ja mit einem Motorrad unterwegs oder mit dem Auto. Wann und wo du die Fahrzeuge gekauft hast, weiß ich aus deinen Geschäftspapieren, Versicherungspolicen und Reparaturbelegen. Ziemlich privilegiert, dieser Monsieur Prout. Du steigst ab oder aus, gehst in das Hotel – das weiße Haus an der Ecke, genau wie Claire es beschrieben hat. Heute eine Autowerkstatt. Der Garten ist verbaut, nur ein kleines Stück davon können wir über die Mauer

hinweg sehen. Damals ein Schild an der Tür: *Zutritt für Deutsche verboten.* Du warst Franzose, katholisch, Bauunternehmer, du fühltest dich sicher. Vielleicht ein bißchen zu sicher, Monsieur Prout? Vielleicht sogar den Fez, den du auf dem Photo *in unserem Garten hinter dem Hotel* trägst, schon vor dem Haus aufgesetzt? Du habest dich gern verkleidet, hat Claire gesagt. Anscheinend alles, was verboten war, hast du gern getan. Ich ziehe das Photo aus dem Rucksack, einen stolzen Vater, ein verstrubbeltes mickriges Kind, rechts ein Zaun. *Oktober 1944.*

Im Oktober 1944 waren die *Boches* doch längst weg, 6. Juni Landung der Alliierten, im August Auflösung des Lagers *Drancy,* 25. August de Gaulles Siegeszug durch Paris. Und du? Oktober 44 noch immer Jacques Prout gewesen. Warum, wer hätte dir als Jakob Birnbaum etwas anhaben können?

Deine Frau Paula, wie Claire sie nannte, sehe ich nicht vor mir, weil ich nicht weiß, wie sie aussah – oder doch? Die Spionin, zwischen dir und Pepe auf dem Photo *Notre soirée passée,* Nikolaustag 1942 – Viviana hatte gesagt, sie habe Paula geheißen... Wenn die Deutschen sie allerdings umgebracht haben, kann sie zumindest nicht mehr im Oktober 44 in Suresnes gewesen sein. Wenn alles doch nicht so kompliziert wäre!

Fort *Mont-Valérien.* Ein Bollwerk, in das damals angeblich kein Franzose ein Auge geworfen hat. Mit dem Auto fahren wir den Berg hinauf. Und auch später, beim Durchsehen der Photos erschrecke ich wieder, *wie* hoch und dick die Mauern sind – und wie klein ein Mensch davor.

Der Chef der Gestapo war Doktor der Philosophie. Kannst du dir das vorstellen, Jakob? Täglich Folterungen, immer neue Methoden. Nichts von all dem, was sich die Hirne unter diesen korrekt frisierten Schädeln ausgedacht haben, kann man sich vorstellen. Und keine Gedenkstätte wird die Rätsel lösen. Gut, daß die Räume heute geschlossen sind.

Oben auf dem Wall ein Rundgang um das Fort, Jogger laufen an uns vorbei, auf der Rückseite ein Tennisplatz. Auf kleinen Schautafeln lesen wir, was damals hier... Und keiner hat etwas gesehen.

Boulogne. Zwei Adressen für Kontore der Firma *La Construction Nouvelle,* schäbige Buden, Nähe *Menue*-Viertel, in dem damals viele Widerständler aus Paris – und angeblich alle Schornsteinfeger – gewohnt haben. Viviana

hat mir sogar den Namen der Wirtin des berühmtesten Hotels aufgeschrieben. Wir finden keine Spuren mehr. Aber malerisch, das Viertel.

Montrouge. Deine und Jacquelines Adresse auf der Urkunde *Mariages.* Gerade geht ein alter Mann an eurem Haus vorbei, und Jil fragt ihn, ob er wisse, wer damals … »Non!« sagt er und setzt seinen Weg fort. Kleine Wohnungen, jetzt anscheinend renoviert. Einer der Eingänge sieht noch so aus wie vielleicht alle hier vor fünfzig Jahren. Einfache Holztür, schmales Sprossenfenster, nicht doppelt verglast. Ach, Jakob. Vielleicht warst du hier, vielleicht auch nicht, vielleicht hat hier nur eine Schneiderin Jacqueline Jones aus der Normandie so lange mit ihrem kleinen Sohn Marcel zur Untermiete gewohnt, bis ein Jacques Prout sie am 24. Dezember 1945 als Jakob Birnbaum in einem Gefängnisgebäude von *Fresnes* geheiratet hat? Wieso eigentlich im Gefängnis? Die fünf Jahre für den Schmuckdiebstahl *im Rückfall* am Zürichsee waren doch, laut Akte, bereits im November 45 gesühnt.

Wir fahren zurück in die Stadt. In der Nähe der *Place de Nation* steige ich aus. Auf sie mündet die *Avenue Bel Air,* Jacques Prouts letzte Adresse, Oktober 1944 bis Februar 45, wie es auf dem *Certificat de Domicile* steht.

Ich sitze auf einer Bank vor dem Haus. Prächtig, sonst gar nicht dein Stil. Balkone, Stuck. Das Gebäude soll von der Wehrmacht requiriert, ein Stockwerk als Soldatenkino genutzt worden sein, werde ich später hören. Mir fiel *Bel Air* aber noch an ganz anderer Stelle auf. In der Liste *Birnbaum* im *CDJC.* Der zufolge wurde im September 43 von hier ein siebenjähriges Kind mit Nachnamen *Birnbaum* verschleppt, am selben Tag, an dem man einen deiner Brüder und seinen fünfjährigen Sohn in einem anderen Stadtteil festnahm. Ein weiteres Kind von ihm? Und wieso von hier, aus diesem Haus, in dem 1944/45 Jacques Prout unterkam? Leider wird der alten Dame, die tatsächlich seit 1942 in diesem Haus lebt, auf Befragen weder zu *Birnbaum* noch zu *Prout* irgend etwas einfallen. Es ist fast sechzig Jahre her! Pardon!

Ich gehe zurück, Richtung Metro *Père-Lachaise.* Hoch über der Bronzestatue auf der *Place de Nation* hängt ein oranger Mond, unter den Bäumen spielen alte Männer Boule. Der Friedhof ist schon geschlossen. Auch dieses Mal wieder verpasse ich ihn, dieses Touristenhighlight. Dafür war ich diesmal wenigstens auf dem *Montparnasse,* an Samuel Becketts Grab.

An meinem letzten Tag finde ich am Ende der *Rue Réaumur* das Schneiderlädchen. Zwischen Stoffgeschäften und schmalen Durchgängen, in denen die Damen stehen. Das Schneiderlädchen deiner Trauzeugin. Heute ein Wollgeschäft. Die freundliche junge Besitzerin spricht Eng-

lisch, findet meine Geschichte spannend, nimmt mich mit in ihr Büro und druckt mir am Computer ein Photo der Ladenfront von 1938 aus. Kaum anders als heute anzusehen. Oben habe sie gewohnt, erst vor zwei Jahren sei sie, Mitte Neunzig, gestorben. Schade, ich hätte eher kommen müssen. – Nicht nur hierher, Jakob. – Seid ihr alle alt geworden! Außerdem nennt sie mir den Namen eines Neffen der alten Schneiderin, vor dem müsse man sich allerdings in acht nehmen. Er sei sehr unfreundlich.

Ich fliege zurück, und wenige Tage später wird ein alter Herr Julia am Telefon lautstark die Meinung sagen. Das gehe niemanden etwas an, wir sollten uns da raushalten.

Lieber Pepe, – Julia und Pit übersetzen Vivianas bunten Postkartenreigen –, *ich sende dir alle meine Hoffnungen im Zusammenhang mit der Abbildung auf der Rückseite …* Spielsaal Travemünde. Hoffnungen, Jakob! Geld, dein einziges Ansinnen auf der Welt? Augenscheinlich habt ihr euch doch öfter wiedergesehen als nur das eine Mal in Casella, als du deinen alten Freund angeblich nur um ein bißchen Geld angebettelt hast, für die Weiterreise in die USA – um dort dein Enthüllungsbuch über die CIA an den Mann zu bringen. *Sag mir, wann Du in Paris bist … Schade, daß es nicht mit unserer Verabredung geklappt hat. Mehr, wenn wir uns sprechen …* Luftaufnahme Antwerpen. Der redliche Bauunternehmer Pepe aus Casella, auch so viel gereist – vielleicht auch nach Antwerpen? Was geht es mich an.

NOVEMBER

Antwerpen. Allerheiligen mache ich mich auf den Weg. Mit dem Zug eine beschauliche Tour über Amsterdam, Rotterdam – scheinbar endlos. Unterwegs lese ich *Operation EVA, Die Affäre Langemann,* Bestand deiner Restbibliothek, Quelle deines *Geheimwissens,* wie ich feststelle.

Wie du sie gehaßt hast, die Herren Globke oder Gehlen, überhaupt diese unlauteren Kerle mit ihren anrüchigen Biographien – nahtlos von Hitlers FHO in den BND, diesem *Staat im Staat,* der seine Abtrünnigen als *Männer mit Kopfschuß* an den Pranger stellt. Einen, wie Hans Langemann – einen wie dich. Verdammt zu einem Leben in *ruhmloser Stille,* verzehrt von dem Wunsch nach Öffentlichkeit, hatte auch der ehemalige Staatsschützer Hans Langemann zur Feder gegriffen. Allein der Untertitel seines Romanentwurfs *Der Katzenschlosser* muß Wasser auf deine Mühlen, Labsal für deine wunde Seele gewesen sein. *Abraham Lincoln Katzenschlossers von A bis Z erlogenes geheimes Handbuch.* Alles *doppelbödige* Geschichten!

Gegen Abend stehe ich auf dem schönen Bahnhof, *Belle-Epoque,* gleich links das jüdische Viertel, eine Insel von knapp zwei Quadratkilometern – vier Börsen, Portugiesische Synagoge, schmutzige Straßen und schwarz gekleidete Bewohner – isoliert von der prächtigen Stadt. Weltzentrum des Diamantenhandels, *Antwerpse Kwaliteit.*

Die sagenhafte *Pelikaanstraat,* heute, am christlichen Feiertag – alle Blechrolläden vor den kleinen, aneinandergeklebten Verkaufsbuden heruntergelassen – eher wie die Rückfront einer fast fünfhundert Meter langen tristen Lagerhalle. Aber auch am folgenden Tag kein Flair. Nur Schaufenster an Schaufenster mit ein und derselben, immer gleich langweilig ausgestellten, eher farblos glitzernden Ware. Ich bin enttäuscht. Wie aus *Tausendundeiner Nacht* hatte ich mir alles hier vorgestellt. *Hovenierstraat,* überwachtes Sperrgebiet – Posten, Schranken, Polizei –, mißtrauische Geschäftigkeit. Alltägliche Milliardendeals im Hochsicherheitstrakt. Jeder Händler registriert. Zutritt zur Börse nur mit Empfehlung. Für mich glücklicherweise arrangiert.

Enge Schleuse, Anruf nach oben, Frage, ob ich erwartet würde, Ausweis abgeben, Besucherpaß. Fast wie in *Tegel.* Ein schmaler Gang im vierten Stock, Zelle an Zelle, die kleinen Büros der Diamantenhändler. Ich mag diese Gebäude nicht, in denen man überwacht wird.

Ob ich schon in der Jüdischen Gemeinde gewesen sei, fragt mich der, der mir Audienz gewährt – und zweimal nach deinem Vornamen. Du seiest jeweils nur an- und wieder abgereist, habest keinen festen Wohnsitz in Antwerpen gehabt, erkläre ich. *Hotel Tourist, Café des Sports* und die Bank *Torengebouw,* drei Volltreffer! Kein Börsenmitglied betritt jemals das *Café des Sports,* kein Fachmann trägt Ware in die Bank *Torengebouw,* einen halben Kilometer weit in die Stadt, und das *Hotel Tourist…* Ich kann gehen! Mit unseriösen Leuten wie dir gibt man sich hier nicht ab. Aber immerhin leiht er mir ein Buch, aus dem ich viel lernen könne, und das ich morgen – am Sabbat ist geschlossen – beim Hintereingang der Börse wieder abgeben darf. Soweit wenigstens vertraut er mir. Verschweigt jedoch, daß ein Stock tiefer ein Kollege mit deinem Nachnamen sein Büro unterhält. Das werde ich am Tag meiner Abreise zufällig im Telefonbuch sehen, diesem Namensvetter einen Brief schreiben – und keine Antwort bekommen. Wahrscheinlich hatte ihn sein umsichtiger Kollege ein Stock höher bereits gewarnt.

Chronik *Diamantclub van Antwerpen.* Prächtige Photos von König Leopold, Gruppenaufnahmen von Präsidenten und Verwaltungsräten. Dazwischen das Mahnmal für Mitglieder, die Opfer des Holocaust wurden. Was soll das? Ich bin deinetwegen hier, Jakob, die Geschichte und Entwicklung des Diamantenclubs von Antwerpen interessiert mich genausowenig wie die Chronik des Deutschen Spaßvereins *Klimperkasten.* Will man mich belehren, daß es unter Juden keine unseriösen Dealer gibt?

1973 fand hier eine *Weltausstellung* statt, lese ich, die Postkarte an Pepe aus Antwerpen stammt aus dem Jahr. Vielleicht auch hier eine schöne Gelegenheit für dies und das ... Wie damals anläßlich der *Weltausstellung* am Zürichsee.

Café des Sports. Ein paarmal die Straße auf und ab, ehe ich mich traue hineinzugehen. Rauschwaden, Stammtischlärm. Die vernebelte Grauzone, in der du dich wohl gefühlt hast. Ein nettes Mädel am Tresen, das sofort aufspringt, sich zu mir setzt, mitdenkt – nein, sie kenne dich nicht –, aber hilfsbereit, wie sie ist, dein Photo an anderen Tischen herumreicht. Nur Kopfschütteln, leider. Aber gerade, vor fünf Minuten, sei einer gegangen, ungefähr dein Jahrgang, vielleicht ... Übrigens ein feiner Mann – und das könne man nicht von jedem Juden sagen.

Stimmen, Jakob, hörst du?

Ein Barmädchen in Antwerpen kennt sich mit den Menschen aus. Montag wird sie ihn fragen, morgen, Sabbat und Sonntag komme er nicht. Ich lasse die Kopie eines Photos von dir im *Café des Sports* zurück.

Noch zweimal werden wir telefonieren. Aber nichts! Keine von ihren Schattengestalten wird sich an dich erinnern. Auch nicht an dein Millionending. Wohl auch nur in deinem Kopf über die Bühne gegangen, vor deinem inneren Auge …

In der Bank *Torengebouw* kein Wort. Schon gar nicht über einen Kunden, dessen Safes einmal auf Veranlassung eines Schweizer Staatsanwalts *gesprengt* wurden. Selbst der schwarze Portier in deinem *Hotel Tourist* am Bahnhof schwört, dich nie gesehen zu haben, und er kenne jeden Gast, seit vierzig Jahren.

Sabbat. *Hovenierstraat* wie ausgestorben, nicht mal Polizei. Ich bringe die Chronik zurück, scheppernd fällt die kleine ferngesteuerte Pforte im breiten Gittertor am Hintereingang der Diamantbörse hinter mir zu.

Dann endlich in den anderen Teil der Stadt. *Kleinod der Hochrenaissance. Liebfrauenkathedrale.* Schönes Wetter, Scharen von Menschen auf dem *Meir* und *De Keyserlei.* Vor dem Museum *Folter en Tortuur* sitzt ein junger Asiate mit eingeschlagenem Schädel, manche stecken ihm verschämt etwas zu. Kinder mit knallbunten Gummischwertern laufen herbei, glotzen ihn an.

Ich fahre nach Brügge. Zu Hans Memlings Bildern. Haben dich wahrscheinlich weniger interessiert. Deine Fahrkarte ging bis Ostende. Kasino, ich weiß. Aber ich steige vorher aus – mache Urlaub von dir und deiner Mischpoke.

Rückfahrt nach Essen. Eine Lesung. Weitere schließen sich an. *Armer Poet* muß dringend Geld verdienen. Zwei Messen.

In der letzten Novemberwoche endlich einmal wieder Post aus Frankreich. Von einem weiteren Archiv. Der Generalstaatsanwalt löst sein Versprechen ein. Zwei Haftkarten von dir aus *La Santé* und aus *Fresnes,* 1940. Auf beiden keine Religion mehr angegeben. Hier also *mosaisch,* wie in deinen Berliner Akten 1933 noch vermerkt, lieber

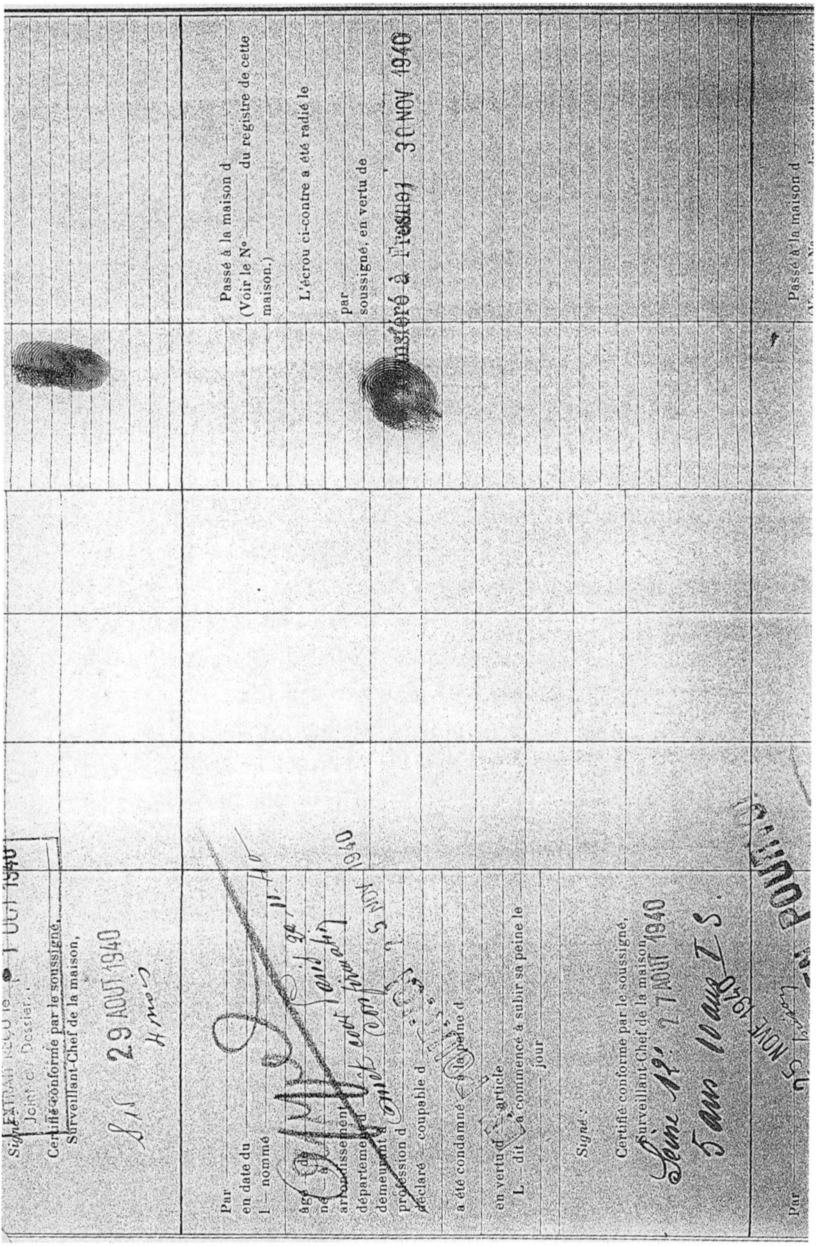
Signé : EXTRAIT REÇU le 1 OCT 1940
Joint au Dossier.

Certifié conforme par le soussigné,
Surveillant-Chef de la maison,

S.18 29 AOUT 1940
4 mois

Par
en date du
l — nommé
âgé de
né à
arrondissement d
département d
demeurant à
profession d
déclaré coupable d
a été condamné à la peine d
en vertu d article
L dit a commencé à subir sa peine le
jour

arrêt cour Paris 29.11.40
confirmation
25 NOV 1940
EN POURVOI

Signé :

Certifié conforme par le soussigné,
Surveillant-Chef de la maison,
Seine 12e 27 AOUT 1940
5 ans 10 ans I S.
25 NOVE 1940
prison
EN POURVOI

Par

Passé à la maison d
(Voir le N° du registre de cette maison.)

L'écrou ci-contre a été radié le

par
soussigné, en vertu de
Transféré à Fresnes 30 NOV 1940

Passé à la maison d

verschwiegen. Unter Personenbeschreibung steht auf der ersten Karte: Bart. Vielleicht war er also nur Tarnung, der Bart des schmucken *Monsieur Je suis seul ce soir?* Immerhin, *länderübergreifende Fahndung,* seit November 39. *Vor dem hätte ich mich aber gefürchtet …*

Ziemlich genau weiß ich jetzt also, wie du aussahst, als du nach *Fresnes* kamst, sogar einen Fingerabdruck von dir sehe ich. Aber davon, daß deine Haft – für mehrere Jahre – unterbrochen war, nichts. Kein Wort, kein Zeichen, das darauf hindeuten könnte. Wie soll man bei solchem Schlendrian weiterkommen? Wo es die Franzosen doch sonst immer so genau nehmen. Bist du denen denn vollends durch die Maschen geschlüpft?

Unruhige Nächte.

Immer wieder blättere ich deine Papiere durch, einzelne Mappen. Inzwischen fünfzig. Habe ich irgend etwas übersehen – einen Gedanken nicht zu Ende gedacht? Aus welchem Grund verleiht ein *Geheimdienstler,* wie Viviana sagt, einem jüdischen Kleinkriminellen eine neue Identität – wie wird aus einem Häftling, der fünf Jahre absitzen soll, vorzeitig ein freier Mann?

Bei euch gibt es den Brauch, einem schwerkranken Kind einen neuen Namen zu geben – das helfe zur Genesung. Ist es besser geworden mit dir? Jacques Prout hat Jakob Birnbaum das Leben gerettet, das steht fest. Aber um welchen Preis?

Und ich lese viel: Dokumente, Fakten, Erinnerungen von Zeitzeugen, Widerständlern, Opfern, *Besatzern.* Auch das Buch eines französischen Polizeioffiziers über die *Geschichte der Gestapo.* Ich sehe das Netz, das die Deutschen ganz allmählich und dann für vier Jahre über die zunächst »offene« – nicht verteidigte – Stadt Paris gespannt haben. Die Schlingen. Gelegt von den verschiedenen, mit jeweils eigenen Kompetenzen ausgestatteten, heftig untereinander konkurrierenden Gruppen: Militärbefehlshaber, *Hôtel Majestic,* Kriegsgericht, *Hôtel Concorde,* Spionageabwehr, *Hôtel Lutetia.* Hauptsitz der deutschen Gestapo und des SD zunächst *Hôtel du Louvre,* später in der prächtigen Villa *Avenue Foch* (heute gesichertes Botschaftenareal). Insgesamt sieben Abteilungen der französischen Gestapo, verteilt über mehrere Gebäude der Stadt. Ich erfahre von Neid, Haß, Intrigen, Begünstigung, aber auch von äußerst individuellen Beziehungen zu *Führer und Reich:* Von Dienstbeflissenheit, Loyalität, Verweigerung, sogar von Widerstand. Auch von deutscher Seite aus! Alles, was man sich nur vorstellen kann. Die Gestapo rückte – eine Kriegslist Heydrichs – als zunächst nur zwanzig Mann starkes *Sonderkommando,* getarnt in Uniformen der *Geheimen Feldpolizei* und mit Nummernschildern der Wehrmacht, am 14. Juni 1940 – gegen den Willen der deutschen Generäle – mit in Paris ein. Drang zunächst über die Salons in die französische Gesellschaft vor, bildete später ein Heer Freiwilliger aus, in einer eigens dafür in Paris gegründeten Schule. Ein sehr eigenes Kapitel deutscher Geschichte – aufs engste mit der französischen verknüpft.

Durch einen Artikel in der französischen Zeitschrift *L'histoire* lerne ich einen gewissen Chamberlin kennen, Vorname, Henri, Pseudonym Lafont, einen zum Schützling der Abwehr avancierten Ganoven. Bereits Ende 1940 einer der einflußreichsten Männer von Paris, im Dienste der Gestapo und der französischen Polizei. Noch eine Kategorie besser als der Rumäne Josef Joinovici, Jakob, der mir, seitdem ich von ihm las, nicht mehr aus dem Kopf geht.

Lafonts Helfer, ein Trupp Krimineller. Von ihm mit selbstgeschneiderten Papieren aus ihren Zellen befreit, mit neuen Namen, Ausweisen und sogar mit Waffen versehen. Hauptquartier *Rue Lauriston.* (Heute ein schmukkes Hotel.)

Hast du davon gewußt? Lafonts arme Teufel haben alles getan – *Überleben wollen als Lebensmotiv,* lautete so nicht eine meiner ersten Notizen? –, verraten, entführt, verhaftet, verhört. Umgebracht. Aber auch – Zuständigkeit siebte Abteilung –, für nur Deutschen vorbehaltene Häuser, *besondere Frauen* besorgt. Enge Zusammenarbeit mit der *Spionageabwehr.* Also: zu behaupten, bei der *Résistance* gewesen und *im Hotel Lutetia ein und aus gegangen* zu sein – nicht ganz ohne. Und deine *Beobachtungsapparate ... weit draußen in den Stellungen ... in der Stunde des Weins?* Hast du die vielleicht ganz woanders gesehen? Mal einen Blick in gewisse Zimmer in der *Avenue Foch, Rue Lauriston* oder eines der anderen Quartiere der Gestapo geworfen – und die Bilder nicht wieder losgeworden?

Ich erfuhr von vielen Verbrechen, die zum Teil von Angehörigen des deutschen sowie des französischen Geheimdienstes und von französischen Mithelfern der Gestapo begangen wurden, insbesondere in der Rue Lauriston ..., *die heute von den Gerichten als NS-Verbrechen verfolgt werden. Viele Personen, die sich in dieser Zeit mit schwerer Schuld beladen haben, trotzdem aber heute immer noch dem bundesdeutschen Geheimdienst angehören, fühlen sich durch mich, also durch mein Wissen ihrer Missetaten bedroht ... wenn ich sprechen würde ...* hast du Ende der Sechziger an einen Senator der *Freien und Hansestadt Hamburg* geschrieben.

Was weißt du über wen – über dich?

In der *Rue Saussaies* sollen die Köche, in den als Küchen eingerichteten Zimmern, durch die Schreie derer, die man über ihnen verhörte, *durcheinandergekommen* sein, schreibt der ehemalige französische Polizeioffizier.

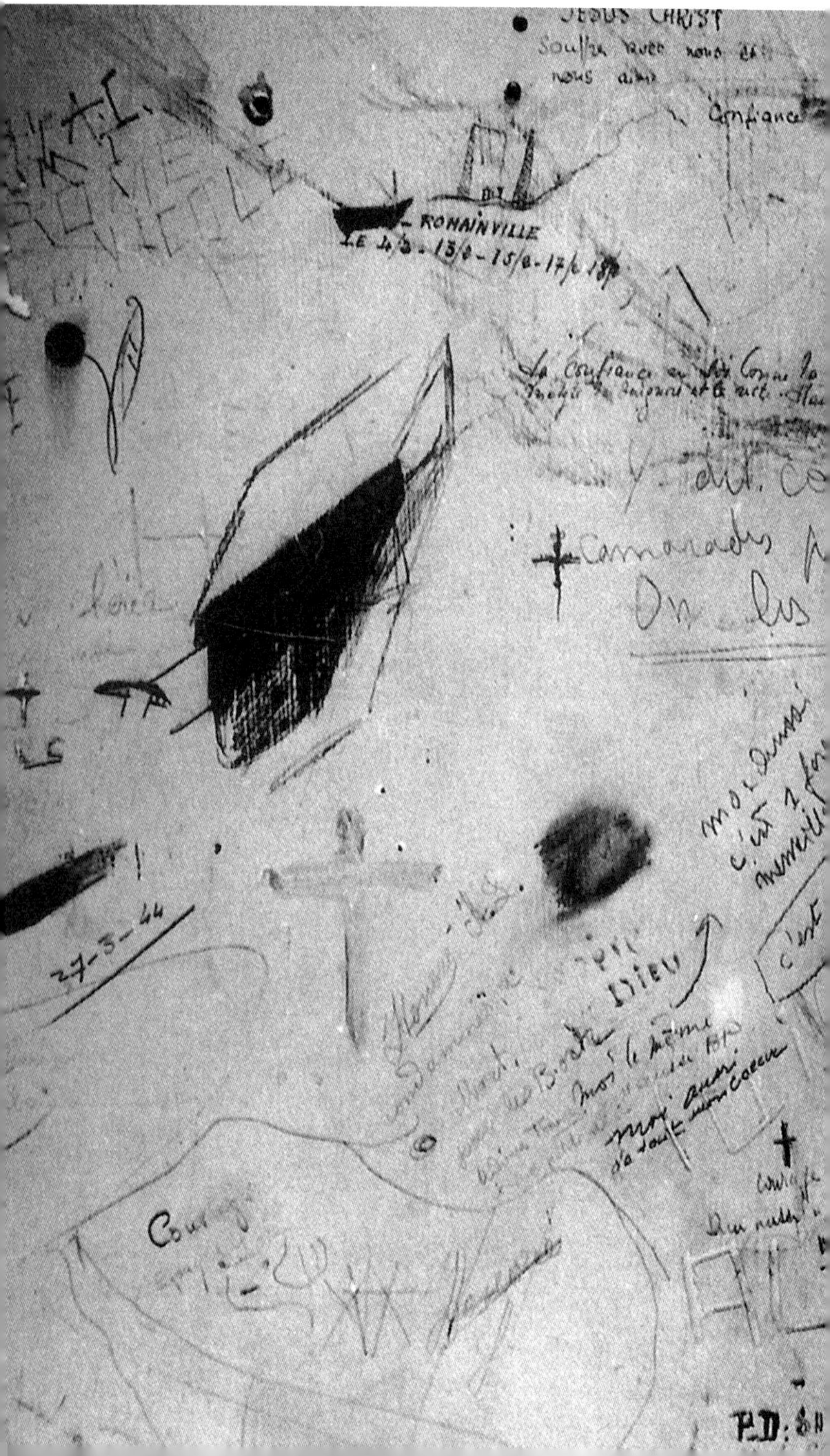
JESUS CHRIST
ROMAINVILLE
27-3-44

Vive de Gaulle

BRAS

Vielleicht hat der Bauunternehmer Prout aus Boulogne, dessen Geschäft von den Deutschen für den Bau des *Atlantikwalls* requiriert war, noch an weiteren Stellen im dreckigen System – namenlos – Dienst getan. *Ich habe sie alle gekannt, gleich unter Hitler …*

Und deine Toten?

Deine Frau, dein Bruder und wohl auch der Rest deiner Familie haben sich jedenfalls schon bald nach deiner Hochzeit am Weihnachtstag 1945 gegen dich entschieden … Anfang 1947 erfolgte deine Verurteilung wegen *Kollaboration* … Aus dem Jahr dazwischen habe ich keinen Beleg, keinen einzigen. Hast du, frisch vermählt, ein Jahr lang in U-Haft gesessen, bis man Jakob Birnbaum für die Taten des Bauunternehmers Prout schuldig sprach – und vielleicht auf die Weise überlebt? Vielleicht bist du auch zu der Zeit mal wieder im Gefängnis sicherer gewesen als anderswo? Hunderte hat der aufgebrachte Mob in den Nachkriegswirren auf offener Straße umgebracht, zerfleischt. Eins steht jedenfalls fest: Nach seiner Entlassung im Herbst 1950 war für einen Jakob Birnbaum in Frankreich kein Bleiben mehr. Er wurde geschieden und kehrte nach einem unfreiwillig verlängerten Aufenthalt in der Schweiz nach Deutschland zurück, trieb sich herum und saß wieder ein … Bis er sich Mitte der Fünfziger daran erinnerte, Jude zu sein.

Wegen Aussicht auf Entschädigung? Den Gedanken hatten wir schon. Mir fällt noch etwas anderes auf: Der Jude kam nicht allein, in seinem Schatten kamen *Die*. Zusammen mit den Anträgen auf *Wiedergutmachung* setzte auch die *staatliche Beobachtung* ein. Von da an sprachen *Die* und du von ihnen, immer lauter und dreister. Ihr angeblicher Helfershelfer, dieser *widerliche Gefängnisarzt* mit seinen Injektionen. Dieses *Naziscbwein.*

Vielleicht war es so: Damals alles verloren, das Leben versaut, einsam und allein – nur die Toten waren immer nah. Vielleicht sieben. Sieben gehaßte Getreue, die sich weder abwimmeln noch durch Änderung deines Namens, deiner Rasse oder Religion täuschen ließen. Überallhin folgten sie dir – auch hinter Gefängnismauern –, stellten dir ihre Fratzen als Spiegel vor die Seele. Tag und Nacht. Das hält kein Mensch aus. Deine einzige Chance war, ihre Macht zu brechen. Bloß wie? Rollentausch! Sieben Täter, ein Opfer. Und *das* konnte, glaubwürdig für alle, nur der Jude sein. Sieben neue Namen, auf daß es besser werde ... *Der Lehrling, der Rußlandkämpfer, der Antisemit, der Berliner, die Klagemauer samt Double, Ilse Koch.* Geheimdienstler, Mafiosi, Pack!

So vieles, das mir zu Lasten und zu meinem Nachteil ausgelegt wurde, welches in Verkennung meines wahren Wesens und meiner Eigenart geschah, dürfte als eine kategorische conditio sine qua non mir gegenüber zu werten sein. Eigenart und Wesensart dürften zweifelsohne Bestandteile einer in sich geschlossenen Individualität sein, von der ich nie abdanken oder die ich nie veräußern konnte. In Anbetracht meiner Lage dürfte man mir diese äußerlichen Charaktereigenschaften aber nicht als ein Minus buchen, denn jedes Wesen, ob Mensch oder nicht, ist ein Gefangener seines Metabolismus. Ich setze voraus, daß Ihr Einfühlungsvermögen es Ihnen ermöglicht, diese Ansicht zu teilen ...

Ein Absatz aus einem deiner vielen Briefe. Exzellent formuliert. Und du hast es geschafft: Jakob Birnbaum, der jahrelang Verachtete, wurde als Opfer in die Arme geschlossen. Viele Türen sprangen auf.

Im nachhinein sei es allemal besser, Böses empfangen als Böses getan zu haben, sagt mir einer, der es wissen muß – der *Buchenwald* und *Dora* überlebt hat. Durch Namenstausch. Stéphane Hessel. Nach dem Krieg UNO-Botschafter, ab 1982 *Ambassadeur de France.* Auch seine *Erinnerungen* habe ich jetzt gelesen, ihm geschrieben, mit ihm telefoniert. Insofern, meint er, sei er bevorzugt vom Leben behandelt worden.

Als Jude in Deutschland geboren, Franzose geworden und untergetaucht, zunächst ein ähnliches Schicksal wie du. Doch dann: Von England aus im Widerstand, später in Paris aktiv, dort verraten, verhaftet, verhört – deportiert.

Von seinen Folterern, sowohl in der *Avenue Foch* als auch im KZ, seien ihm mehr die *Rollen* als die Personen im Gedächtnis geblieben. Gutmütig, brutal oder einfacher Henker. Die eigentlich Schlimmen seien die Schadenfrohen gewesen. Von all denen habe aber – ob verurteilt oder nicht – nach dem Krieg kein Mensch mehr etwas wissen wollen. Sie seien Ausgestoßene, für immer. Opfer hingegen ehre man.

Also auch das, gesellschaftliche Anerkennung, Status, brachte dir der Leidende, nächtlich Gefolterte ein. Alles, was keine Norne und kein Gott dem siebten Sohn von Lazarus und Estelle Birnbaum in seine Metzer Wiege gelegt hatten. Nur daß es mit *Denen* ja wahrlich kein Zuckerschlecken war.

Als ich heute früh dachte, wie elendig es mir geht und wie so oft mir die Verzweiflung jeden Mut nahm, sagten die Folterknechte, es geschieht dir recht, du gibst ja nicht nach. Es ist meine Schuld, daß ich gefoltert werde, weil ich mich nicht zum Komplizen des Verbrechens mache, das von den Neo-Nazi-Geheimdienstlern an mir begangen wird. Oh, welcher Hohn! Die Nazi Mentalität schlägt Blüten.

Warum nur konnten das weder deine Gutachter und Richter noch die *Hamburger Stiftung Hilfe für NS-Verfolgte* einsehen?

Muß ich da noch hin, Jakob? Habe ich nicht allmählich genug? Kenne ich inzwischen nicht sämtliche Korrespondenz? Wer weiß, vielleicht ... irgendeine Kleinigkeit von damals in Paris ...? Also auch noch an die *Stiftung* ein Brief.

Und noch was. Spannend und endlich! Ganz hinten in einem deiner *Extra-Ordner: Schätzchen Olga,* ein Zettel mit ihrer Telefonnummer. Deine Schöne über dem Sofa und aus den kleinen Photoalben. Erinnerst du dich? Nicht ständig nur Daten und Politik. Mal wieder Leben. Vorwahl Großraum München, sagt die Auskunft.

»Hallo?« Auch am Telefon gibt sie ihren Namen nicht preis. Ich beziehe mich auf ihren zufälligen Anruf, damals, gleich nach deinem Tod, als Anna und Osip gerade deine Wohnung ausräumten. Schwärme von ihrem Portrait an deiner Wohnzimmerwand, dekoriere, während sie in munterem Bayerisch loslegt, »Ach der, halt nur so a Urlaubsbekanntschaft«, die schönsten Photos von ihr rund um das Telefon. »Halt ein einsamer Mann. I vergeb mir ja nix.« Sie sei glücklich verheiratet. Ihr hättet bloß im selben Hotel gewohnt und beim Frühstück am selben Tisch gesessen. Strapse, Blümchenschlüpfer, getigerter Hausanzug ... Nein, um Gottes willen, kein einziger gemeinsamer Café- oder gar Bar-Besuch! Geschlitzter langer Rock beim *Tanz im Bonanza Playa.* Abwechslungsreiche Garderobe, dein *Schätzchen Olga*, die Namenlose, heute vielleicht um die Siebzig. Sie sei damals eine schlanke, blonde Frau gewesen – die Fettpolster auf den Bikinibildern sind nicht zu übersehen – und du eben »eine ganz dolle Art«. Umsichtig halt, die alte Schule ... Übrigens, zwei Appartements in einem Hotel, Puerto de la Cruz, reich. Puerto scheint also, wie schon deine *Club*-Freundin sagte, tatsächlich dein Ort gewesen zu sein.

Insgesamt habe sie wenig von dir gewußt. Gehe sie auch nichts an. Nur, daß du als Jude »halt amol eingsperrt woarst – drüben.« – »Drüben?« – »In Frank-

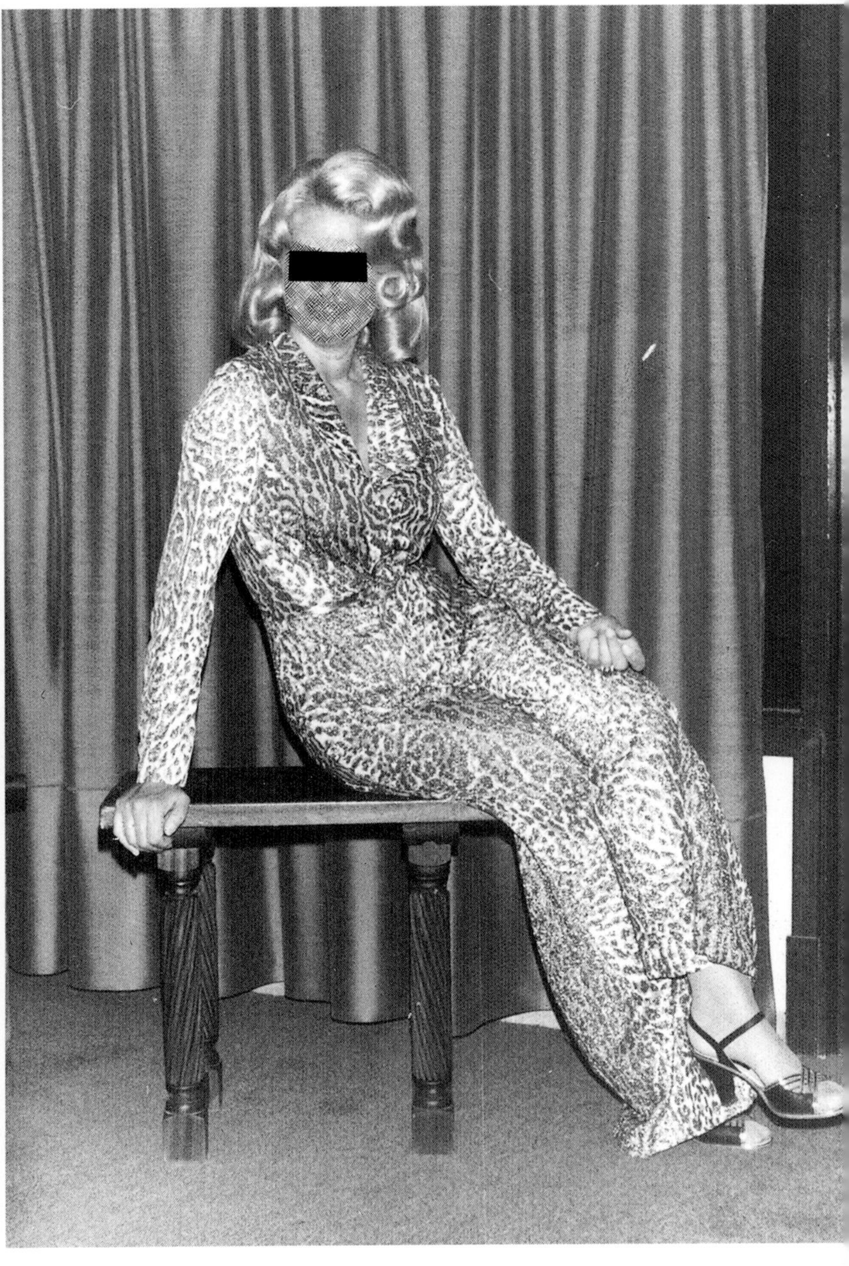

reich.« Tagelang Stehbunker, habest du gesagt. Daher wohl der *Knacks.* Ja, du habest dich verfolgt gefühlt und deswegen ein Buch verfaßt. Für Insider. Und wieso ich denn jetzt … *so* interessant seiest du ja nun doch nicht gewesen. Ich lasse sie zappeln. »Ja bitte, rufen S' ruhig noch amol an.«

DEZEMBER

Anfang Dezember erscheinen die ersten Artikel *Wie es wirklich war.* Verschiedene Händler bieten Deutungen des 11. September an. Ein Ereignis, das die Welt auf den Kopf gestellt hat, wird Ware.

Hamburgs grauer Himmel zieht sich zu, feuchte Kälte, Gelenkschmerzen. Wenn überhaupt noch, dann jetzt, oder nicht mehr in diesem Jahr – Teneriffa. Ich buche eine Woche Puerto de la Cruz, es ist noch viel frei – man fliegt noch nicht wieder. Mehr ist nicht drin, *Armer Poet,* und deine Art, die Reisekasse zu füllen, liegt mir nicht. Mir reicht es, in einem der Archive einen Zettel mitgenommen zu haben, nur um wenigstens einmal zu erleben, wie das ist, wie man sich fühlt, wenn man, mit fremdem Eigentum in der Tasche, lächelnd an anderen vorbei zur Tür hinausgeht. Und nur eine Zweitschrift, kein Deut wird fehlen, wenn dort irgend jemand mal nach einem Jakob Birnbaum fragt, geboren am 30. Juni 1906 in Metz, gestorben in der Nacht vom dritten auf den vierten April 1997 in Hamburg. Nie wieder, sage ich dir! Mit zitternden Knien, schweißnaß habe ich draußen auf der Straße gestanden. Grauenhaft!

Noch vor meiner Abreise kommt ein Kuvert aus Paris: Kopie von Marcels *Geburtsschein.* Ein kleiner zerknitterter Zettel, drei Hochzeiten, zwei Scheidungen, Todestag, an den Rand geschmiert. Ich werde dir nicht verraten, wer ihn mir geschickt hat. Nur keine Geheimnisse ausplaudern. Das hat schon manchen um Kopf und Kragen gebracht.

Am 6. April 1943 wurde um fünf Uhr zehn durch Jacqueline Jones in der Rue d'Alésia, Paris, geboren: Marcel. Männlich. Angezeigt durch Jacques Prout, dreiunddreißig Jahre alt, wohnhaft Boulevard Washington, Suresnes, Assistent der Hebamme... Unterschrift *Prout.*

Marcels Nachname hier zunächst *Jones,* nach der Mutter, später durch *Birnbaum* ersetzt. Weiter unten:

Am 22.12.1945 anerkannt durch Jakob Birnbaum, legitimiert durch die Hochzeit mit Jacqueline Jones am 24.12. 1945 in Fresnes. Unterschrift *Birnbaum.*

Ein Herr Prout hat also bei der Geburt dieses Kindes assistiert, und ein Herr Birnbaum hat es zweieinhalb Jahre später als seinen Sohn anerkannt. Keinem der gewissenhaften Beamten scheint aufgefallen zu sein, daß diese beiden Herren ein und dieselbe Person waren, demnach diese Urkunde ein Delikt darstellt – *Falschbeurkundung* durch den angeblichen Herrn Prout. Und so etwas deinem Sohn in die Wiege gelegt!

Weiter jedoch nichts. Kein Kommentar. Und darauf so viele Hoffnungen gesetzt!

Teneriffa.

Sowohl auf dem Hinflug – Umkehr, Zwischenlandung, zweimal Paris von oben an einem Nachmittag – als auf der Rückreise Maschinenschaden. Ganz schön happig! Und gleich auf den ersten Blick: nicht meine Insel. Tut mir leid, Jakob. Total verbaut, touristenzerstört. Nepp, so weit das Auge reicht – und Hohlsaum. Angeblich *die* Inselspezialität. Ich sehe den *Pico del Teide* mit seiner Schneehaube – unwirklich schwebend – im Abendlicht. Die Ureinwohner nannten ihn *Höllenberg.* Dort hinauf schaffe ich es nicht. Obwohl es oben wirklich schön sein soll. Aber ich bin kein Wanderer und nur deinetwegen hier – und du warst auch keiner. Sieben Tage sind nicht viel für eine Insel, auf der man niemanden kennt.

Puerto de la Cruz, Deutsche Hochburg, von Sonne und Dauerurlaub tödlich gelangweilte einsame Frauen, Witwen, reich. Dein Ort, Jakob. Die *Columbus Bar* gibt es nicht mehr, aber in der Nähe eine Bar mit einer Kellnerin, die dort gearbeitet hat. »Ja der!« Sie strahlt, als sie dein Photo sieht. Mit *Schätzchen* vor einer Wendeltreppe, du auf der ersten Stufe, damit die Kopfhöhe stimmt. Oft seiest du da gewesen, charmant, und überhaupt deine *dolle* Art … In den letzten Jahren allerdings nicht mehr. »Tot?« Sie könnte heulen. *Schätzchen Olga* sagt ihr nichts. »Aber immer mit solchen.« – »Verschiedene?« – »Ja!«

Auch der Saalchef, oben im *Casino Taoro* erinnert sich an dich. Aber er schätzt es ganz eindeutig nicht, wenn

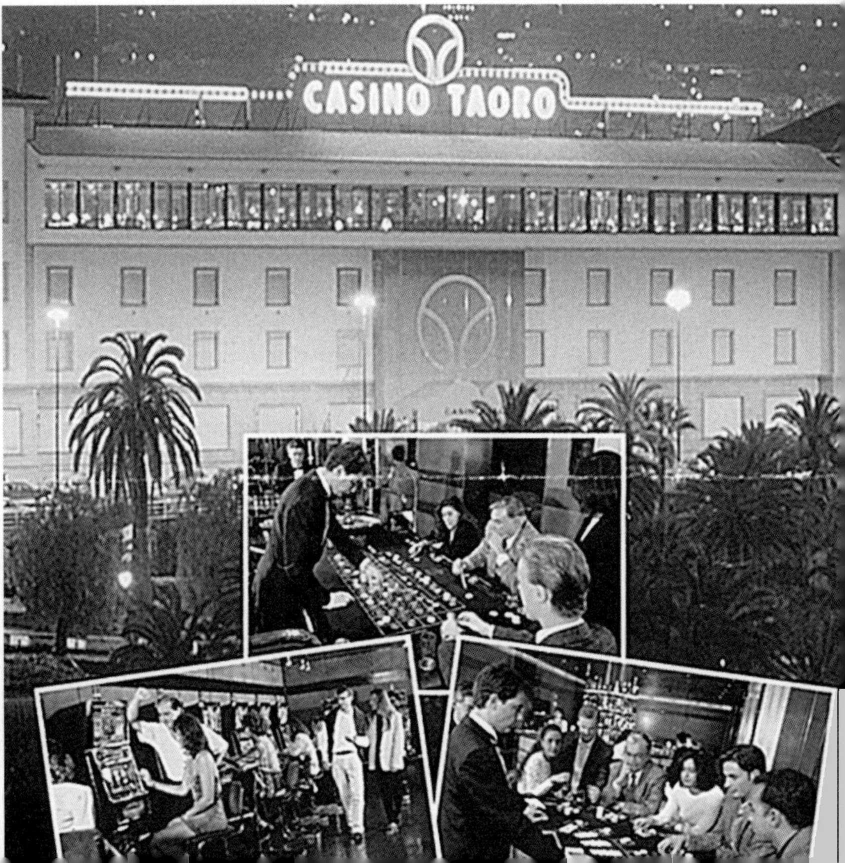

man ihm Photos seiner Gäste zeigt und dazu Fragen stellt. Einen Pater horcht man schließlich auch nicht darüber aus, welches seiner schwarzen Schafe wann bei ihm gebeichtet hat. Nervös irrt sein Blick hin und her, vier Tische, sein Revier. Daß nur ja keiner ein Ding dreht, während ich da herumstehe, irgendeinen *Trick* anwendet.

Ich setze zwanzig Mark, verliere sofort und verlasse den Saal. Ob *Tegel,* Diamantbörse oder Kasino, ich mag diese Orte nicht, an denen man überwacht wird. So gesehen eigentlich auch nichts für dich hier. *Die* waren doch genug.

Ich komme nicht weiter. Nichts als Pech auf dieser Insel! Kein Makler kennt dich, niemand hat eine Idee, in welchem Hotel du deine Appartements gehabt haben magst. Auch das Treffen »mit einem von damals« platzt. Einen langen Sonntagvormittag warte ich an der falschen Kirche auf ihn, bekomme abends am Telefon seine Verärgerung zu spüren, entschuldige mich! Auf die Weise genieße ich aber, nach vielen Jahren zum ersten Mal wieder, einen spanisch-katholischen Feiertag. Vier Messen, eine Taufe, eine Beerdigung, flott hintereinander weg. Mit entsprechenden Szenen auf dem Kirchplatz. Seifenblasen über einem Kindergrab. Der Friedhof von Puerto liegt innerhalb der Stadt.

Und euer Tanz im *Bonanza Playa?* »Ganz eindeutig auf Mallorca«, sagt der Empfangschef vom *Bonanza* in Puerto de la Cruz. »Hier, sehen Sie? Pinien.« Botaniker müßte man sein, dann käme man schneller voran. In einem der Fenster auf dem Photo sind Pinien zu sehen – keine Bananenstauden.

Schluß! Ich kann nicht deinetwegen alle Inseln abklappern. Wozu auch? Nur, um vielleicht noch jemanden zu finden, der dich mit einer rein zufälligen Urlaubsbekanntschaft – Olga oder welcher auch immer – hat tanzen sehen. Mit ziemlich hohen Absätzen übrigens, Papagallohemd und kariertem Jackett.

Auch die Idee von einem ständig nach Teneriffa fliegenden Professor – um hier den Damen sein selbstentwickeltes *Bio-Konzentrate-Öl* anzudrehen – kann ich mir wohl abschminken.

»I werd an Deibel dun, und mir dös Zeug ins Gsicht schmiern«, sagt *Schätzchen Olga.* Nach meiner Rückkehr rufe ich sie noch einmal an. Du ein Professor? Daß sie nicht lache! Alles, was du gemacht hättest, purer Hausgebrauch. Nichts Seriöses. Hörst du? Selbst *Schätzchen Olga* hat sich nicht bluffen, sich halt *nur so a paarmal* von dir verwöhnen lassen. Mallorca? Nein, damit könne sie nun wirklich nicht dienen, und das Bild über deinem Sofa habe jemand nach einem Photo von ihr gemalt. *Zuletzt* seiest du leider ziemlich verkalkt gewesen, Alzheimer oder so etwas.

Zuletzt Jakob! Aber was geht es mich an, wie oft und wo überall du dein *Schätzchen Olga* noch getroffen hast. Auch deine *ganz dolle Art* kann mir gestohlen bleiben. Allmählich reicht's, ich stecke fest. Soll das alles gewesen sein, außer sieben Tagen Sonne? Der sehnsüchtige Augenaufschlag einer Kellnerin, ein ungnädiger Blick des Saalchefs im *Casino Taoro,* lächerlich. Doch ganz unerwartet schickt mir ein freundlicher Redakteur der deutschen Zeitung in Puerto de la Cruz per Mail einen Artikel zu: *Ein Kapitel deutscher Wissenschaft oder Spionage auf Teneriffa.* Zwar insgesamt eine alte Kamelle, weil schon während des Ersten Weltkriegs über die Bühne gegangen und noch dazu alles andere als erwiesen – wie die meisten V-Männer-, Agenten- und Spionagegeschichten –, aber durchaus lesenswert.

Hör zu: Anfang des vergangenen Jahrhunderts nahm die Deutsche Marine plötzlich Kurs auf Teneriffa, zur gleichen Zeit richtete die *Preußische Akademie der Wissenschaften* dort eine *Anthropoidenstation* ein. 1913 ging der deutsche Physiker, Physiologe und Psychologe Wolfgang Köhler samt Familie in Puerto de la Cruz an Land, im Gepäck acht Menschenaffen aus Kamerun. Aber nicht allein, um neue Erkenntnisse zur *Gestaltpsychologie* zu gewinnen oder um anhand von Tierversuchen seine Thesen, *Lernen durch Erfahrung,* zu verfeinern, sondern – dem Bericht eines V-Manns zufolge – vor allem, um mittels Antennen auf seinem Dach Funkkontakt zu deutschen U-Booten zu halten. Bereits im ersten Kriegsjahr wurden siebenunddreißig Schiffe der Alliierten versenkt, drei der acht Affen starben schon im ersten Winter – ihr Verhalten hätte man auch in Deutsch-Kamerun studieren können –, und unmittelbar nach Unterzeichnung des Versailler Vertrags wurde Wolfgang Köhler von der Insel abberufen. Steile Karriere in Deutschland, später in den Vereinigten Staaten.

Hast du das gewußt, Jakob? *Geheimnisträger,* enormer Wissensstand. Bist du – ständig mit *neuester* Hirnforschung, mit Tierversuchen, *Steuerungen und Manipulationen der Triebe* beschäftigt – einem Idol nachgereist? Kopien qualverzerrter Affengesichter finden sich haufenweise in Annas Kiste. Beweise deiner Theorie: *Forschung im Auftrag der Geheimdienste. Jede Regung im Gehirn hat ihren Platz, kann durch Stromimpulse gesteuert und beeinflußt werden.* Genauso hatten *Die* auch aus dir einen *Roboter* gemacht – dich deines *Ichs beraubt.*

Ich klicke mich durch die Geschichte der Psychologie, finde eine Abbildung: *Wilhelm Wundt, Gründer des ersten Experimentalpsychologischen Instituts in Leipzig 1883* (und Lehrer Wolfgang Köhlers), *mit Mitarbeitern im Labor,* geschart um einen *»Apparat zur Erforschung der Seele«.* Also schon damals, im 19. Jahrhundert, war die Forschung im Dienste deines *Beobachterteams* tätig!

Mitte Dezember. Richtig kalt. Morgen ist der dritte Advent, vor einem Jahr habe ich in Annas und Osips kleinem Rotklinkerhaus am Stadtrand Hamburgs zum ersten Mal von dir gehört. Und jetzt?

Ein Anruf von Willy G. aus Paris. Seitdem er im Sommer seine Manuskripte geschickt hat, habe ich nichts mehr von ihm gehört. Er atmet schwer, er bekomme jetzt Sauerstoff, sagt er, die Tage seien schlimm. Aber er diktiere jetzt, gebe nicht auf. »Gedanken sind auch Realität«, sage ich. »Vielleicht«, antwortet er.

Dann kommt die Zusage zur Akteneinsicht der *Hamburger Stiftung Hilfe für NS-Verfolgte.* Wirklich zum letzten Mal, Jakob!

Hamburger Innenstadt. Ein Büro. Ein Sachbearbeiter – der sich noch schwach an dich erinnern kann. Zwei Ordner. Knapp einhundert Seiten. Auch hier dein übliches Hase-und-Igel-Spiel, derselbe Quark: *Wollen Sie nicht wissen, in welchem Staat wir leben? Wenn Sie meine hiermit überreichten »Beilagen« eingehend zur Kenntnis genommen haben ... werden Sie sehen ...*

Ich mag nicht mehr, selbst so schöne Begriffe wie *Beweiserleichterungsvorschrift* machen kaum noch Spaß. Noch wenige Wochen vor deinem Tod dasselbe Trommelfeuer, dieselbe ungebrochene Energie: *Sie dürfen auch erkennend feststellen, daß ich durch meine Verfolgung meiner Freiheit beraubt wurde ... demzufolge erhebe ich Anspruch auf Wiedergutmachung.* Zehn Ausrufezeichen.

Draußen auf dem Flur empfiehlt der Sachbearbeiter einem alten Ehepaar, doch noch Lesen und Schreiben zu lernen, das lohne sich allemal. Aber der alte Mann singt ihm, anstatt auf seinen Rat einzugehen, ein Lied: *ABC, die Katze lief im Schnee...* Das reiche doch.

In der zweiten Akte finde ich eine Erklärung von dir: *Nachdem ich aus dem KZ geflohen war, wurde ich unter falscher*

PRÉFECTURE DE POLICE

UN MILLION DE RÉCOMPENSE

AVIS A LA POPULATION

Ces derniers temps, plusieurs attentats ont été commis contre les voies et le matériel des chemins de fer.

Ces attentats mettent en danger des vies humaines et notamment celles de milliers de travailleurs qui empruntent chaque jour ce moyen de transport ; ils interrompent les communications et compromettent particulièrement le ravitaillement déjà bien difficile dans la situation actuelle.

En conséquence, la population tout entière, dans l'intérêt général, est invitée à s'associer à la répression et même à la prévention de ces attentats.

Une récompense d'un million de francs est offerte à toute personne qui permettra d'arrêter les auteurs des attentats commis. La discrétion la plus absolue est assurée.

Il y a lieu de fournir tous les renseignements utiles à la Préfecture de Police (*Direction de la Police Judiciaire — 36, Quai des Orfèvres. Téléphone : Turbigo 92-00, poste 357*).

Identität (die mir von einer im Pariser Polizeipräsidium, Préfecture de Police, bestehenden Widerstandsgruppe beschafft wurde) geschäftsführender Mitarbeiter der bezeichneten Baugesellschaft.

Ich könnte schreien!

Fast zwölf Monate vergangen, und endlich: dieses Papier! Hier, in Hamburg. Wozu so viel herumgereist? Das französische *Militärarchiv* kann zum Teufel gehen! Anna und Osip, Viviana und alle, denen du deine Bären aufgebunden hast, seht, wie gekonnt auch hier die Fakten umgeschneidert sind. Und ohne glatt zu lügen! Das soll dir erst mal einer nachmachen! Deine Befreiung aus dem Gefängnis zur Flucht aus dem KZ umdekoriert, Lafont samt seinem wilden Haufen zur Widerstandsgruppe *im Pariser Polizeipräsidium.* Papiere und neue Identität also – wie ich längst vermutet habe – über das Hauptquartier der französischen Gestapo zugeschanzt bekommen. So einfach ist die Wahrheit, Jakob. Lebensläufe – Papier!

Und noch etwas. Ein wahres Schatzhaus, dieses Büro der Hilfsorganisation. Eine unscheinbare handschriftliche Notiz deines Sachbearbeiters. Fast hätte ich sie übersehen:

Am 3.4.1997 bat Herr B. telefonisch um Übersendung der Unterlagen, aus denen seine kriminellen Aktivitäten hervorgehen... Da er sich bisher nicht wieder gemeldet hat, ist es besser, mit der Absage zu warten. 9.4.1997.

Am 9. April 1997 war Jakob Birnbaum bereits sechs Tage tot. In der Nacht, die auf den Tag folgte, an dem er seinen Sachbearbeiter in der *Hamburger Stiftung Hilfe für NS-Verfolgte* um *Unterlagen, aus denen seine kriminellen Aktivitäten hervorgehen,* bat, ist er gestorben – allein, in der Küche seiner Genossenschaftswohnung in Altona. Der Pflegedienst fand ihn am Morgen und hat Anna Bescheid gesagt. *Je suis seul ce soir.*

Hast du, keine vierundzwanzig Stunden vor der letzten großen Fahrt, klar Schiff machen wollen? Bist du, mit der großen Rückschau beschäftigt, den wahren Doppelgänger vor Augen, endlich deiner bewußt geworden, zu deinem Ich zurückgekehrt – oder dein Ich zu dir? Zur Wirklichkeit. Vielleicht hast du gehofft, doch noch entdeckt zu werden – und dadurch Ruhe zu finden? Das geht angeblich vielen Tätern so. Schon Anna und Osip hast du auf deine Spur gesetzt. Zwei Brüsseler Safes … Aber?

Ich ziehe Kopien und lege die einundfünfzigste Mappe an: *Hamburger Stiftung Hilfe für NS-Verfolgte.*

Zwei Tage später wieder ein Umschlag aus Paris. Wollen die Sachbearbeiter des *Nationalarchivs* vor Jahresende reinen Tisch machen? *Anbei …* Die saubere Kopie! Ohne Höflichkeitsfloskel, warum es so lange gedauert hat.

Über dem Datum *30. 10. 1941* am Rand des Formulars deiner abgelehnten *Révision* steht: *Erledigt, befreit,* meint Julia. *Im Schnellverfahren revidiert und freigelassen,* sagt später der Historiker. Für solche Feinheiten braucht es ein Speziallexikon.

Wie hieß das im Protokoll des Schaffhauser Verhörs: *Ausnahmegericht.* Genau besehen hast du alles schon einmal zugegeben, aber keiner hat richtig hingehört, es richtig verstanden oder verstehen wollen – wie Anna und Osip. *Vorgänge* während der *Vichy-Zeit* hat man in Frankreich offenbar nur an die Ränder vorhandener Papiere geschmiert, keine Dokumente für sie angelegt. Allmählich verstehe ich. Und zwei Tage vor Weihnachten höre ich, daß der Autoverkäufer, bei dem Jakob Prout am *31. 10. 1941* in Valognes seinen Peugeot kaufte, gar kein Autoverkäufer, sondern eigentlich Barbesitzer war. Einer Bar, in der ausschließlich deutsche Offiziere verkehrten und in der es Sauerkraut gab. Und eigentlich, so mein Informant, gehörte dieser Barbesitzer zur *Résistance.*

Wie hatte deine Freundin aus dem *Agi-Club* dir *auf den Kopf zu* gesagt? *Oder Doppelagent!* Nicht nur du, Jakob.

22 NOV 1940

Pièces à conviction Néant

N° 62.2768.

Arrêt qui condamne [redacted]

à 5 ans d'emprisonnement

+ 10 ans I. S.

à d'amende

POURVOI

1600

JH 1300

Contradictoire

Défaut

Entre le nommé [redacted] 33 ans, négociant, né le 29 juin 1907 à Metz (Moselle) de Maurice & de Harf Estelle, demeurant à Paris 78 rue de Cléry

Prévenu, détenu, défendeur, appelant, Comparant assisté de Maître Zev Berthon Avocat

d'une part

Et M. le Procureur de la République au Tribunal de la Seine

plaignant demandeur appelant d'autre part

En présence de M. le Procureur Général

Le nommé [redacted]

et le ministère public le 29 Août 1940. ont relevé appel d'un jugement rendu le 27 Août 1940 par le tribunal correctionnel de la Seine 12ème Ch par lequel

et par les motifs y exprimés, le tribunal a déclaré Weinberg coupable de vols

délit commis ~~le~~ en mai à Juin 1939 en Suisse prévu et puni par les articles 379. 401 du code pénal

d ; ~~le dit~~ se ~~trouve en état de récidive légale, aux termes de l'article 58 du code pénal~~; ~~Vu l'article 365 du code d'instruction criminelle~~; et par application des articles précités ~~combiné toutefois, à raison des circonstances atténuantes avec l'article 463 du code pénal~~

a condamné [redacted] à Cinq années d'emprisonnement

à 10 ans d'interd. de séjour d'amende, et aux dépens liquidés à cinq cent quarante huit francs 50

plus sept francs pour droits de poste ; a fixé à minimum la durée de la contrainte par corps

fait expédition 4 libre 2 notes

30-10-41

enregistré au Bureau de la Cour d'Appel de Paris Le 9 DEC 1941 Folio Case

Oui M. le Conseiller Bru en son rapport, le prévenu en ses moyens de défense : Mᵉ A. Berthon avocat du dit prévenu en ses conclusions plaidoirie et M. le Procureur Général par M. Juillot substitut en ses réquisitions

Vu toutes les pièces du procès et après en avoir délibéré :

LA COUR,

Statuant sur les appels interjetés par [redacted] & le ministère public

du jugement sus énoncé et y faisant droit

~~Adoptant les motifs des premiers juges~~

~~Confirme le jugement dont est appel.~~ Ordonne qu'il sortira son plein et entier effet.

1ère Composition

Condamne [redacted]

aux dépens d'appel liquidés à la somme de cent quatre vingt trois francs 85

plus Treize francs pour droits de poste

Fixe au minimum la durée de la contrainte par corps.

Rayé trente sept mots nuls

ÉTAT FRANÇAIS

Volet C (recto)

Déclaration de propriété d'un véhicule automobile ou remorqué

Textes législatifs, Notes et Instructions " pour remplir cette déclaration " au verso

Je soussigné { Propriétaire / représentant le propriétaire } (1) { d'un véhicule automobile / d'une remorque ou semi-remorque

Propriétaire (2)

Nom et Prénoms [redacted]

Profession Commerçant

Adresse 31 Rue des Religieuses.

Commune Valognes Département Manche

Représentant le Propriétaire

Nom et Prénoms

Profession

Adresse

Commune Département

Certifie être en possession d'une carte grise en date du 2/1/41

relative à un véhicule automobile ou remorqué portant le numéro d'immatriculation 2949 KF4

(1) Ce véhicule est autorisé à circuler :

Permis de circuler

(1) Définitif — Temporaire (avec indication de la durée)

Titre auquel le permis a été délivré Date

Numéro (3) Département

(1) Ce véhicule n'est pas autorisé à circuler mais :

~~est en bon état mécanique et pourrait être mis immédiatement en circulation ;~~ | n'est pas en bon état mécanique et n'est pas apte à circuler.

Le lieu de stationnement actuel et permanent de ce véhicule est : État Médiocre

Lieu de stationnement

Nom [redacted]

Adresse 31 Rue des Religieuses

Commune Valognes Département Manche

Le genre, l'utilisation et les caractéristiques de ce véhicule sont les suivants :

Genre (4) Conduite intérieure

Utilisation (5) Tourist

Combustible employé (6) Essence Nbre. de cyl. du moteur (7)

Genre de la carrosserie (8) Coupé 2 Portes 4 Places Nbre. de places (9) 4

Charge utile (9) Poids à vide du véhicule complet (10)

Marque Peugeot Type (11) 201 D

Nº dans la série du type :

Moteur (12) : Numéro 516599 Série 516599 Puissance 7 C.V.

Silvester.

Am feuchtgrauen Himmel Raketen, Böller und Knallfrösche ganz nah. Und trotzdem ist heute alles ganz anders als im vergangenen Jahr. Meine kleine Katze ist tot, und Jakob Birnbaums Jahrhundert ist zu Ende. *Ein bewegtes Leben* ... Und letztlich ist nur ein Nobody unsterblich.

In der folgenden Nacht träume ich von dir. Jetzt fange ich auch schon so an.

Ich betrete ein Kontor, Stil Hamburger Speicherstadt, frage nach J. B. und höre, er sei hier so eine Art Hausmeister, hätte oben einen Verschlag. Leider gebe es ständig Ärger mit ihm. Also auch im Traum nicht gerade Neues über dich. Ich setze mich zu den anderen an einen großen Tisch, warte, sie essen, und dann kommst du, ein kleiner Greis, mit schlurfenden Schritten – direkt auf mich zu. Du siehst anders aus als auf den Photos, ganz anders, trotzdem weiß ich genau, daß du es bist. Du setzt dich neben mich, drehst mir den Rücken zu, blickst mich nicht an. Ich sehe dich schräg von oben, ich bin viel größer als du. Deinen Hinterkopf, die mageren Schultern, einen dünnen Hals. Jetzt könnte ich dich fragen, endlich, die Gelegenheit! Was eigentlich genau hast du damals, in der *Rue Lauriston* oder anderswo ...? Aber es geht nicht – auch nicht im Traum. Diesem Greis stellt man keine Fragen mehr. Irgendwann muß Schluß sein. Ich wache auf.

I. Nachtrag:

Kurz nach Neujahr ein Anruf von Anna: »Hatte ich Ihnen eigentlich gesagt, daß Jakob eine Pistole besaß? Wir haben sie nach seinem Tod in einen See geschmissen.«

Ich bin mir nicht mehr sicher – in den vergangenen zwölf Monaten wurde sehr viel gesagt.

II. Nachtrag:

März 2002. Ein Brief aus Paris: *Madame, ich habe die Ehre, Ihnen den Empfang Ihres Antrags vom Juli 2001 zu bestätigen. Die Dienststellen haben mir ihr Einverständnis gegeben, und ich freue mich, Ihnen mitteilen zu können, daß ich mich entschieden habe, diesem Antrag stattzugeben. Folglich autorisiere ich Sie, folgende Stücke im Nationalarchiv zu reproduzieren, die namentlich Jakob Birnbaum betreffen und unter der* Signatur Z6 … *verwahrt sind. Gleichzeitig bedauere ich, Ihnen mitteilen zu müssen, daß gerade diese Bestände während der momentanen Schließung des Archivs nicht einsehbar sind. Ich lade Sie daher ein, sich im August erneut … Gestatten Sie mir, Ihnen meine vorzüglichste Hochachtung …*

Die fünfundzwanzig Seiten *Z6* habe ich bereits im Oktober 2001 im Lesesaal abgeschrieben.

III. Nachtrag:

August 2002. Ein Zeitungsartikel. Überschrift: *»Die Nasa will Terroristen ins Gehirn gucken. US-Raumfahrtbehörde plant Sensoren, die böse Gedanken von Fluggästen aufspüren.« Noch wird es wohl dauern, bis auf Bildschirmen der Security konkrete Gedankenwölkchen wie in »Micky Maus«-Heften erscheinen … Aber H.S. von der Nasa glaubt daran: Das ist alles wie bei einem Superlügendetektor, der ohne Körperkontakt Puls, Temperatur, Wimpernschläge und andere biometrische Daten erfassen kann …*

Ein alter Hut! Habe ich alles schon in Jakob Birnbaums *Akte* gelesen.

PERSONENVERZEICHNIS

A

Personen, die Jakob gekannt haben.
Alle Namen – wie sein eigener auch – geändert,
Orte nur zum Teil.

Anna und Osip	Jakobs letzte Freunde in Hamburg
Lazarus Birnbaum	Vater
Estelle Birnbaum	Mutter
Sechs Brüder	alle auch in Metz geboren
Ellart	1. Sohn, geboren 10. Dezember 1928 in Hamburg, gestorben 20. März 1959 in Köln
Marcel	2. Sohn, geboren 9. April 1943 in Paris, dort im Frühjahr 1996 gestorben
Hanne	Mutter von Ellart, Schneiderin aus Ostpreußen, lebte in Hamburg und Berlin
Heinrich Schlosser	Hannes späterer Mann, machte Karriere bei den Nazis
Jacqueline Jones	Mutter von Marcel, Schneiderin aus der Normandie, fünf Jahre mit Jakob verheiratet, lebte in Paris
Collette	Schwiegertochter, Marcels erste Frau, Toulon
Enkel	Sohn von Marcel und Collette, Toulon
France	Schwiegertochter, Marcels dritte und letzte Frau, Paris
Pepe	Italiener, Freund und Mitteilhaber der Baufirma in Boulogne während des Zweiten Weltkriegs
Viviana	Pepes Tochter, Casella, Nähe Genua

Paula	Junge Frau auf einem Photo. Spionin (?)
Sohn eines Teilhabers der Baufirma	Cannes, war bei den FFI
Claire Marini	Mädchen auf dem Photo aus Suresnes, heute Rueil-Malmaison
deren Vater	Hotelier in Suresnes
Frau Uriel	Komplizin in Berlin, 1933
»Schwager«	Komplize in Berlin, 1933
Tänzerin	*Die große Liebe,* mit ihr Ausreise nach Venezuela geplant, 1939 Genf
Inger K.	Freundin nach dem Krieg, mit ihr Rückkehr nach Hamburg via Kopenhagen
Witwe	Vermieterin, zwei Zimmer in Hamburg, 1928
Witwe F.	Bestohlene in Berlin, 1933
Witwe Else Schramm	Vermieterin, Zimmer Hamburg-Uhlenhorst, 1953
Ehepaar C.	Vermieter, Zimmer Hamburg-Landungsbrücken, 1953
Familie M.	Vermieter, Zimmer Hamburg-Horn, 1953
Püppi	Freundin in Hamburg, schickt Päckchen nach Basel
Schätzchen Olga	Urlaubsfreundin Teneriffa, Mallorca.
Freundin Agi-Club	Hamburg-Ohlsdorf
deren Tochter	tippte Seiten für Jakobs Buch
Dame	Freundin in Hamburg, beeidet Knacken im Ohr, zuletzt Badenweiler
Kioskverkäuferin	*Planten und Blomen,* Hamburg, mochte Jakob
Letzte Nachbarin	Hamburg-Altona
deren Enkel	hilft beim Aufbau des *Tonikum*vertriebs
Nette Dame/Bekannte	Nachbarschaft Altona
Bodyguard, ehemaliger	Nachbarschaft Altona
Tanja, junge Photographin	machte Portraitphotos von Jakob, heute Zürich
Photograph, Freund	von Anna und Osip, Franzose in Hamburg
Photograph	Hamburg, von ihm stammt die Aufnahme *Formelkopf*
Sandra	in einer Hamburger Agentur, schreibt *Set*-Liste

Herma W.	Modell, Dreißiger Jahre Berlin, jetzt Bayern
Modellphotograph	Hamburg, verkauft Aufnahmen *Dinosaurier/Gelehrter*
Leiterin	des ambulanten Pflegedienstes, Hamburg
Polin/*Grazzna*	letzte Pflegerin, Treffen in Wedel
Oberschwester	Pflegeheim Hamburg-Othmarschen
Gefängnisarzt	*Santa Fu,* Hamburg
Hausärzte	Hamburg
Chefarzt Pathologie	Universitätskrankenhaus Hamburg-Eppendorf
Professor für med. Psychologie	Tübingen, fertigte ein Gutachten
Staatsanwalt, ehemaliger	damals Basel, heute Tessin
Bärle	Kommissar in Basel
Rechtsanwalt	Paris, sollte Jakobs Strafregister säubern
Rechtsanwalt	Hamburg, glaubte Jakob
seine Exfrau	kochte Kakao, gibt Auskünfte
Sachbearbeiter	Hamburger *Stiftung Hilfe für NS-Verfolgte*
Notar	Hamburg, setzte Jakobs letztes Testament auf

B

Personen, die während der Recherche aufgesucht oder befragt wurden, die Jakob nicht gekannt haben. Namen geändert, abgekürzt oder weggelassen.

Julia	Lehrerin in Hamburg, übersetzt, fährt mit nach Paris
Pit	Maler in Hamburg, übersetzt, fährt mit nach Casella/Genua
Rabbiner, Empfangsdame, freundlicher Herr, Gruppenführerin und Übersetzerin	alle in der *Jüdischen Gemeinde Hamburg*
Mitarbeiterin	Archiv *KZ-Gedenkstätte Neuengamme*
Jessica	am Empfang einer Hamburger Agentur
Astrologin	stellt Jakobs Horoskop, London
Archivar	Staatsarchiv Hamburg, findet Gewerbeschein und Haftkarte

Leiter Handschriften-abteilung	Staats- und Universitätsbibliothek Hamburg, sucht mit in Adreßbüchern
Bibliothekarin	am Hamburger *Oberlandesgericht,* verschafft Entree bei der Richterin
Richterin	*Oberlandesgericht* Hamburg, hilft bei Akteneinsicht
Rechtsanwalt	Hamburg, besorgt Akten
Witwe eines Schneiders	Hamburg, gibt keine Auskünfte
Zahnarzt	Praxis im Haus des Schneiders, Hamburg
Pelzhändlerin	im Haus des Schneiders, Hamburg
ihr Schwiegersohn	Hamburg, empfiehlt ein Buch
Mitarbeiter	eines Auktionshauses in Hamburg, wissen nichts mehr
Empfangschef	*Hotel Atlantic,* Hamburg, gibt Tips, überreicht Hotelchronik
Guest Relation Manager	*Hotel Vier Jahreszeiten,* Hamburg, schätzt Jakob ein
Tochter des Gefängnis-arztes	aus *Santa-Fu,* Hamburg
Einsame Dame	*Planten un Blomen,* Hamburg, hätte Jakob gern kennengelernt
Malermeister P.	*Carneval-Gesellschaft Klimperkasten,* Hamburg, zeigt Chroniken und mehr
»Oberonkel«	zeigt im *Ratssaal Klimperkasten,* Hamburg-Ottensen, alte Photoalben
Hausdame	*Hotel Mellinburger Schleuse,* Hamburg, kann nichts zu einem Photo sagen
Sohn von Frau X	Hamburg, weiß nichts mehr über Jakobs Prozeß gegen seine Mutter
Nachbarn	von der Freundin mit dem knackenden Ohr, Badenweiler
Steuerberaterin	dieser Freundin, Badenweiler
Missionar	*Missionswerk Clauseburg,* gibt religiöse Ratschläge
Heiner und Jil	Hamburger Freunde in Paris, helfen mit
Bibliothekarin	Deutsche, lebt in Paris, vermittelt Adressen
Monsieur R.	alter Jude in Paris, Franzose, gehörte zur Résistance, erzählt sein Leben
Generalstaatsanwalt	von Paris, jetzt Straßburg, besorgt u. a. Haftkarten

Buchhändlerin	Französin, deutsche Eltern, Paris, stellt den Kontakt zu Willy G. her
Willy G.	alter Kommunist in Paris, Franzose Schweizer Herkunft, erzählt, schickt seine Manuskripte
Historikerin	Paris, gibt Auskünfte über Deportationen, will sich nicht treffen
Leiter und Mitarbeiter	diverser Archive in Paris und Umgebung
Studenten	*Nationalarchiv Paris,* kennen sich mit Warten aus
Junge Dame	Rathaus 14. Bezirk, Paris, gibt Ellarts Geburtsurkunde nicht frei
Alte Dame	wohnt seit 1940 in einem Haus *Bel Air,* Paris
Schneiderladenbesitzerin	Paris, Laden der Trauzeugin
Neffe der Trauzeugin	Paris, ist sehr ungehalten
Berliner Freunde	machen sich Gedanken über Jakob
Archivar	*Landesarchiv Berlin,* gewährt Akteneinsicht
Direktor	*Heimatmuseum Zehlendorf,* Berlin, gibt Auskünfte über das *Haus Kinderschutz*
Nichte von Hanne (Cousine von Ellart), deren Mann u. seine Frau	Berlin, erzählen von Hanne und Ellart
Hausmeister	von Hanne, Berlin, erzählt viel von ihrem Tod
Geigenprofessor	Berliner Konservatorium, weiß nichts von Ellarts Studium
Küster	Berliner Kirche, klärt über den Heilandfriedhof auf
Leiter	der Haftanstalt *Tegel,* Berlin
Ein Herr	von der Berliner Senatsverwaltung für Justiz, geht mit in *Tegel*
Nette Dame	Kirchenbüro St. Georg, Hamburg
Basler Freunde	kennen sich auch mit Schweizer Rezepten aus
Empfangsdame	Hotel Au Violon, Basel, befragt Architekten
Archivare	*Staatsarchiv* des Kantons Basel-Stadt
Rechtsanwalt	Rappersvil/Schweiz, Enkel der von Jakob 1939 Bestohlenen, faxt Zeitungsartikel *Arsène Lupin*

Inhaberin Alina	Flakon-Versandhaus, Süddeutschland
Sachbearbeiter	*Patent- und Markenamt,* München, schickt Unterlagen »Patent«-*Tonikum*
Mitarbeiter	*Deutsches Rotes Kreuz,* München, gibt Auskunft über Jakobs Suche nach Marcel
Lehrer	aus Birkenfeld, hilft in Audun-le-Tiche
Deutschlehrer	Audun-le-Tiche, schreibt Chroniken
Gräfin	fährt mit von Freiburg nach Metz und Audun-le-Tiche
Bürgermeister	von Metz, schickt Kopien aus dem Meldebuch
Herr M.	alter Mann in Metz, recherchiert in Metz
seine Frau und	
seine beiden Freunde	helfen auch
Emile Birnbaum	im Metzer Telefonbuch, antwortet nicht
Justizbeamter	Zivilgericht Thionville, schickt *Réclamation de la nationalité française*
Esther	Jüdin, Tischgefährtin in der Reha-Klinik, Nähe Freiburg, klärt über Judentum auf
Militärhistoriker	Glottertal, weiß nichts von *Beobachtungsapparaten*
Informant	Historiker, gibt diverse Auskünfte
Informantin	*Deutsches Generalkonsulat,* Mailand, zweifelt an der Echtheit eines Formulars
Diamantenhändler	Antwerpen, leiht ein Buch sonst nichts
Barmädchen	Café des Sports, Antwerpen, fragt herum
Bankangestellte	Bank Torengebouw, Antwerpen, schweigen
Portier	Hotel Tourist, Antwerpen, hat Jakob angeblich nie gesehen
Makler	Puerto de la Cruz, Teneriffa, wissen nichts
Kellnerin	Puerto de la Cruz, Teneriffa, könnte heulen, weil Jakob tot ist
Saalchef	Casino Taoro, Puerto de la Cruz, Teneriffa, fühlt sich gestört
Empfangschef	Bonanza, Puerto de la Cruz, Teneriffa, klärt über Photo auf
»Einer von damals«	Teneriffa, ein Treffen mit ihm platzt
Redakteur	der deutschen Zeitung auf Teneriffa, mailt Spionage-Story

C

Bekannte Persönlichkeiten, die Jakob erwähnt oder denen er geschrieben hat oder die während der Recherche eine Rolle gespielt haben

Rudolf Augstein	Herausgeber *Der Spiegel*
Klaus Barbie	*Schlächter von Lyon*
Marion Gräfin Dönhoff	Herausgeberin *Die Zeit*
Klaus von Dohnanyi	ehemaliger Hamburger Bürgermeister
Domenica	Nutte in Hamburg, weltberühmt
Adolf Eichmann	*Weltmonster*
Lutz Eigendorf	Fußballspieler aus der DDR
Reinhard Gehlen	Chef *Fremde Heere Ost* (FHO) und Gründer *Bundesnachrichtendienst (BND)*
Hans Globke	Mitverfasser der *Nürnberger Rassengesetze,* ab 1953 Staatssekretär
Stéphane Hessel	ehemaliger *Ambassadeur de France*
Serge Klarsfeld	Rechtsanwalt in Paris
Helmut Kohl	ehemaliger Deutscher Bundeskanzler
Hans Langemann	ehemaliger Staatsschützer
Avner Less	Polizeihauptmann in Israel, verhörte Adolf Eichmann
Käthe Niedecken	Mutter von Wolfgang Niedecken, Köln
Wolfgang Niedecken	Musiker
Avi Primor	ehemaliger Israelischer Botschafter in Deutschland
Annemarie Renger	ehemalige Bundestagspräsidentin
Sylvin Rubinstein	Flamenco-Tänzer
Helmut Schmidt	ehemaliger Deutscher Bundeskanzler
Wim Wenders	Filmregisseur und Produzent

ABBILDUNGSNACHWEISE

Nachlaß: S. 8, 21, 24, 27 f., 30, 31, 32, 34, 37, 43, 45, 51, 52, 53, 54, 56, 57, 58, 59, 60, 61, 62, 63, 64, 65, 91, 92, 100, 102/103, 117, 135, 163, 169, 170, 220, 223 f., 230, 276, 321, 334.

Archiv Roswitha Quadflieg: S. 16/17, 39, 77, 96, 98, 133, 174, 175, 176, 178, 180, 191, 196, 207, 233, 235, 266, 280, 291, 294, 299, 301, 303, 311, 325.

Weitere Quellen: S. 9 f. Le Maire de la Ville de Metz; S. 12, 139, 238/239, 240 CDJC/Archives du Centre de Documentation Juive Contemporaine; S. 13, 38 Pierre Zucca/*Paris sous l'Occupation,* Belfond 1987; S. 14 Centre Historique des Archives Nationales; S. 44 Konkret Literatur Verlag, Hamburg 1982; S. 50 © Holger Scheibe; S. 74 *Juden im Elsaß,* Elster Verlag, Moos 1984; S. 78 © Frank P. Wartenberg; S. 82, 182 Collection Alain Simmer/*Audun d'un siècle à l'autre/ Audun du passé au présent,* Editions Fensch-Vallée 1998; S. 86 Tribunal d'Instance de Thionville; S. 107 *Jüdisches Leben,* Museumspädagogischer Dienst Berlin 1985; S. 109 Rijksinstituut voor Oorlogsdocumentatie, Amsterdam; S. 110 *Das Konzentrationslager Neuengamme 1938–45,* Dietz Verlag, Bonn 1997; S. 114 *Memo,* Museum für Hamburgische Geschichte, 1993; S. 123, 124 Staatsarchiv Hamburg; S. 128, 153, 186 Roger Schall/*Paris sous l'Occupation,* Belfond 1987; S. 131 A. Zucca/J. Tallandier; S. 143 Heinrich Hoffmann/*Paris sous l'Occupation,* Belfond 1987; S. 144/145, 146, 330 Bibliothèque Nationale/*Paris sous l'Occupation,* Belfond 1987; S. 149, 155 Albert Seeberger/*Paris sous l'Occupation,* Belfond 1987; S. 158 *Der Spiegel* 19/2002; S. 160 Bundesarchiv; S. 203 Kindertagesstätte Claszeile, Berlin; S. 204 *Der Kurfürstendamm,* Konopka Verlag, Berlin 1986; S. 211, 213 Landesarchiv Berlin, A Rep. 358-02 Nr. 1391; S. 214/215, 216 Bildarchiv Justizvollzugsanstalt Tegel; S. 242 Schaffhausen Tourismus/Herrenacker 15, 8201 Schaffhausen, Telefon +41-526 324 020; S. 245 Kantonsgericht Schaffhausen; S. 249, 254 Staatsarchiv des Kantons Basel-Stadt; S. 258 Valérie Lawitschka/Hölderlin-Gesellschaft, Tübingen; S. 268, 269 Bildarchiv (Berlin RFA)/*Paris sous l'Occupation,* Belfond 1987; S. 291, 294 © CTL, Hamburg; S. 299, 301 © Weiswald, Paris; S. 309 Service Departemental d'Archives Departement du Val-de-Marne; S. 312, 314/315 Musée des Deux Guerres Mondiales/*Paris sous l'Occupation,* Belfond 1987; S. 316 Robert Doisneau/*Paris sous l'Occupation,* Belfond 1987; S. 333 Direction des Services d'Archives de Paris.

Einige Rechteinhaber konnten nicht ermittelt werden. Wir bitten sie, sich gegebenenfalls mit der Eichborn AG in Verbindung zu setzen.

INHALTSVERZEICHNIS

ROSWITHA QUADFLIEG wurde 1949 in Zürich geboren, studierte von 1969 bis 1973 Malerei, Graphik und Typographie an der damaligen Fachhochschule für Gestaltung und der Hochschule für bildende Künste in Hamburg.

1973 gründete sie die Raamin-Presse, eine eigene Verlagswerkstatt, in der sie bis zum Jahr 2003 Texte der Weltliteratur mit eigenen Originalgraphiken in limitierten Auflagen druckte. Ausstellungen und Ankäufe in öffentlichen und privaten Sammlungen des In- und Auslands. Sie erhielt zahlreiche Auszeichnungen, zuletzt 1998 den Verlagspeis der Stadt Hamburg. Ab Mitte der siebziger Jahre illustrierte sie außerdem Kinder- und Jugendbücher, unter anderem *Die Unendliche Geschichte* von Michael Ende.

Seit 1985 und jetzt ausschließlich arbeitet Roswitha Quadflieg als Schriftstellerin. Bisher erschienen unter anderem: *Der Tod meines Bruders,* 1985, *Bis dann,* 1994, *Alles Gute,* 1999.